Helmolt Rademacher
&
Maria Wilhelm

Spiele und Übungen zum interkulturellen Lernen

Helmolt Rademacher
&
Maria Wilhelm

Spiele und Übungen zum interkulturellen Lernen

2009
VWB – Verlag für Wissenschft und Bildung

Veröffentlicht mit Unterstützung des Deutsch-Französischen Jugendwerks

Deutsch-Französisches Jugendwerk
Office franco-allemand pour la Jeunesse

Bibliografische Information der Deutschen Bbiliothek

Die Deutsche Bibliothek verzeichnet diese Publikation in der Deutschen Nationalbibliografie; detaillierte bibliografische Daten sind im Internet über <http://dnb.ddb.de> abrufbar.

ISBN 978-3-86135-225-9

Illustrationen:
Thea Lüders-Lieb, Nürnberg

Verlag und Vertrieb:
VWB – Verlag für Wissenschaft und Bildung
Postfach 11 03 68 • 10833 Berlin
Tel. 030/251 04 15 • Fax 030/251 1136
www.vwb-verlag.com

INHALTSVERZEICHNIS

III. Kennenlernspiele

IV. Erkundungsspiele

V. Hintergrundinformationen über Herkunftsländer

VI. Multikulturelles Zusammenleben

VII. Selbst- und Fremdwahrnehmung/Vorurteile

VIII. Fremde Kulturen spielen – Handlungsstrategien entwickeln

Vorwort zur 3. Auflage

1987 haben wir als Endprodukt unserer Qualifizierung zur Spielpädagogin bzw. zum Spielpädagogen an der Akademie Remscheid im Ulrich Baer-Verlag eine Broschüre mit Spielen zum interkulturellen Lernen veröffentlicht.
Gut drei Jahre später wurde diese Broschüre mit Unterstützung von Timm Uekermann gründlich überarbeitet, so dass ein Buch mit doppelt so vielen Spielen entstand, das mit finanzieller Unterstützung des Deutsch-Französischen Jugendwerks im VWB – Verlag für Wissenschaft und Bildung veröffentlicht wurde.
Auf verschiedenen Seminaren – sei es mit Deutschen und Migranten oder im Rahmen internationaler Jugendbegegnungen – konnten wir die Spiele mit den Teilnehmern und den Pädagoginnen erproben und reflektieren. Einige der Spiele und Übungen wurden dadurch variiert, neue wurden erfunden und weniger geeignete aus der Sammlung herausgenommen. Ergänzt wurde diese Arbeit zudem durch eine wissenschaftliche Untersuchung[1] über die Wirkung von Spielen zum interkulturellen Lernen meist im Kontext deutsch-französischer Begegnungen, die Helmolt Rademacher von 1988 bis 1991 durchführte.
Schon damals haben wir den Titel um den Begriff „Übung" erweitert, weil nicht alles, was in dem Buch an Methoden beschrieben ist, mit dem Wort „Spiel" zutreffend bezeichnet werden kann.
Das Buch fand in den Jahren danach ein interessiertes Publikum und wurde ohne große Veränderungen mehrfach neu aufgelegt.
Mehr als zehn Jahre nach der 2. Auflage wurde deutlich, dass eine grundsätzliche Überarbeitung und Aktualisierung notwendig sein würde. Einige der Übungen waren nicht mehr aktuell, auch hat sich die rechtliche Situation von Migranten mit dem Zuwanderungsgesetz geändert und darüber hinaus sind natürlich auch eine Reihe neuer Spiele und Übungen entstanden.
Zwischenzeitlich hatte sich ein Schulbuch-Verlag für unsere Spiele zum interkulturellen Lernen interessiert und so veröffentlichten wir ein Buch, das speziell auf die Schule zugeschnitten ist.[2] Unsere beruflichen Verpflichtungen

1 Der Endbericht erschien unter dem Titel „Spielend interkulturell lernen? Wirkungsanalyse von Spielen zum interkulturellen Lernen bei internationalen Jugendbegegnungen" im gleichen Verlag wie dieses Buch.

2 Helmolt Rademacher/Maria Wilhelm, Interkulturelle Spiele für die Klassen 5 bis 10, Berlin 2005

haben eine gleichzeitige Überarbeitung dieses Buches nicht zugelassen. Und so hat es nun noch weitere drei Jahre gebraucht, bis wir diese Überarbeitung zur Veröffentlichung bringen konnten. Entstanden ist eine komplett überarbeitete und aktualisierte Version mit einer Reihe neuer Spiele und Übungen. Interessenten, die schon länger auf diese Überarbeitung gewartet haben, bitten wir daher um Nachsicht.
Bei der 3. Auflage sind wir bei der Schreibweise vom Binnen „I" abgerückt und haben abwechselnd einmal die weibliche und dann wieder die männliche Schreibweise – jeweils bezogen auf ein Spiel bzw. eine Übung – gewählt. Damit wollen wir aber immer grundsätzlich beide Geschlechter ansprechen. Maßgeblich ist für uns die flüssige Lesbarkeit vor der Ausgewogenheit männlicher und weiblicher Personalpronomen.
Wir hoffen, dass Ihnen dieses Buch methodische Hilfestellung für Ihre interkulturelle Praxis bietet und Spiele wie Übungen zu einem kreativen Umgang anregen.
Falls Sie Anregungen, Hinweise oder Kritik haben, freuen wir uns über eine Rückmeldung.

Neu-Anspach/Nürnberg, Juli 2008
Helmolt Rademacher und Maria Wilhelm

Kontakt:
Helmolt Rademacher: helmolt.rademacher@t-online.de
Maria Wilhelm: maria.nbg@freenet.de

Interkulturelles Lernen und seine Möglichkeiten und Grenzen im Spiel – Eine Zieldiskussion

Bevor wir im folgenden eine Reihe von Spielen und Übungen zum interkulturellen Lernen im Einzelnen darstellen, erscheint es uns notwendig, zunächst den Begriff des „interkulturellen Lernens" zu erläutern, um zu verdeutlichen, was wir mit diesen Spielen und Übungen anstreben und wo auch die Grenzen solcher Art von Methoden liegen.

Seit vielen Jahren wird sehr viel von interkulturellem Lernen gesprochen, und es entsteht der Eindruck, dass der Begriff recht inflationär gebraucht wird. Etwas überspitzt formuliert, werden in einigen Fällen die verschiedensten Begegnungen mit Migranten oder jede Auslandsreise schon als interkulturelles Lernen bezeichnet. Dabei geschieht es häufig, dass bei Reisen in ein anderes Land kaum Erfahrungen gemacht werden, die das Verständnis des Fremden fördern; vielmehr werden alte Vorurteile oft nur bestätigt. Meistens überwiegt der Wunsch nach ruhigen Ferien, und deshalb will man sich dem Fremden, dem Irritierenden, dem Verunsichernden, dem die Harmonie Störenden, nicht nähern.

Ein geselliger Abend mit ein paar Migranten in einer Kneipe, das Kennenlernen fremder Tänze, fremder Musik, fremder Spiele und fremder Speisen reicht nicht aus, um ein tieferes Verständnis für Menschen einer anderen Kultur zu erhalten. Meist reduzieren sich solche Erfahrungen auf exotische Erinnerungen.

Bei Überlegungen zum interkulturellen Lernen sollten wir uns bewusst sein, dass wir in unserem Denken, Wahrnehmen und Fühlen von unserer Kultur geprägt sind. Anthropologen nennen dies Ethnozentrismus[1]. Mit unseren Wahrnehmungsrastern und den entsprechenden Handlungsmustern treten

1 Damit ist die „Haltung der Mitglieder einer Gesellschaft gemeint, alles auf soziale Tatsachen zurückzuführen, die ihnen bekannt sind, dabei die eigene Kultur für die beste zu halten und sie jeder anderen vorzuziehen. Der Ethnozentrismus kann als universelles Phänomen betrachtet werden, weist in gewissen Gesellschaften – besonders in unserer – einen aktivistischen eroberungslustigen Aspekt auf und verschafft sich, einzig gerechtfertig durch unsere technische Überlegenheit, auf Kosten der anderen Völker im Rassismus Ausdruck. Die meisten westlichen Wissenschaften sind ethnozentrisch und selbst die Ethnologie kann sich selten dem Einfluss dieser Haltung entziehen". Zit.n. Ewald Brass, Von der „Ausbildung" zum „aufmerksamen Umgang mit Nicht-Wissen", in: Arbeitstexte – Sonderheft, Deutsch-Französischer Jugendaustausch, Oktober 1984, S. 305.

wir einer anderen Kultur gegenüber. Dieser Tatsache sind sich viele Pädagogen nicht bewusst und erst Recht nicht die Jugendlichen. Wenn wir auf eine andere Kultur treffen, nehmen wir sie durch unsere „Brille" wahr. Wir kennen die Hintergründe der anderen Kultur nicht, verstehen viele Dinge nicht richtig, und vieles am Verhalten dieser „anderen" Menschen ist uns fremd. So müssen wir bei einer interkulturellen Begegnung akzeptieren, dass Deutsche und Migranten sich nicht automatisch verstehen und einander näher kommen, d.h. dass zunächst oft gegenseitige Barrieren vorhanden sind.
Mit dieser Situation können Pädagogen in der Regel relativ schwer umgehen. Denn sie haben die Vorstellung, dass durch gemeinsame Aktivitäten sich die Jugendlichen zweier oder mehrerer Nationalitäten besser verstehen, dass dadurch Freundschaften entstehen und ein Beitrag zur Völkerverständigung und damit zum Frieden geleistet wird.
Aber all diese Zielformulierungen – und sie werden in diesem Sinne meist sehr unreflektiert gebraucht – verkommen zu hohlen Phrasen, wenn man meint, dass das kurzfristige Zusammenleben von Menschen unterschiedlicher Nationalitäten allein schon ein Beitrag zur Völkerverständigung sei. Kurzzeitpädagogische Maßnahmen – und in diesem Zusammenhang auch der Einsatz von Spielen –, können nur ganz kleine Schritte hin zum besseren Verständnis des Anderen sein. Bewusst sollte uns sein, dass alle Tätigkeiten wie Musik, Sport, Theater, Spiel, Werkstätten und Besichtigungen, die wir in interkulturellen Begegnungen ausführen, in dem Sinne von den Teilnehmern gedacht und gestaltet werden, dass sie sich „innerhalb der Grenzen des bereits Bekannten" (Brass, 297) bewegen. Man orientiert sich an dem bereits Bekannten, das nicht völlig neu, nicht so schwer zugänglich und verstehbar ist und somit leichter aufgegriffen werden kann. Unser Erfahrungshorizont ist in dieser Hinsicht begrenzt (vgl. ebd.). Dennoch sind die oben genannten Tätigkeiten als erster Schritt wichtig, denn sie können positive Erfahrungen und Identifikationen schaffen, die für weitere interkulturelle Begegnungen bedeutsam sind.
Ziel muss es beim interkulturellen Lernen auch sein, eine Art „suchender Neugier … in Richtung auf das Unbekannte, das nicht Vorhersehbare, das Komplexe, das Gegensätzliche, das Widersprüchliche, das Unverständliche, das Unvereinbare (und Aufmerksamkeit) auf sichtbare und unsichtbare Machtverhältnisse …" zu wecken (Brass, 298). Phänomene individueller und kollektiver Macht und Gewalt spielen bei Prozessen zwischen den Kulturen eine wichtige Rolle und müssen daher auch thematisiert werden. Für die Auswahl der Spiele bedeutet dies, dass diese so angelegt sein müssen,

dass sie eine stärkere Öffnung hin zum Fremden, Unbekannten, dem Nichtgewussten einer anderen Kultur bewirken, ja evtl. sogar zu dieser Öffnung provozieren.
Interkulturelle Erziehung setzt voraus, dass der Einzelne sensibler für interkulturelle Prozesse wird, dass er sein Wahrnehmungsvermögen im Hinblick auf andere Kulturen erhöht, versucht, sich stärker in sie hineinzuversetzen.
In einer Zeit, die zunehmend von Entsinnlichung gekennzeichnet ist und angesichts einer Fülle von Signalen und Informationen, die täglich auf uns einwirken, ist es schwierig, die wichtigen von den unwichtigen zu unterscheiden und dazu noch aufmerksam auf Fremdes, Unbekanntes zu werden. Insofern bedarf es einer fortlaufenden (Selbst-)Schulung im Hinblick auf unser Wahrnehmungs- und Aufmerksamkeitsvermögen. Wie können wir sonst offener für Andersdenkende bzw. -handelnde werden und Teilnehmerinnen und Teilnehmer im Hinblick auf interkulturelle Prozesse sensibilisieren?
Die Beschäftigung mit einer fremden Kultur setzt zwangsläufig voraus, sich mit der eigenen zu beschäftigen, sich dieser bewusst zu werden, sein Wissen über die eigene Kultur zu erweitern. Oft ist die fremde Kultur der Spiegel der eigenen und provoziert zur kritischen Auseinandersetzung bzw. Hinterfragung der eigenen Kultur. Solche Prozesse sind gelegentlich schmerzhaft, denn man wird auch mit den unangenehmen Seiten der Kultur und Geschichte des eigenen Landes konfrontiert.
Wichtig ist es auch, sich die erforderliche Zeit (gerade in unserer „kurzlebigen“ Zeit) für diese interkulturellen Prozesse zu nehmen, zumal diese Prozesse vieler Jahre bedürfen.
Ein intensiverer Kontakt mit einer anderen Kultur über einen längeren Zeitraum eröffnet die Chance, ein tieferes Verständnis zu gewinnen. Nicht eine Unmenge verschiedenartiger Begegnungen mit anderen Kulturen wird unsere Fähigkeit zu interkulturellem Lernen erhöhen, also nicht die Exotik, sondern eher wenige, aber dafür intensiv durchlebte Situationen; d.h. es darf nicht bei Kontakten und tausendfachem Beschnuppern stehenbleiben, sondern wir müssen ein tieferes Verständnis des „Anderen“ erzielen, um Qualität zu erreichen. Nicht die Quantität, also eine möglichst große Zahl flüchtiger Begegnungen – wir können auch sagen Aktionismus –, sondern die Qualität, d.h. die intensive Bearbeitung einer oder mehrerer interkultureller Situationen ist entscheidend.
Das gilt auch für Spiele und Übungen: lieber wenige, dafür gut vorbereitet, intensiv gespielt und ausgewertet. Es kommt nicht darauf an, ein Spiel nach

dem anderen durchzuführen, womöglich noch in einer schnellen Abfolge, sondern wichtig sind gerade die Pausen, die nicht verplante Zeit, die Momente, die oft als nicht „sinnvoll“ genutzt erscheinen.
Das Sprechen über durchlebte Situationen im Spiel, über interkulturelle Prozesse – wie wurde etwas gesagt, was wurde gesagt (Metakommunikation) – stärkt den Bewusstseinsprozess. Es muss auch nicht über alle Spiele sofort gesprochen werden; bei einigen geht es zunächst um das emotionale Durchleben. Die Phasen, in denen das Durchlebte reflektiert wird, richten sich nach der Situation und Reflexionsfähigkeit der spielenden Gruppe und dem Stand des Spielprozesses.
Wichtig erscheint uns in diesem Zusammenhang auch immer wieder den Perspektivwechsel im Hinblick auf die andere Kultur vorzunehmen. Das Einüben von Perspektivwechsel ist eine ganz wichtige Fähigkeit im Kontext von interkulturellem Lernen.
Nicht selten scheuen Pädagogen bei interkulturellen Begegnungen Konflikte, weil sie einem Harmoniebedürfnis folgen. Dies steht im Kontext von Zielvorstellungen, dass „Deutsche und Migranten miteinander Freundschaft schließen“ sollten. Aber erzielen nicht letztendlich gemeinsam durchlebte und ausgetragene Konflikte einen nachhaltigeren Lernerfolg als Begegnungen, bei denen versucht wird, Unterschiede nicht anzusprechen bzw. Problemsituationen erst gar nicht entstehen zu lassen? Unterschiede, die nicht benannt und Konflikte, die nicht ausgetragen werden, können dazu führen, dass sie sich zunehmend verdichten und dann explosionsartig ausbrechen. Allerdings sollen abstrakt gewusste Konflikte, die im Moment nicht vorhanden sind, nicht bewusst pädagogisch inszeniert werden, sondern es soll Raum zum Austragen für schon vorhandene Konflikte gewährt werden. Manchmal kann es sinnvoll sein, latente, im Augenblick nicht sichtbare Konflikte mit bestimmten Methoden bewusst zum Ausbruch zu bringen. In diesem Falle muss sich der Pädagoge allerdings fragen, ob er in der Lage ist, die Situation und die so frei werdenden Emotionen aufzufangen. Können solche Emotionen nicht aufgefangen und erklärt werden, kann auch das Gegenteil, nämlich eine noch stärkere Abgrenzung zwischen den Nationalitäten oder noch mehr Unverständnis die Folge sein.
Welchen Stellenwert haben nun Spiele und spielerische Methoden für interkulturelle Bildung? Die Möglichkeiten interkulturellen Lernens bei kurzzeitpädagogischen Maßnahmen sind sicherlich nur sehr begrenzt. Spiele bieten aber die Möglichkeit, nicht nur mit dem Kopf zu arbeiten, sondern

den ganzen Menschen zu beanspruchen. „Beim Spiel ist man mit Haut und Haaren dabei.“ (Ulrich Bär, S. 4)
Insofern können wir mit bestimmten Spielen – wobei diese im Rahmen eines notwendigen langen Prozesses nur ganz kleine Bausteine sein können – sowohl affektiv als auch kognitiv interkulturelle Prozesse fördern.
Im Einzelnen formuliert müssen die ausgewählten Spiele und spielerischen Methoden folgende Zielbereiche umfassen:

- Bewusstwerden der eigenen kulturellen Identität
- Wissen über die andere Kultur erwerben, Hintergrundwissen über Sozialisationszusammenhänge und -strukturen vermitteln
- Neugierde auf das Fremde wecken
- sich in fremde Kulturen einfühlen können (Empathie, Perspektivwechsel)
- Wahrnehmungsfähigkeit erhöhen und Sensibilität für Unterschiede zwischen Kulturen (im Wahrnehmen, Denken usw.) wecken
- Gemeinsamkeiten und Unterschiede feststellen und letztere auch akzeptieren können
- verschiedene Normen erkennen und einschätzen lernen (die eigenen und die des Gastlandes)
- Bereitschaft wecken, sich Konflikten zu stellen und diese auszutragen
- Bereitschaft wecken, sich eigene Vorurteile einzugestehen
- Selbstwertgefühl (Ich-Identität) stärken

Welche und wie intensiv diese Ziele erreicht werden können, hängt auch von der Art der Spiele ab. Selbstverständlich kann dabei nicht jedes Spiel alle diese Zielbereiche gleichzeitig abdecken.
Angesichts der Komplexität des Themas können diese Anmerkungen zum interkulturellen Lernen nur einen ersten Einstieg bieten, aber sie erscheinen auch in dieser Kürze notwendig, um die beiden Richtungen (Harmonisieren oder Problematisieren), die immer wieder bei Zieldiskussionen um interkulturelles Lernen geäußert werden, darzustellen und gleichzeitig damit unseren Zielanspruch zu verdeutlichen.

Über den Umgang mit Spielen zum interkulturellen Lernen

Die hier vorliegenden Spiele und Übungen begreifen wir vornehmlich als methodische Anregungen, mit denen Pädagogen und Erwachsenenbildner kreativ umgehen sollten. Das heißt, diese Spiele und Übungen müssen auf die jeweilige Zielgruppe bezogen ausgewählt und gegebenenfalls verändert werden oder einzelne Spielteile können als Anregung dienen, um etwas völlig Neues zu entwickeln. Eine breite Kenntnis von Spielen und Übungen ist wichtig.

Der gelegentlichen Wunsch von Seminar- und Gruppenleiterinnen nach einfachen, universell handhabbaren Spielen und Übungen, die möglichst für jede Situation geeignet sein sollten, ist zwar verständlich, aber so etwas wollen und können wir nicht bieten. Gerade beim interkulturellen Lernen gibt es keine Rezepte. Wichtig ist, dass die Seminarleiter die Gruppensituation analysieren und danach Spiele und Übungen auswählen, sie entsprechend dem Gruppenprozess verändern bzw. neu erfinden. Als günstig (wir möchten sagen: als notwendig) hat es sich dabei erwiesen, dies im bi- oder trinationalen Team zu tun, denn Spiele sind nicht kulturneutral. Jede Kultur hat ein bestimmtes Verhältnis zum Spiel, und in einem Spiel drückt sich auch die Kultur des entsprechenden Landes aus. So haben beispielsweise Franzosen eine größere Scheu vor Körperkontaktspielen als Deutsche. Auch sind in ihrer Gruppenpädagogik Spiele weniger als bei uns verbreitet. Gleiches galt auch in der ehemaligen DDR.

Ein gemischtnationales Team kann solche Unterschiede eher berücksichtigen als ein nationales und somit können in die Entwicklung eines neuen Spiels unterschiedliche Spielkulturen einfließen.

Sinnvoll ist es auch, für die Spiele genügend Zeit einzuplanen, da Kleingruppen oder verschiedene Nationalitäten unterschiedlich viel Zeit brauchen. Wir haben die Erfahrung gemacht, dass manche Spiele häufig mehr Zeit beanspruchen als geplant. Es ist wichtig, dass Spielprozesse oder die durch das Spiel entstandenen Diskussionen nicht durch äußere zeitliche Zwänge abgewürgt werden, denn das intensive Arbeiten an einem Spiel ermöglicht erst ein besseres Verständnis der Anderen. Auch ist eine spätere Reflexion, also eine Metakommunkation, über ein Spiel oder eine Übung dann angebracht, wenn das Spiel heftige Reaktionen ausgelöst hat bzw. wenn sie auf Fort- oder

Ausbildungsseminaren eingesetzt werden. Dies betrifft weniger Aufwärm- und Kennenlernspiele, als z.B. Spiele zur Selbst- und Fremdwahrnehmung. Seminarleiterinnen wünschen sich bei internationalen Begegnungen oft nonverbale Spiele, um besser mit den Sprachproblemen umgehen zu können. Wir haben verschiedene nonverbale Elemente in unseren Spielen (Zeichnungen, Symbole, (Körper-)Haltungen, Statuen aus Körpern, Fotos usw.). Diese sind als Einstieg geeignet, aber ein vollständiger Verzicht auf Sprache ist auch bei diesen Übungen nicht möglich. Es ist eine Illusion zu glauben, nur mit nonverbalen Mitteln interkulturelles Lernen zu ermöglichen. Was wir gesehen, wie wir es wahrgenommen und interpretiert haben, bedarf der sprachlichen Vermittlung; bei einer Begegnung wird man darauf nicht verzichten können. Es ist aber möglich, nonverbale Erfahrungen zunächst in nationalen oder sprachhomogenen Gruppen auszutauschen und die Ergebnisse dann im Plenum zu diskutieren.

Vor allem bei Spielen und Übungen, wo es um das Herausarbeiten unterschiedlicher Wertemuster und Normvorstellungen geht, ist es günstiger, diese in bi- oder trinationalen Gruppen einzusetzen. Bei multikulturell zusammengesetzten Gruppen ist es schwieriger, kulturelle Gemeinsamkeiten festzustellen als bei einer größeren nationalen Gruppe, weil die Binnendifferenzierung in multikulturellen Gruppen geringer ist. Anders ausgedrückt: zwei Deutsche sind weniger repräsentativ für ihr Land als 20. Bei einer größeren Gruppe, die kulturell homogener ist, wird man mit großer Wahrscheinlichkeit das, was sie kulturell repräsentieren, eher wieder finden.

Aufbau der Spielesammlung

Diese Sammlung setzt sich aus Spielen und Übungen zusammen, die im großen und ganzen aus zwei Arbeitsbereichen stammen. Zum einen sind es Spiele aus der Migrantenarbeit, d.h. für deutsche und ausländische Jugendliche und Erwachsene, die in der Bundesrepublik leben, zum anderen sind es Spiele und Übungen aus der internationalen Jugendarbeit. Im ersteren Fall werden Sprachprobleme meist eine nicht so große Rolle spielen wie bei Begegnungen zwischen Jugendlichen verschiedener Nationalitäten. Auch gilt für Deutsche und Migranten in der Bundesrepublik, dass andere Faktoren auf den Prozess wirken (z.B. die Akkulturation – Anpassung der Minderheitskultur an die Mehrheit) als bei internationalen Begegnungen, bei der eine Nationalität zu Gast ist und wo ihre (nationale) Identität weniger anderen kulturellen Einflüssen ausgesetzt ist.
Wenn in dieser Sammlung an einigen Stellen von Türken oder Franzosen die Rede ist bzw. sie in den Beispielen vorkommen, so bedeutet das nicht, dass sie eine bevorzugte Zielgruppe der Übungen sind. Vielmehr entspringt dies der Tatsache, dass wir in der Bundesrepublik hauptsächlich mit deutschen und türkischen Jugendlichen gearbeitet haben und bei internationalen Jugendbegegnungen überwiegend mit deutsch-französischen Gruppen Erfahrungen gemacht haben. An die Stelle von „Türken" oder „Franzosen" können andere Nationalitäten gesetzt werden; nur müssen dann Materialien und Fragen auf diese abgestimmt werden.
Wir haben die Spiele nach inhaltlichen Kriterien gegliedert. Diese Aufteilung soll es der Leserin erleichtern, die Spiele und Übungen zu finden, die sie für die jeweilige Gruppenphase bzw. den Zielbereich braucht. Die Zielbereiche sind jeweils unten auf der Seite vermerkt. Insgesamt gibt es acht Bereiche. Diese Einteilung darf aber nicht als etwas Starres verstanden werden. Einige Spiele werden sowohl zu dem einen als auch zu einem anderen Bereich passen. Es gibt also Überschneidungen.
Im I. Bereich sind Aufwärmspiele zusammengefasst, die sich von gängigen Aufwärmspielen darin unterscheiden, dass sie einen thematischen Bezug zu anderen Kulturen haben. Unter II. finden sich Spiele zum Thema Einstieg und Einstimmung. Mit ihnen soll man sich in zum Teil lustiger Art und Weise auf eine fremde Kultur einstimmen, ohne dabei schon das Verhältnis von Deutschen und Migranten zu problematisieren. Im III. Bereich finden sich Kennenlernspiele, mit denen ein erster Kontakt zwischen Menschen verschiedener Kulturen hergestellt und erste – nicht nur persönliche – Infor-

mationen ausgetauscht werden. Daran schließen sich Erkundungsspiele an, mit deren Hilfe die Spieler bei einer Begegnung die nähere Umgebung aus unterschiedlichen kulturellen Blickwinkeln entdecken und erkunden können. Die Spiele aus dem Bereich V., Hintergrundinformationen über Herkunftsländer, beziehen sich in ihren Beschreibungen zum Teil auf die Türkei, ähnlich strukturierte Spiele lassen sich aber auch für andere Nationalitäten entsprechend gestalten. Unter Multikulturelles Zusammenleben finden sich verstärkt Übungen, die sich auf das Zusammenleben von Deutschen und Migranten beziehen. Einige Übungen (z.B. ABC-Rollenspiele, Schubladenspiel, Meinungsspektrum) enthalten auch Varianten, die auf die internationale Jugendarbeit, insbesondere auf die Ausbildung von Jugendgruppenleiterinnen zugeschnitten sind. Im VII. Bereich sind unter dem Stichwort Vorurteile solche Spiele und Übungen zusammengefasst, die insbesondere kulturelle Unterschiede ansprechen, die dazu herausfordern, sich mit den ängstigenden und exotischen Bildern und Vorstellungen vom Anderen, den positiven und negativen Vorurteilen zu beschäftigen. Diese Übungen zählen zu den komplexeren.

Im letzten Abschnitt (VIII.) sind unter dem Titel „Fremde Kulturen“ solche Spiele aufgeführt, in denen man sich in eine fremde Kultur hineinversetzt, diese z.T. simuliert und in der Konfrontation mit einer fremden Kultur Handlungsstrategien entwickeln muss. Einzelne dieser Spiele sind Simulations- bzw. Planspiele.

Die Spiele und Übungen sind in jedem Bereich so angeordnet, dass möglichst die einfacheren am Anfang und die schwierigeren am Schluss stehen. Das gleiche drückt sich in der Reihenfolge der Bereiche aus.

Bei jedem Spiel ist – soweit möglich – die Spielart (z.B. Pantomime, Kreisspiel) vermerkt. Ferner enthält jede Übung – zwecks besserer Übersicht – Angaben über die Zielgruppe („für wen“).

Meist sind die Spiele für Jugendliche und Erwachsene gedacht, aber es gibt auch eine ganze Reihe von Spielen, insbesondere in den Bereichen I.-V., die auch für Kinder geeignet sind. Zum schnelleren Wiederfinden sind diese im Inhaltsverzeichnis mit einem „☞“ gekennzeichnet.

In der Regel sind die Übungen und Spiele für bi-, tri- oder gemischtnationale Gruppen gedacht; die meisten können auch in rein deutschen Gruppen gespielt werden. In rein nationalen Gruppen wird man sich der interkulturellen Thematik aber eher wie in einem „Trockenschwimmkurs“ nähern. Dort, wo eine bi- oder gemischtnationale Gruppe Voraussetzung ist, ist das jeweils vermerkt.

Neben den Zielen der Spiele und Übungen sind das Material und die notwendige Vorbereitung sowie die Zeitdauer vermerkt. Die Zeitangabe soll eine Orientierungs- und Entscheidungshilfe geben; die tatsächliche Dauer wird in der Praxis aber von der Zielgruppe, ihrer Motivation und den Impulsen des Spielleiters abhängen. Unter Material steht ggf. auch eine Bezugsquelle, falls es sich um umfangreichere Materialien handelt. Einige Materialien (z.B. Quartettkarten), die im Anschluss an die Beschreibungen abgedruckt sind, können direkt fotokopiert werden. Sie müssen ggf. noch vergrößert werden.
Viele Spiele und Übungen enthalten neben der Beschreibung auch Auswertungsfragen und Spielvarianten, die für andere Zielgruppen oder bei weniger Zeit eingesetzt werden können.
Falls wir ein Spiel aus einer anderen Sammlung übernommen bzw. abgewandelt haben, findet sich am Ende der Beschreibung der Hinweis auf die Spielerfinderinnen bzw. darauf, wer die Spielidee geliefert hat. Spiele, die von uns entwickelt wurden bzw. nur ganz kleine Teile der Ursprungsidee eines anderen Spiels enthalten, wurden nicht besonders gekennzeichnet.

I. Aufwärmspiele

Der höfliche Ali *Kreisspiel*

Für wen: Gruppengröße ab zehn Spielerinnen
Ziele: Erste Kontaktaufnahme, Bewegung, Begrüßungsrituale der Türkei kennen lernen
Material: Rhythmische türkische Hintergrundmusik
Zeit: 10 Minuten

Beschreibung:

Alle sitzen im Kreis; es gibt einen Stuhl weniger als Mitspieler. Während Hintergrundmusik läuft, geht eine in der Kreismitte stehende Mitspielerin auf eine andere zu, stellt sich mit Namen vor und begrüßt sie mit dem in der Türkei üblichen Hand-Stirn-Kuss, der besondere Ehrerbietung ausdrückt. Dabei nimmt man die Hand der zu Begrüßenden, führt sie kurz an die Lippen, dann an die eigene Stirn. Die begrüßte Mitspielerin steht nun ebenfalls auf. Die beiden gehen zu anderen Mitspielern und stellen sich in gleicher Weise vor (Schneeballsystem). Wenn alle stehen, geht das Begrüßen innerhalb des Kreises weiter, bis die Musik gestoppt wird. Das ist das Zeichen, sich schnell einen Platz zu suchen. Wer übrig bleibt, kann das Spiel noch einmal in Gang bringen. Jetzt vielleicht mit einer anderen Begrüßungsart.

Selamünaleyküm *Kreisspiel*

Für wen: Gruppen ab ca. acht Personen
Ziel: Erste Kontaktaufnahme; Bewegung; Begrüßungsrituale kennen lernen
Material: Keines
Zeit: 10 Minuten

Beschreibung:

Gruppierung: Stuhlkreis mit einem Platz weniger als Teilnehmer, zwei leere Stühle stehen in der Kreismitte. Eine Spielerin steht und tippt einer anderen sitzenden Spielerin aufs Knie. Beide laufen nun in entgegengesetzter Richtung um die beiden Sitzgelegenheiten. In der Mitte, wo sie sich treffen, grüßen sie sich mit *„Selamünaleyküm"*, falten dabei die Hände vor der Brust, verneigen sich und sagen ihren Namen (arabische Begrüßungsart). Dann laufen sie weiter und setzen sich auf den freien Platz im Stuhlkreis. Wer keinen freien Sitzplatz bekommen hat, setzt das Spiel in gleicher Weise fort.

Variante: Andere Begrüßungsarten wie z.B. den indischen „Namaste"-Gruß oder dem französischen Wangenkuss (Beschreibungen s. Ballonreise, S. 34) verwenden – oder einfach die Spieler selbst nach deren üblichen Begrüßungsarten fragen.

Reise im Orientexpress *Körperkontaktspiel*

Für wen: Mindestens acht Mitspieler
Ziele: Miteinander in Kontakt kommen, Bewegung, Kooperation
Material: Rhythmische orientalische Hintergrundmusik
Zeit: 10 Minuten

Beschreibung:

Kooperative Form der „Reise nach Jerusalem“: In der Kreismitte stehen Stühle Lehne an Lehne in einer Reihe, ein Platz weniger als Teilnehmerinnen. Das ist der Orientexpress. Während orientalische Musik läuft, bewegen sich die Spieler im Kreis um die Stühle.
Bei Musikstopp sucht sich jede schnell einen Stuhl. Da man nur dann mitfahren darf, wenn man auch einen Platz hat (stehend ist zu gefährlich), muss man eben eng zusammenrücken bzw. sich aufeinandersetzen, wenn die vorhandenen Sitzplätze nicht ausreichen.
Vor jeder neuen Runde wird ein Stuhl weggenommen (der Zug wird immer voller), bis beim letzten Musikstopp alle Spielerinnen nur noch auf einem einzigen Stuhl sitzen. Damit ist das Reiseziel erreicht, und es kann zum nächsten Spiel übergeleitet werden.

Anmerkung: Bei sehr großen Spielgruppen könnten ja mehrere „Abteile“ (mehrere Stühle) den Zug symbolisieren.

Freund gesucht *Gruppenfindungsspiel*

Für wen: Klein- und Großgruppen
Ziele: Auflockerung, sich in eine fremde Sprache einfühlen
Material: Rhythmische Hintergrundmusik, Spielkärtchen mit der Aufschrift „Freund" werden in verschiedenen Sprachen angefertigt (z.B. bei 5er-Gruppen 5x „Freund", 5x „arkadaş", 5x „amigo", 5x „ami" usw.)
Zeit: 10 - 15 Minuten

Beschreibung:

Jeder Spieler erhält ein Kärtchen. Die Teilnehmer laufen bei Musik durch den Raum und tauschen ständig ihre Kärtchen mit anderen. Bei Musikstopp wird sofort laut das Wort gerufen, das auf dem eigenen Kärtchen steht und man findet sich so zu „Sprachen"-Gruppen zusammen. Läuft die Musik wieder, werden die Spielkärtchen abermals getauscht usw. – mehrmaliger Durchgang ist möglich.
Beim letzten Musikstopp rufen die Spieler nun nicht nur das Wort das auf ihrer Karte steht, sondern sie versuchen die Sprache nachzuahmen, die durch ihre Wortkarte vorgegeben ist. Sie finden sich wieder zu Sprachgruppen zusammen.

Variation: Statt Sprachengruppen finden sich „Wortgruppen" zusammen, z. B. das Wort „Freund" (und andere Wörter) ist jeweils in 5 verschiedenen Sprachen vorhanden. Alle „Freunde" finden sich zusammen

Anregung: Da dieses Spiel gleichzeitig zur Gruppenfindung führt, könnte hier ein Spiel für die so entstandenen Kleingruppen anschließen.

Internationale Verkehrsmittel *Spielkette*

Für wen: Kinder und Jugendliche
Ziele: Neugierig auf andere Länder und Kulturen machen, Bewegung und Körperkontakt
Material: Rhythmische Musik aus den zu „bereisenden Ländern" bereitstellen
Zeit: Je nach Gruppengröße 20 - 40 Minuten

Beschreibung:

Nacheinander besuchen wir verschiedene Länder dieses Erdballs und testen deren Verkehrsmittel. Die Spielleiterin erklärt die Reisestationen und traditionelle Fahrzeuge dieses Landes. Während Musik aus dem jeweiligen Land läuft, bewegen sich die Spieler nach der vorgegebenen Fahrzeugart.

Anreise: *Flugzeug* Vier Flugpassagiere haben im Flugzeug Platz (= 4er Gruppen). Die Spielerinnen stellen das Flugzeug selbst dar, sie stehen eng hintereinander und beugen sich mit ausgebreiteten Armen nach vorne (Bauch am Rücken des Vordermannes). Nun sind die Flugzeuge startbereit. Die Spieler simulieren den Flug: – Startgeräusch beim Abflug – Fallen in ein Luftloch (in die Knie gehen) – Rütteln bei Gewitter (Hopsen) – Holpern bei der Landung usw.

China: *Fahrrad* Einzeln mit Tretbewegungen herumlaufen (Fahrradklingelgeräusch dabei nachahmen)

Deutschland: *Taxi* Die Spielerinnen stellen sich je zu zwei Paaren hintereinander auf, Hände auf die Schulter des Vordermanns; durch Handdruck wird das Taxi gelenkt: Druck auf die rechte Schulter = rechts fahren, auf die linke Schulter = links fahren, beide gleichzeitig = stopp, nochmaliger Druck = Weiterfahrt

Indien: *Rikscha (=Dreiradfahrrad – dient als Kurzstreckentaxi)* Zwei stellen sich einander gegenüber und halten sich an beiden Händen fest. Eine weitere Mitspielerin setzt sich darauf, ein Vierter greift die Beine des Sitzenden und schon kann's losgehen (siehe Karikatur).

***Afrika:** Bus* In Kleingruppen hintereinander aufstellen, linke Hand auf die Schulter des Vordermanns legen und das rechte, angewinkelte Bein des Vordermanns mit der rechten Hand halten; so hüpfend durch den Raum bewegen (schlechte Straßen!)

***Amerika:** Greyhound (=Überlandbus)* In einer Schlange aufstellen, Hände auf die Schulter des Vordermanns legen. Die erste Spielerin der Schlange fängt das Ende der Schlange, ohne dass diese reißt.

***Türkei:** Dolmuş (=Sammeltaxi)* Zwei Gruppen besteigen zusammen ein Dolmuş, (Kleinbus, der erst abfährt, wenn alle Plätze besetzt sind), d.h. ganz eng aneinandergedrängt im Raum bewegen, ohne sich dabei am Nachbarn festzuhalten! (Hupen nicht vergessen – das gehört in der Türkei einfach zum „guten Ton"!!)

Rückreise: Orientexpress – Beschreibung siehe S. 26

Anmerkung: Bei multinational zusammengesetzten Spielgruppen sollten auf jeden Fall Fahrzeuge aus den Heimatländern der Spielerinnen vorkommen. Diese vor der Durchführung also evtl. befragen.

Internationale Persönlichkeiten *Kreisspiel*

Für wen: Altershomogene Gruppen, beliebige Gruppengröße
Ziele: Kontaktaufnahme erleichtern, neugierig machen
Material: Pro Mitspieler ein Klebeetikett und einige vom Spielleiter bereits beschriftete Reserveetiketten
Zeit: 10 - 15 Minuten

Beschreibung:

Die Teilnehmer beschriften jeweils ihr Klebeetikett mit dem Namen einer berühmten Persönlichkeit ihrer Heimat, die aus den Bereichen Sport, Politik, Kultur usw. sein können. Dabei darauf hinweisen, dass möglichst solche Persönlichkeiten aufgeschrieben werden, die die Mitspieler kennen können. Evtl. Doppelnennungen werden aussortiert und durch die Reserveetiketten des Spielleiters ersetzt. Jeder bekommt nach Zufallswahl ein Etikett auf den Rücken geklebt und soll durch Fragen, die nur mit „ja" oder „nein" zu beantworten sind, herausfinden, wer er/sie ist. Bei *großen* Gruppen laufen dazu alle Teilnehmer gleichzeitig durch den Raum und befragen sich gegenseitig. Jedem Mitspieler dürfen nur 3 Fragen gestellt werden, dann geht's zum Nächsten. Bei *kleineren* Gruppen (bis zu 8 Teilnehmern) können die Rater auch einzeln in die Kreismitte kommen, die übrigen Mitspieler beantworten dann gemeinsam die Fragen. Wer erraten hat, welche Persönlichkeit er ist, klebt sich sein Etikett an die Brust. Sobald alle, oder zumindest die meisten, Spieler ihre „neue Persönlichkeit" in Erfahrung gebracht haben, sollten die noch unbekannten Persönlichkeiten geklärt werden. Zum Abschluss erklärt jeder Spieler, welche „Beziehung" er zu seiner „neuen Persönlichkeit" hat.

Hinweis: Bei Kindergruppen statt Persönlichkeiten aus dem öffentlichen Leben evtl. Figuren z.B. aus Kindersendungen verwenden. Evtl. sollte der Spielleiter diese vorgeben.

Bei Teilnehmern aus sehr unterschiedlichen bzw. unbekannteren Kulturen, die das Erraten der Persönlichkeiten schwierig erscheinen lässt, könnten alle „Etiketten-Namen“ zusätzlich an die Tafel geschrieben werden. Das erleichtert das Herausfinden der eigenen, neuen „Identität“.

Variante als Gruppeneinteilungsspiel: Jeweils mehrere Persönlichkeiten aus einem bestimmten Bereich sind vorhanden. Alle Spieler mit der gleichen Kategorie (z.B. Politiker) bilden anschließend eine Gruppe.

II. Einstieg und Einstimmung

Die Ballonreise *Spielkette*

Für wen: Gruppen ab ca. acht Personen aller Altersstufen

Ziele: Kontakt ermöglichen, kennen lernen, neugierig auf andere Kulturen und Bräuche machen

Material: Hintergrundmusik aus den einzelnen Ländern (z.B. aus der CD „Welthören"[1]) und meditative Musik (z.B. Deuter), evtl. Glocke oder Gong und ggf. große Weltkarte

Zeit: Je nach Anzahl der Teilnehmerinnen ca. 30 - 45 Minuten

Beschreibung:

Die Teilnehmerinnen stehen im Kreis, der den Ballon für die Reise symbolisiert. Während der Ballonfahrten wird immer die gleiche meditative Musik eingespielt, bei den Landungen jedoch ertönt Musik aus dem jeweiligen Land. Die Spielleiterin gibt bei der Landung kurze Informationen darüber, wo man sich gerade befindet und zeigt, wie man sich in Sprache und Gestik dort begrüßt, was die Teilnehmerinnen dann auch untereinander tun. In multikulturellen Gruppen bietet es sich an, dass die Spielerinnen ihr jeweiliges Land selbst vorstellen. Das Ende des Landaufenthaltes wird durch Einsetzen der meditativen Ballonmusik eingeleitet und evtl. durch eine Glocke oder einen Gong verstärkt. Während die Ballonmusik läuft, stellen sich die Mitspielerinnen wieder im Kreis auf bis zur nächsten „Landung". Während des Spiels können auf einer großen Weltkarte die „bereisten" Länder gezeigt werden.

Die Spielleiterin beginnt mit der ***Spielgeschichte:*** *Wir stellen uns alle in einen großen Kreis, denn wir stehen im Korb eines großen Ballons, der gleich aufsteigen wird und uns in die verschiedensten Länder bringt. Wir wollen*

1 Zu beziehen beim Versand oder in den Läden des Verlages 2001

andere Länder und Menschen kennen lernen und vor allem lernen, wie man sich dort begrüßt. Der Ballon hebt langsam ab und schwebt immer höher. Wir schauen nach unten und sehen, wie die Häuser und Straßen immer kleiner werden, die Menschen sehen aus wie Ameisen. Der Ballon schwebt über Felder, Wiesen und Wälder, bis wir plötzlich das Meer auftauchen sehen. Manchmal schaukelt und schwankt der Ballon ein wenig, wir schaukeln leise mit... Da taucht eine kleine Insel auf, der wir uns nähern - der Ballon stoppt über ihr und schwebt ganz langsam und sanft nach unten... Ihr seid auf der „Ewigen Ferieninsel" gelandet.

1. Ewige Ferieninsel: *Dies ist eine Insel, auf der die Leute nichts zu tun haben und immer Ferien machen. Es gibt aber einen Marktplatz, wo sich alle Leute, als Erinnerung an ihr früheres geschäftiges und eiliges Leben, ganz schnell die Hand geben und fragen: „Guten Tag, wie geht's?" – so vielen wie möglich und so schnell wie möglich - und sich dabei anteilnehmend in die Augen sehen.*

2. Indien: *Wir sind in Indien gelandet und begrüßen die Menschen, die uns begegnen, auf landesübliche Art: Wir falten die Hände zur indischen Grußhaltung, verbeugen uns leicht und sagen: „Namaste" (mit Betonung auf der letzten Silbe).*

3. Japan: *Wir gehen hinunter in den Ort und grüßen die Menschen dort: Hände flach auf die Oberschenkel, Hüfte einknicken und mit geradem Oberkörper verbeugen, lächeln und „Sajonara" sagen (evtl. mit Namen: z.B. Peter-san), oder, wenn wir im alten Japan zu Samuraizeiten gelandet sind: „Konishiwa".*

4. Afrika: *(afrikanische Trommelmusik) Während der Ballon nach unten schwebt, hören wir schon die rhythmischen Trommeln. Wir fühlen uns ermuntert, uns danach zu bewegen. Es ist ein mitreißender, fröhlicher Rhythmus. Wenn wir anderen Menschen begegnen, spielen wir mit ihnen ausgiebig das Begrüßungsritual, das sehr vielfältig und variabel ist: Hand nehmen und schütteln, dann mit den Fingern, die zu einer Kralle geformt sind, verhaken, dann gegenseitig seitlich auf die Handflächen schlagen und das Ganze wieder von vorne.*

5. Frankreich: *Nun sind wir in Frankreich – und natürlich in Paris – gelandet. Hier treffen wir die unterschiedlichsten Leute. Wir begrüßen uns mit angedeuteten oder echten Umarmungen, Küssen auf die Wange oder in die Luft - je nachdem, wie wir zueinander stehen oder wie uns zumute ist.*

6. Arabien: *Wir landen in der arabischen Wüste, nicht weit von einer Stadt entfernt, denn wir hören in der Ferne den Ezan, den islamischen Gebetsruf, der fünfmal am Tag ertönt und die Menschen zum Gebet auffordert oder in die Moschee ruft. Wir reisen weiter in die Wüste hinein bis zu einer Oase und grüßen dort die Menschen mit „Salam", indem wir unsere rechte Hand nacheinander an die Stirn, unseren Mund und die Brust führen und dann den Arm in einer weit ausholenden Bewegung seitlich nach hinten führen, „Salam" sagen und uns verbeugen.*

7. Tibet: *Wir sind auf Schneebergen gelandet, diesmal in Tibet. Die Sonne scheint und die Menschen sitzen draußen vor ihren Hütten und lachen uns freundlich an. Zur Begrüßung zeigen sie uns ihre Zungen, die im Mund nach hinten gerollt sind. Damit zeigen sie, dass sie nicht von einem Dämon befallen sind, der die Zungen schwarz färbt. Wir grüßen natürlich genauso zurück.*

8. Amerika: *Da die Menschen hier wenig Zeit haben, geht die Begrüßung sehr schnell, und wir fliegen direkt weiter. Begrüßung nach freier Wahl.*

9. Türkei: *Als erstes landen wir nahe bei einer türkischen Hochzeit. Wir gucken kurz den Tänzen zu, gehen dann weiter und schauen uns im Ort um. Wir begrüßen uns mit „Merhaba", wenn es Bekannte oder Gleichaltrige sind. Wenn es Ältere oder Höhergestellte sind, mit dem türkischen Handkuss: man nimmt die Hand des anderen und führt sie erst an die Lippen, dann an die Stirn („merhaba" mit gerolltem „r" = „Hallo!" oder „Guten Tag").*

10. Russland: *(evtl. Kosakenmusik) Wir landen in einer eiskalten, russischen Steppe. Es ist gerade ein Feiertag und wir hören eine* *russisch-orthodoxe Liturgie. Anschließend wird gefeiert, gesungen, getrunken und getanzt. Wir mischen uns unter die Feiernden und üben den „Säbeltanz“, und schon wird es uns warm und Sprachbarrieren spielen auch keine Rolle mehr.*

11. Griechenland: *Zuerst landen wir auf dem Berg Athos, wo die Mönche gerade die Vesper am Ostersonntag singen. Wir hören ihnen heimlich zu und stehlen uns dann wieder schnell in unseren Ballon, denn Touristen ist das Betreten des heiligen Berges verboten. Wir fliegen zu einer Insel, wo gerade eines der mehrtägigen griechischen Feste im Gange ist. Wir sehen zu oder tanzen mit. Begrüßung: „Jassu“ (mit langem a), d.h. soviel wie „Hallo“ und passt immer. Oder „Kalimera“ = „Guten Morgen“ oder „Kalispera“= „Guten Abend“. (Man kann die Reise auch in Griechenland mit einem gemeinsamen griechischen Folkloretanz beenden. Es gibt nicht nur den „Sirtaki“!)*

12. Heimreise: *Die „Ballon-Musik“ läuft etwas länger als in den Zwischenphasen und jeder kann beliebig nach Hause schweben oder tanzen...*

Hinweis: Wenn bekannt ist, aus welchen Kulturen die Teilnehmerinnen kommen und sie in die Vorbereitung mit einbezogen werden können, sollten sie aufgefordert werden, Musik und Bewegungsideen (Tänze, Gesten, Begrüßungen) aus ihren Heimatländern mitzubringen, damit diese in das Spiel mit eingebaut werden können.

Spielerfinderin: Margit Klein (gekürzte Wiedergabe)

Reise nach Internationalia *Spielkette*

Für wen: Kinder, Jugendliche, Erwachsene ab ca. 12 Personen
Ziele: Neugierig und sensibel für andere Kulturen machen, Angst abbauen, Neues kennen lernen, Kontakte knüpfen
Material: Kassettenrekorder oder CD-Player; Musik aus unterschiedlichen Ländern (s. Spielbeschreibung); Fotopuzzles (s. Beschreibung)
Zeit: ca. 30 - 45 Minuten

Beschreibung:

Anhand einer Spielgeschichte erklärt der Spielleiter die Regeln:

Wir haben uns als Reisegruppe zusammengefunden, die in das viel beschriebene, aber bisher wenig bekannte Land „Internationalia" fahren will. Um dorthin zu gelangen, müssen wir fliegen. Wir befinden uns jetzt auf dem Flugplatz. Alle Passagiere werden gebeten, mit ihrem Gepäck durch die Zollabfertigung zu gehen:

Die Spieler (Gesamtgruppe) stehen nebeneinander in einer Reihe und halten sich an den Händen gefasst. Die Hände werden gemeinsam hochgehoben. Der letzte in der Reihe läuft in Schlangenlinien unter den erhobenen Armen der Mitspieler durch und zieht dabei die anderen hinter sich her. Nach zwei bis drei Durchgängen ist die Zollabfertigung beendet.
Material: rhythmische Hintergrundmusik

*So, jetzt sind wir durch den Zoll. Das Flughafenpersonal erwartet uns bereits zur **Ticketkontrolle**:*

Puzzles mit Bildern aus verschiedenen Ländern (z.B. Kalenderbilder oder Bilder aus Reiseprospekten) wurden vorbereitet, jedes Bild in vier Teile zerschnitten, und auf der Rückseite jedes Puzzleteiles steht das Wort „Flugticket" in der Sprache des Landes, aus dem das Bild stammt. Puzzleteile an die Teilnehmer verteilen. Die Spieler finden sich anhand der „Flugtickets" zu Vierer-Gruppen zusammen.
Material: vorbereitete Puzzles

Die Ticketkontrolle ist nun auch überstanden, und wir können endlich starten. In Internationalia gibt es nur kleine Flugplätze. Deshalb fliegen wir mit kleinen ***Flugzeugen****.*

Der Flug: Vier Flugpassagiere haben im Flugzeug Platz (Vierer-Gruppen aus dem vorherigen Spiel) Spielbeschreibung siehe „Internationale Verkehrsmittel" S. 28)

Jippi, wir sind in Internationalia gelandet, aber wie soll's jetzt weitergehen? Hier gibt es ja nicht nur Fahrzeuge wie wir sie kennen, sondern alles Mögliche durcheinander: Dolmuş, Rikscha usw.:

Internationale Verkehrsmittel: (Spielbeschreibung siehe S. 28)
Jede Puzzlegruppe wird dabei zunächst einem anderen Fahrzeug zugeordnet. Gleichzeitig bewegen sich alle Gruppen mit „ihrem" Verkehrsmittel durch den Raum, später evtl. Verkehrsmitteltausch. Aufpassen, dass ihr kein Verkehrschaos verursacht!

Nach langer Reise kommen wir auf einem Marktplatz mitten in einer Stadt an. Aber auch hier geht alles international zu. Die Menschen begrüßen sich in ihrer gewohnten Art:

Begrüßungsgesten: Die Spielleiterin spielt nacheinander Musik aus verschiedenen Ländern ein und zeigt dabei jeweils, wie man sich in diesen Ländern üblicherweise begrüßt:
Deutschland: Hektisch durch den Raum laufen und mit Handschlag und „Wie geht's?" begrüßen.
(Weitere Begrüßungsgesten siehe „Ballonreise", S. 34 ff.)
Zunächst werden nacheinander diese Begrüßungsformen gespielt. In der letzten Phase alle gleichzeitig. Beim zuletzt begrüßten Spieler stehen bleiben (Paare bilden).
Material: Hintergrundmusik aus diesen Ländern,

Je länger wir uns in dieses Treiben auf dem Marktplatz mischen, desto mehr Bekanntschaften schließen wir, mit denen wir uns natürlich auch unterhalten wollen. Aber das ist gar nicht so einfach:

Paarweise versuchen sich die Spieler in einer ***Phantasiesprache*** zu sagen, was sie jetzt am liebsten tun würden. Die Phantasiesprache darf dabei von pantomimischen Gesten unterstützt werden. Verstehen die Partner, was man sagen will?

Natürlich wollen wir auf unserer Reise noch einiges mehr von Internationalia entdecken. Deshalb gehen wir jetzt in Gruppen weiter auf Entdeckungsreise. Das Gesehene (typische Gesten etc.) prägen wir uns gut ein, um später den anderen Mitreisenden darüber berichten zu können:

Die Puzzlegruppen finden sich wieder und überlegen sich gemeinsam eine typische Geste oder eine pantomimische Szene aus dem Leben des Landes, das auf ihrem Puzzlebild dargestellt ist (Puzzle zusammensetzen!). Nacheinander spielen die einzelnen Gruppen ihre kurzen Szenen vor, die anderen raten das Land.

Natürlich sind wir neugierig, einiges über die Bewohner von Internationalia zu erfahren und sie ebenfalls über uns. Das erfolgt mit dem:

Platzwechsel-Info-Spiel: (siehe S. 72)

Langsam wird es Zeit, wieder an die Heimreise zu denken. Wir packen unsere sieben Sachen zusammen und bereiten uns auf die Abfahrt vor. Statt eines Rückflugs wählen wir das Kreismobil, das uns unser Gastland zur Verfügung gestellt hat, als Transportmittel. In diesem Kreismobil haben wir auch alle gemeinsam Platz:

Kreissitzen: (Schoßsitzen)
Haben wir es geschafft, als ganze Gruppe im Kreis auf dem Schoß des jeweiligen Hintermannes zu sitzen, ist die Reise beendet.

Reise um die Welt mit Geräuschen *meditative Übung*

Für wen: Alle Altersstufen, auch für Großgruppen
Ziele: Empathie fördern; erkennen, dass die eigene Wahrnehmung von Erlebtem immer vom kulturellen Hintergrund, der eigenen Sichtweise bzw. den eigenen „Schubladen" geprägt ist
Material: Aus der CD „Welthören"[2] werden Geräusche und kurze Liedsequenzen verschiedener Länder zu einem Stück zusammengestellt (Dauer ca. 10 - 15 Minuten); CD-Player bzw. Kassettenrekorder
Zeit: ca. 30 - 45 Minuten

Beschreibung:

1. Spielrunde: Die Teilnehmerinnen sitzen bequem mit geschlossenen Augen auf Stühlen oder liegen auf Decken am Boden und hören den Ton-Zusammenschnitt an (das erste Stück sollte etwas länger und ruhig sein, damit die Teilnehmerinnen sich erst einmal einstimmen können). Bei jedem Geräusch, jeder Liedsequenz sollen sich die Spielerinnen nun auf die Bilder konzentrieren, die beim Hören in ihrem Kopf entstehen.

2. Spielrunde: In Paargruppen tauschen sich die Teilnehmerinnen nun darüber aus, was sie gehört haben, welche Bilder aufgetaucht sind und welche Länder sich dahinter wohl verbergen könnten. Die Ergebnisse werden notiert. Als Hilfestellung können die einzelnen Geräusch-/Liedsequenzen evtl. noch einmal abgespielt werden.

3. Spielrunde: Zwei Paargruppen finden sich zusammen und erzählen sich gegenseitig, welche Bilder bei den einzelnen Sequenzen im Kopf entstanden sind und welche Länder sie dahinter vermuten. Welche kulturellen Vorstellungen werden dabei deutlich?

4. Spielrunde: Nochmaliges Anhören und Auflösung der Zuordnung der Geräuschsequenzen zu den Ländern.

Auswertung:

- Eindruck beim ersten Hören: Wie und was wurde verstanden?

2 Zu beziehen beim Versand oder in den Läden des Verlages 2001

- Was beeinflusste meine Wahrnehmung und meine Zuordnung des Gehörten zu einem bestimmten Land?
- Was ist dabei interkulturell bedeutend?

Spielidee/Quelle: Seminar des Goethe-Instituts München „Interkulturelle Kompetenz", 1999

Gemeinsam ein Haus malen *Malübung*

Für wen: Kinder, Jugendliche und Erwachsene
Ziele: Nonverbal miteinander in Kontakt kommen
Material: Zeichenbögen, Stifte
Zeit: 15 - 25 Minuten

Beschreibung:

Paarweise finden sich die Teilnehmerinnen aus je unterschiedlichen Kulturen zusammen und malen, ohne zu sprechen und indem sie gemeinsam einen Stift halten, ein Haus. Anschließend tauschen sie ihre Erfahrungen über diesen gemeinsamen nonverbalen Malprozess aus und teilen später wichtige Erkenntnisse der Gesamtgruppe mit.

Auswertung in Partnerarbeit:

- War es schwierig, ohne zu sprechen das Haus zu malen?
- Wer übernahm in verschiedenen Sequenzen die Führung? Gab es eine Dominanz einer Seite?
- Was war der Vorteil und was der Nachteil dieser nonverbalen Arbeit?

Stabübung *Bewegung*

Für wen: Alle Altersgruppen; Gruppengröße 8 bis 14; bei größeren Gruppen entsprechende Kleingruppen bilden

Ziele: Aufeinander eingehen und aufeinander achten; spüren, mit welchem Achtsamkeitsgrad man miteinander umgeht; Kommunikationsmuster von Gruppen verdeutlichen; Leitungsverhalten reflektieren

Material: Ca. 2m lange Stäbe (je nach Anzahl der Kleingruppen), notfalls tun es auch Zollstöcke

Zeit: 10 - 15 Minuten

Beschreibung:

Die Teilnehmer (ggf. die der Kleingruppen) stellen sich in zwei Reihen gegenüber auf, wobei auf jeder Seite mindestens vier Teilnehmer stehen. Jeder streckt nun seinen Zeigefinger etwa in Hüft- oder Brusthöhe nach vorne. Der Gruppenleiter legt dann die Latte oder den ausgeklappten Zollstock auf die ausgestreckten Zeigefinger der Teilnehmer. Deren Aufgabe besteht nun darin, den Stab gemeinsam auf den Boden zu legen, ohne ihn dabei loszulassen oder ihn mit den Händen zu greifen oder von oben nach unten zu drücken.

Variante:

Das Spiel in einem zweiten Durchgang nonverbal und/oder in geschlechtshomogenen Gruppen spielen.

Auswertungsfragen:

- Wie war das für dich, wie bist du mit der Aufgabe zurechtgekommen?
- Welchen Weg der „Problemlösung“ ist eure Gruppe gegangen?
- Hat jemand automatisch begonnen Kommandos zu geben oder wurde es jemandem zugewiesen? Wurde dann auch kontrolliert, ob die Kommandos eingehalten wurden? Wieweit spielte dabei auch die Beliebtheit dieser Person in der Gruppe eine Rolle?
- Wurde geschummelt (z.B. der Stab von oben nach unten gedrückt – kommt bei Schülergruppen oft vor)?
- Für wen war die Aufgabe frustrierend? Was hast du dann getan?

- Wer hatte lange Zeit keinen Kontakt mit der Latte? Woran lag das und wie hast du dich dabei gefühlt?
- Funktioniert das Spiel eigentlich nur mit “leader” oder auch nonverbal? (evtl. im Anschluss noch ausprobieren)
- Wurde das Spiel in geschlechtshomogenen Gruppen gespielt: Haben Männer und Frauen unterschiedliche Formen der Kommunikation/der Problemlösung gefunden?

Anmerkung:

- Am Anfang ist es fast immer so, dass der Stab immer weiter nach oben wandert, anstatt in Richtung Boden.
- Nur wenn man achtsam miteinander umgeht, kann diese Aufgabe gelöst werden!
- Oft zeigt die Übung, dass die nonverbale Kommunikation zu einem besseren Ergebnis führt.
- Meist ist es so, dass Männer sich bei dieser Übung viel schwerer tun und Frauen ein besseres Ergebnis erzielen.

Spezialitäten-Pantomime *Pantomime*

Für wen: Jugendliche und Erwachsene
Ziele: Neugierig auf andere Kulturen machen und Interesse daran wecken, Ausdruck ohne Sprache
Material: keines
Zeit: 20 - 40 Minuten

Beschreibung:

Die Teilnehmerinnen teilen sich in Kleingruppen zu je vier bis fünf Spielerinnen auf (z.B. per Gruppenfindungsspiel). Jede Gruppe erhält den Namen eines z.B. türkischen Spezialitätengerichts (bei Teilnehmerinnen aus anderen Ländern ihrer Nationalität entsprechend) der nun pantomimisch dargestellt werden soll, und zwar so, dass jeder Buchstabe des Wortes durch ein neues Wort (in der gemeinsamen Seminarsprache, also in der Regel Deutsch) pantomimisch dargestellt wird.

z.B.

E	sel
K	amin
M	eer
E	lefantenherde
K	indergarten

Die anderen Gruppen raten den Spezialitätenbegriff (und evtl. deren Bedeutung). Mögliche Spezialitätenbegriffe: Türkisch: ekmek (= Brot), mantı (= gefüllte Nudeln), börek (= gefüllte Teigtaschen), helva (= türkischer Honig), simit (= Sesambrezel) oder Italienisch: ciabatta (= Brot), latte (= Milch), pasta (= Nudeln) usw.

Variante: Die Begriffe werden nicht vorgegeben, sondern jede kulturelle Gruppe überlegt sich eine Spezialität aus ihrem Land in ihrer Sprache, die sie der anderen Gruppe pantomimisch mit Begriffen der gemeinsamen Sprache vorspielt.

Erzählpantomime *Pantomime*

Für wen: Kindergruppen, beliebige Teilnehmerzahl
Ziele: Neugierig machen auf andere Länder, Einstimmung
Material: Keines
Zeit: 20 - 30 Minuten

Beschreibung:

Die Spielleiterin beginnt eine Geschichte zu erzählen über eine Reise nach Griechenland oder in die Türkei oder ein anderes Land der teilnehmenden Kinder.
Die Spielerinnen stellen die Geschichte pantomimisch dar, z.B.:

- *Einsteigen in das Flugzeug:* Füße heben wie beim Treppensteigen
- *das Flugzeug fliegt:* Arme beim Flug bewegen
- *harte Landung:* alle lassen sich auf den Hintern fallen
- Taxi- oder Dolmuş-Fahrer umringen die Neuangekommenen: alle Spieler drängen sich eng zusammen
- ein Süßwaren-Verkäufer preist seine Ware an: lautes Geschrei durcheinander in einer fremden (Phantasie-)Sprache

usw.

Bei dieser „Phantasiereise" könnten Kinder aus anderen Ländern (Spanien, Nordafrika, Russland, Türkei etc.) weitere Vorkommnisse erzählen. Die Spielleiterin gibt dann Anregungen für die pantomimische Darstellung.

Wichtig: Die Reise muss einen definierten Abschluss haben, der z.B. in einem imaginären Teehaus spielen könnte, wo das Spiel beim gemütlichen Zusammensitzen ausklingt.

Münzorakel *Stegreifspiel*

Für wen: Jugendliche und Erwachsene, Gruppen bis acht Personen, u.a. für gesellige Abende

Ziele: Einfühlung in andere Kulturen, Auflockerung

Material: Große Weltkarte, Münzen für jede Spielteilnehmerin

Zeit: 30 - 60 Minuten

Beschreibung:

Jede Spielerin erhält eine Münze. Nacheinander wirft jede ihre Münze aus geringer Entfernung auf die am Boden ausgebreitete Weltkarte. Die Spielleiterin prophezeit, dass der Ort, auf dem die Münze liegen bleibt, für die betreffende Spielerin in nächster Zukunft eine große Bedeutung haben wird. Die Mitspieler werden aufgefordert ihre „hellseherischen Fähigkeiten" einzusetzen und diese „vorausgeahnte" Bedeutung auf **positive** phantasievolle Weise kund zu tun.

Variante: Die Münzen stammen aus verschiedenen Ländern. Jede Spielerin zieht eine beliebige Münze und soll versuchen, diese dem richtigen Herkunftsland zuzuordnen. Mitspielerinnen korrigieren notfalls. Unter Mithilfe der anderen Teilnehmerinnen werden nun Vermutungen über die Bedeutung, die dieses Land für die Zukunft der Spielerin haben wird, angestellt.

Interkulturelles Nonsensspiel *Stegreifspiel*

Für wen: Jugendliche und Erwachsene, Spielerinnen müssen in einer gemeinsamen Sprache kommunizieren können
Ziele: Empathie, Einstieg ins Thema
Material: Keines
Zeit: 30 Minuten

RAKI TRINKE ICH NIE AUF NÜCHTERNEN MAGEN.

Beschreibung:

Zwei Teilnehmerinnen verlassen den Raum. Die anderen Mitspielerinnen überlegen sich für jeden dieser zwei *je einen kurzen Satz* mit Bezug zum Thema, das bearbeitet werden soll, und *eine Situation*, in der sich die beiden treffen. Wenigstens eine der Vorgaben (also z.B. entweder „Situation" oder „kurzer Satz") sollte Bezug zum Thema haben, evtl. auch beide.

VIELLEICHT SOLLTE ICH WIEDER ZURÜCKKEHREN ?!

DAS WAHLRECHT FÜR IN DER BRD LEBENDE AUSLÄNDER IST LÄNGST ÜBERFÄLLIG!

Die beiden Spielerinnen bekommen dann leise je „ihren" kurzen Satz genannt und natürlich die gemeinsame Situation, in der sie sich treffen. Bei dieser Unterhaltung muss jede „ihren" Satz einbauen, der von der Spielpartnerin erraten werden soll. Dies soll so geschickt geschehen, dass die Mitspielerin den Satz möglichst nicht sofort entdeckt.

.... AUF DEM STANDESAMT

.... IM AUFZUG

.... AM STRAND

Geschichten erzählen *Kreativität*

Für wen: Kleine Spielgruppen von fünf bis zehn Teilnehmern; sie müssen in einer gleichen Sprache kommunizieren können

Ziele: Neugierig machen auf andere Kulturen

Material: Symbolkärtchen (siehe Kopiervorlage auf den nächsten Seiten) müssen vom Spielleiter evtl. noch mit weiteren Symbolen der Herkunftsländer der Mitspieler ergänzt werden.

Zeit: 20 - 30 Minuten

Beschreibung:

Die vorbereiteten Spielkärtchen werden gleichmäßig an die Mitspieler verteilt, so dass bei jedem zwei bis drei unterschiedliche Symbole liegen. Im Laufe einer fortlaufenden Geschichte muss jeder Spieler versuchen, seine Kärtchen loszuwerden, indem er seine Symbole in die Geschichte einbaut. Konnte eines der Kärtchen in die Geschichte eingebaut werden, setzt der nächste Spieler die Geschichte fort. Die Geschichte wird solange weitererzählt, bis reihum alle nacheinander ihre Symbolkärtchen ablegen konnten.

Leichtere Variante: Es ist nur ein Symbol vorhanden (z.B. Rubel-Geldstücke), das aber in höherer Anzahl (eines weniger als Mitspieler). Ein Spieler beginnt eine Geschichte zu erzählen. In diese versucht er, das Wort des Symbols (also z.B. Rubel) einzubauen. Sobald das Wort Rubel fällt, versuchen alle Mitspieler, ein solches Geldstück zu erhaschen (die Geldstücke liegen in der Mitte des Kreises, die Mitspieler sitzen dicht darum herum). Wer nicht schnell genug war und kein Geldstück mehr erwischen konnte, setzt die Geschichte fort.

Variante als Einstieg in ein Thema: Statt Symbolkärtchen, werden Begriffskärtchen, die mit dem zu bearbeitenden Thema in Zusammenhang stehen, verteilt.

Kopiervorlage: Geschichten erzählen

Kopiervorlage: Geschichten erzählen

Passkontrolle *Rollenspiel*

Für wen: Kinder von fünf bis zehn Jahren, im Rahmen einer Spielkette auch für Jugendliche geeignet, ca. zehn Teilnehmerinnen
Ziele: Einstieg in das Thema Emigration/Flucht
Material/Vorbereitung: Materialien für die Herstellung von „Pässen" (Pappe, Schreiber, Kleber, Stempelkissen, Sofortbild- oder Digitalkamera mit Laptop und Drucker) und Verkleidungsrequisiten für Touristen und Grenzbeamte, bei größeren Gruppen mehrere „Grenzen" einrichten
Zeit: einschließlich Auswertung ca. 45 Minuten bis eine Stunde

Beschreibung:

Zunächst werden in einem „Passbüro" Ausweise hergestellt: Ausweisformulare werden zugeschnitten, gefaltet, mit Angaben zur Person und mit einem selbst- oder gegenseitig gemalten oder durch eine Sofortbild- oder Digitalkamera hergestellten „Passbild" versehen. Fingerabdrücke und verschiedene Unterschriften vervollständigen den Pass. Nun wird eine Grenze eingerichtet, z.B. indem ein Kind auf einem Stuhl im Türrahmen sitzt und seine Beine als Schranke gegen diesen stemmt oder indem die Besucher zwischen zwei Tischen durchgehen, ihren Pass vorzeigen, dieser abgestempelt wird, sie nach dem Grund ihrer Einreise genauestens befragt werden, ihr Gepäck durchsucht wird, sie bestimmte Wissensfragen zu dem Land beantworten bzw. Gründe für ihre Einreise nennen müssen. Die Rollen von Grenzbeamten und Reisenden können gewechselt und neue Rollen z.B. „Asylsuchende" eingeführt werden. Mit Kindern müssten einzelne Rollen (z.B. „Asylsuchende") zunächst besprochen werden.

Auswertungsfragen:

- Warum gibt es Grenzen? Wie würde eine Welt ohne Grenzen aussehen?
- Warum müssen viele Menschen ihr Heimatland verlassen?
- Was wären für dich Gründe, Deutschland zu verlassen?
- Warum haben deine Eltern ihre Heimat verlassen? (= Frage an die ausländischen Kinder)

usw.

Verstehst du mich? *Stationenspiel*

Für wen: Jugendliche und Erwachsene, bei entsprechend leichteren Stationen auch für Kinder
Ziele: Sich auch ohne gemeinsame Sprache verständigen können
Material: Siehe bei „Stationen", Papierbögen
Zeit: Je nach Anzahl der Stationen ca. ein bis zwei Stunden

Beschreibung:

Im Haus verteilt oder an getrennten Orten gibt es verschiedene Spielstationen, an denen paarweise Aufgaben erfüllt werden sollen. Als Spielpaare finden sich jeweils eine Teilnehmerin mit Migrationshintergrund und eine deutsche zusammen.
Die Stationsaufgaben werden auch in den Sprachen der ausländischen Spielerinnen formuliert, d.h. mal in der einen, mal in der anderen Sprache. (Spielen das Spiel nur Deutsche, könnten sich als Paare jeweils Spielerinnen zusammenfinden, von denen eine z.B. Französisch oder eine andere Fremdsprache spricht, welche die andere nicht versteht.) Die Spielerin, in deren Muttersprache die Aufgabe beschrieben ist, liest die Aufgabenbeschreibung und versucht ihrer Partnerin pantomimisch zu erklären, was zu tun ist. Die Kommunikation während der gesamten Spieldauer ist nonverbal. Die eigene Muttersprache darf nur verwendet werden, wenn die Spielpartnerin sie nicht versteht! Die Ergebnisse/Produkte der einzelnen Stationen werden später zur Auswertung mit ins Plenum gebracht. Ein Austausch darüber, ob man sich richtig verstanden hat, erfolgt ebenfalls erst im Plenum!

Mögliche Stationen:

- Lebenswege (siehe S. 91)
- Sprechende Gesichter (siehe S. 180); zu schminkende Begriffe liegen für jedes Paar in Umschlägen bereit.)
- Küchengeräte-Pantomime: Für jedes Paar liegt ein Luftballon bereit, in dem ein Küchengeräte-Begriff versteckt ist. Jedes Paar hat einen anderen Begriff. Beide sollen zusammen dieses Küchengerät pantomimisch darstellen. Im Plenum wird später das dargestellte Gerät erraten.
- Gummibärchenweitwurf: Eine Spielerin wirft ein Gummibärchen, das die andere mit dem Mund auffangen soll; jedes Paar hat sechs Würfe; wie viele Fänge sind dabei?

- Persönlicher Gegenstand: Jede Spielerin sucht sich einen Gegenstand und versucht, der Partnerin dessen Bedeutung für sie zu erklären.

usw.

Nachdem die Paare alle Stationsaufgaben bewältigt haben, werden die einzelnen Ergebnisse im Plenum vorgestellt, wobei z.B. die Pantomimen erraten werden.

Auswertungsfragen:

- Wie klappte die nichtsprachliche Verständigung?
- Wurde das pantomimisch Erzählte von der Partnerin richtig interpretiert und verstanden?
- Ist es anstrengender, sich nichtsprachlich verständigen zu müssen?

Identitätswandel *Stationenspiel*

Für wen: Kinder, Jugendliche, Erwachsene; mind. 15-20 Teilnehmer
Ziele: Einstimmung auf einen Nationalitätenabend; sich in andere Nationalitäten einfühlen
Material: Schminke, alte Kleindungsstücke, eine Weltkugel
Zeit: 45 - 90 Minuten

Beschreibung:

Die Gruppe wird in Kleingruppen zu vier bis sechs Personen aufgeteilt. Diese durchlaufen im Abstand von 15-20 Minuten alle Stationen. An jeder Station erhalten die Teilnehmerinnen ein Stück einer neuen Identität und zwar jede Gruppe eine andere.
Die Spielleiterin bereitet mit vier bis fünf Teilnehmerinnen fünf Stationen vor. Die Stationen werden an verschiedenen Stellen des Hauses oder des Geländes eingerichtet. Um von einer Station zur nächsten zu gelangen, muss die Gruppe zusätzlich zur Identitätswandlung bestimmte Aufgaben erledigen. (Z.B. finden sie an einer angegebenen Stelle in Form eines Rätsels Hinweise auf die nächste Station, oder sie müssen von einer Station zur nächsten blind geführt werden.)

Es gibt folgende Stationen:

1. Station: Hier hat eine **Wahrsagerin** oder eine Hexe eine Weltkugel in der Hand, lässt diese kreisen, deutet dann auf eine Stelle bzw. auf ein Land und bestimmt die neue Identität: „Ihr seid jetzt Inder“ oder „Spanier“ oder „Brasilianer“. (Variante: ein Gruppenmitglied deutet blind auf die sich drehende Weltkugel und bestimmt dadurch das Land.)

2. Station: Ein **„Sprachlehrer“** fragt die neue Sprache der Gruppe ab bzw. führt einen kleinen Sprachkurs mit ihnen durch.

3. Station: Hier müssen die Teilnehmerinnen eine neue, für ihr neues Land **typische, Haltung** oder Bewegung einüben.

4. Station: Hier **kleiden** sich die Teilnehmerinnen gemäß den Sitten ihres neuen Landes ein.

5. Station: Hier **schminken** sich die Teilnehmerinnen gegenseitig entsprechend ihrer neuen Identität oder sie werden geschminkt.

Das Stationenspiel kann als Einstimmung auf ein Festessen dienen. Alle sollen sich dann dort gemäß ihrer neuen Identität verhalten und ausdrücken.

Hinweis: Bei der Auswahl der „Identitäten“ möglichst Länder wählen, aus denen die Spielteilnehmerinnen nicht stammen, damit wirklich jede Spielerin in eine fremde Identität schlüpft. Dann ist eine Zufallsauswahl an der 1. Station allerdings nicht möglich.

Spielidee: Helmolt Rademacher, Johannes Warth u.a.

Bildrealitäten *Interpretation*

Für wen: Alle Altersstufen, auch für Großgruppen, aber es muss für eine ruhige Atmosphäre im Gruppenraum gesorgt werden

Ziele: Erkennen, dass die Wahrnehmung einer bestimmten Situation je nach individuellem Blickwinkel unterschiedlich sein kann; verdeutlichen wie eingefahrene „Blicke" und damit Zuschreibungen entstehen; erkennen wie groß die Interpretationsspielräume von Bildern und Situationen sind

Material: Doppelseitig interpretierbare Bilder (z.B. zu finden unter http://muendelein.freepage.de/optik/optik.htm)

Zeit: 30 - 45 Minuten

Beschreibung:

Die Teilnehmer sitzen paarweise einander gegenüber, Knie an Knie. Jedes Paar erhält ein „doppelseitig interpretierbares Bild", das Unterschiedliches abbildet, je nachdem, von welcher Seite man es betrachtet.
Der erste Spieler beginnt zu beschreiben was er sieht; dann der Partner.
Sichtwechsel: Jetzt werden die Plätze getauscht, das Bild bleibt jedoch in gleicher Richtung liegen, sodass jeder Spieler einmal die Erfahrung macht, wie sich der Wechsel des Blickpunkts auch auf die eigene Wahrnehmung auswirkt.
Anschließend erfolgt ein Austausch darüber, was man gesehen hat, wie die Bilder auf jeden Einzelnen gewirkt haben und ob es unterschiedliche Wahrnehmungen zu den Bildern gab. Die Erfahrungen der Paare werden im Plenum vorgestellt. Dort erfolgt eine gemeinsame Auswertung.

Auswertungsfragen:

- Welche unterschiedlichen Wahrnehmungen gab es? Wie breit war der Interpretationsspielraum?
- Was sagen uns die Erfahrungen mit den Wechselbildern übertragen auf unsere Wahrnehmung(en) im Alltag?
- Welche Rückschlüsse müssen wir daraus auf die alltägliche Wahrnehmung der uns umgebenden Menschen und den Umgang mit ihnen ziehen?
- Was sagt das über den Umgang der Menschen unter einander aus?

Traumreise *meditative Übung*

Für wen: Jugendliche, Erwachsene, Gruppen ab fünf Personen; eine Sprache, die alle verstehen ist Voraussetzung

Ziele: Einstimmung auf eine neue, fremde Situation oder Erinnerung an bereits Erlebtes; also auch zur Auswertung geeignet

Material/Vorbereitung: Die Spielleiterin richtet einen gemütlichen Raum her (abends mit Kerzen ausstatten), in dem man sich auf den Boden legen kann (evtl. Decken verwenden) und sucht eine ruhige Musik aus (z.B. Deuter); sie überlegt sich vorher eine Geschichte, die beim Einzelnen möglichst viel Phantasie wecken bzw. Erinnerungen wachrufen soll und die sowohl freudige wie irritierende Bilder mobilisieren kann

Zeit: ca. 30 - 45 Minuten

Beschreibung:

Alle Teilnehmerinnen, die bereit sind mitzuspielen, legen sich auf den Boden und schließen die Augen. Die Musik läuft leise im Hintergrund. Die Spielleiterin erzählt nun in ruhigem Ton – versehen mit Sprechpausen – eine Geschichte.

Beispiel:

Heute ist das erste Vorbereitungstreffen für die Türkeireise. Ich überlege mir, was ich anziehe und was ich zu dem Treffen mitnehme. Wer wird wohl zu dem Treffen kommen?
Später gehe ich die Stationen der Reise durch. Wir werden mit dem Flugzeug nach Istanbul fliegen. Für mich ist das der erste Flug in meinem Leben. In Istanbul sind wir in einem einfachen Hotel untergebracht. Nachdem wir uns ausgeruht haben, besuchen wir den Basar. Er ist riesig groß; es gibt immer wieder neue verwinkelte Abzweigungen. Häufig werde ich angesprochen, etwas zu kaufen. Die Busfahrt ins Dorf erfolgt in der Nacht. Im Bus ist es sehr unbequem. Im Dorf werden wir von den Bewohnern freudig empfangen. Viele reden auf mich ein, aber ich verstehe kein Wort. Ich frage, ob ich etwas trinken kann, aber die Menschen verstehen mich nicht. Wir sind bei Familien zum Essen eingeladen. Die Art, wie die Menschen am Boden sitzen und dort essen, ist mir ziemlich fremd, und ich weiß häufig nicht, was ihr Lachen und

ihre Gesten bedeuten. Auf die Fahrt ans Meer freue ich mich schon. Da kann ich einige aus der anderen Gruppe treffen, mit denen ich mich gut verstehe...

Die Geschichte kann entsprechend weiter ausformuliert werden, darf aber nicht zu weit ins Detail gehen, um der Phantasie der Teilnehmerinnen genug Spielraum zu lassen.

Auswertung: Die Jugendlichen erzählen von ihren Phantasien, Träumen, Ängsten, Hoffnungen, Erwartungen... Haben die Jugendlichen, in deren Heimatland wir diese Traumreise unternommen haben, dabei andere Phantasien als die deutschen?

Standpunkt einnehmen

Für wen: Je nach Fragestellung für alle Altersgruppen
Ziele: Zu einer (zugespitzten) Frage unterschiedliche Standpunkte in einer Gruppe visualisieren und begründen lassen; Meinungsvielfalt und unterschiedliche Standpunkte (und dadurch wechselnde Zugehörigkeiten) in einer Gruppe sichtbar machen
Material: Ja- und Nein-Karten, evtl. Klebeband
Zeit: 15 - 30 Minuten

Beschreibung:

Eine größere Fläche im Raum wird an einem Ende mit einer Ja-Karte und am anderen Ende mit einer Nein-Karte versehen. Ggf. wird zwischen den Karten mit Klebeband eine Linie angelegt. Die Teilnehmerinnen stehen im Raum verteilt. Die Spielleiterin liest oder nennt eine (zugespitzte) Frage, auf die man mit „Ja“ oder „Nein“ oder mit Zwischenpositionen antworten kann. Die Spielerinnen stellen sich auf der imaginären oder der Klebebandlinie je nach ihrer Position zu dieser Frage auf (z.B. vollständige Zustimmung ganz dicht beim „Ja“). Die Spielleiterin fordert nun Teilnehmerinnen in den verschiedenen Teilgruppen auf, ihren Standpunkt zu begründen. Die Antworten erfolgen freiwillig. Der geäußerte Standpunkt wird von der Spielleiterin gespiegelt, um die Position zu verdeutlichen.

Mögliche Fragen zur Begegnung mit Fremden/Fremdem:

- In einem Land, das ich neu bereise, erlebe ich kaum (nie) Fremdheitsgefühle.
- Wenn ich ein Lokal betrete in dem z.B. viele Afrikaner sind, fühle ich mich unsicher.
- Wenn ich als Migrantin zu einer Party gehe, auf der fast nur Deutsche sind, komme ich mir ziemlich deplaziert vor.

Fragen zu interkulturell unterschiedlichen Zeitbegriffen

- Ich bin ein Mensch, der viele Dinge gleichzeitig tun kann (= polychrones Zeitverständnis).
- Pünktlichkeit bei Verabredungen ist mir ganz wichtig.

Fragen zu enterschiedlichem Wir – Ich – Gefühl:

- Ich bin zum „Wir-Gefühl"/Gemeinschaftsmenschen erzogen worden.
- Für mich ist die Individualität sehr wichtig und ein sehr hohes Gut.
- Ich schätzte mich als „Wir-Mensch" (bzw. „Ich-Mensch") ein, möchte aber lieber zur anderen Gruppe gehören

Auswertung:

- Gibt es jemanden der glaubt, dass er immer wieder mit einer/mehreren bestimmten Person(en) zusammen an einem „Standpunkt" war?
- Hat diese Erfahrung oder das Gegenteil (oft mit unterschiedlichen Personen zusammen zu sein einen Aussagewert? Wenn ja, welchen?)

Variante 1: Mittelpunktspiel In die Kreismitte wird ein roter Punkt gelegt. Je mehr ich der Aussage zustimme, desto weiter stelle ich mich zum Mittelpunkt. Hier hat die Übung nur den Charakter eines Kennenlernspiels, d.h. mehr von einander zu erfahren (Z.B. Mir gefällt es, häufig in andere Länder zu fliegen. Oder: Ich unterhalte mich gerne ständig in einer fremden Sprache. Oder: Ich bin gerne ständig in Kontakt mit Menschen aus anderen Kulturen.)

Variante 2: Rangreihe Die Linie wird dazu verwendet eine Rangreihe zu bilden:
Zum Beispiel: Anzahl der Nationalitäten in der Familie (1, 2, 3 oder 4 ...)

Variante 3: Einschätzen und zuordnen Bei dieser Variante werden Spielpaare gebildet. Die einzelnen Fragestellungen werden hier nicht selbst beantwortet sondern die Spielpartner schätzen sich abwechselnd gegenseitig ein und schicken ihren Partner zu der ihrer Meinung nach zutreffenden Ja- oder Nein-Position. Bei der ersten Frage ist also beispielsweise jeweils Spielpartner A derjenige der einschätzt, bei der nächsten Frage dann Spielpartner B. Erst wenn auch begründet wurde, was zu dieser Einschätzung führte, stellt der Spielpartner gegebenenfalls richtig.

Mögliche Fragen für diese Variante[3]*:*

- Ist deine Partnerin ein Mensch, für den die Familie einen großen Stellenwert hat?
- Unternimmt deine Partnerin gerne mehrere Dinge gleichzeitig?
- Bewegt sich deine Partnerin gerne in einem fremden Umfeld?
- Hat deine Spielpartnerin schon mal für längere Zeit im Ausland gelebt?

3 Bei den Fragen sollte darauf geachtet werden, dass sie keine Wertungen enthalten, bei denen sich die Partnerin bloßgestellt fühlen könnte.

Der ängstliche Fritz

Für wen: Jugendliche und Erwachsene
Ziele: Befürchtungen und Hoffnungen in Bezug auf Fremdes artikulieren
Material: Große Papierbögen, Filzstifte
Zeit: Eine Stunde

Beschreibung:

Die Gruppe teilt sich in Kleingruppen. Auf einem großen Bogen wird der ängstliche Fritz aufgezeichnet. Der Bogen hat vier Kummerecken, in die die Ängste notiert werden, die Teilnehmerinnen in Bezug auf Fremdes nennen. Jede nennt nicht mehr als fünf Ängste oder Befürchtungen. Anschließend formuliert die Gruppe die Befürchtungen positiv um und schreibt sie in den Fritz hinein. Fritz nimmt nur Positives auf!

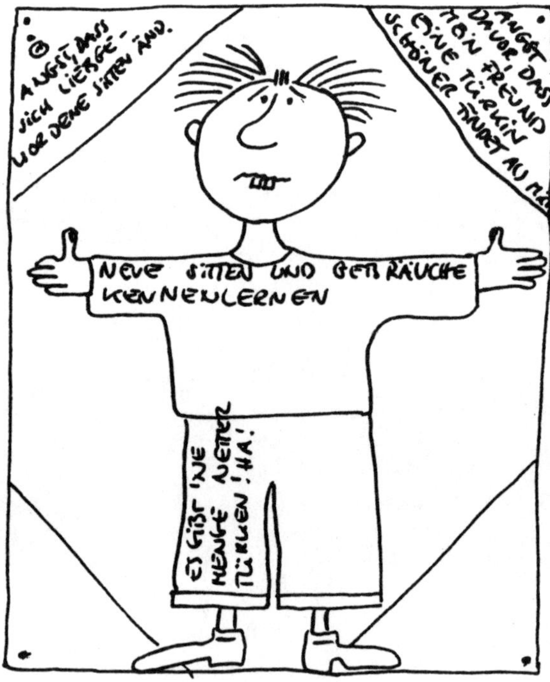

Nach einer Idee von: Dirk Achterwinter

Bildassoziation *Diskussionsspiel*

Für wen: Jugendliche und Erwachsene bei interkulturellen Seminaren
Ziele: Einstieg in das Thema „Interkulturelles Lernen / Interkulturelle Kompetenz“; Auseinandersetzung mit der Begrifflichkeit
Material: Kunstdruckkarten oder Fotos (nicht gegenständlich, in größerer Anzahl als Mitspielerinnen vorhanden sind)
Zeit: Ca. 30 Minuten, bei größeren Gruppen auch länger

Beschreibung:

In der Kreismitte liegt eine Reihe von Kunstdruckkarten. Jede Teilnehmerin wählt eine Karte, die ihrer Meinung nach am besten den Begriff „interkulturelle Kompetenz“ ausdrückt. Diese Karte wird dann in der Gruppe vorgestellt und die Auswahl begründet.

Thematische Variante:

Wähle eine Karte, die für dich Deutschland ausdrückt!
Oder: Mit welcher Karte assoziierst du deine Heimat?

Begriffsklärung „interkulturelle Kompetenz“

Diskussionsspiel

Für wen: Jugendliche und Erwachsene; besonders bei interkulturellen Seminaren einsetzbar

Ziele: Einstieg in das Thema „Interkulturelles Lernen/Interkulturelle Kompetenz“; Auseinandersetzung mit der Begrifflichkeit

Material: Vorbereitete Puzzles mit Thesen zum Interkulturellen Lernen (siehe unten). Es müssen so viele Puzzleteile wie Teilnehmerinnen sein

Zeit: Ca. 45 Minuten

Beschreibung:

Die einzelnen Thesen (siehe unten), aber nicht die dazu zugehörigen Fragen, sind einzeln auf Karten geschrieben und zu Puzzles mit je vier bis fünf Teilen zerschnitten. Es ist darauf zu achten, dass es so viele Puzzleteile wie Teilnehmerinnen gibt. Die Schnipsel liegen alle auf dem Boden oder einem Tisch; jede Teilnehmerin nimmt sich ein Puzzleteil. Die Gruppen finden sich zusammen, indem diejenigen, die die Puzzle-Teile einer These haben, sich zusammensetzen. Aufgabe der Gruppen ist es dann, aus den Thesen Fragen zu entwickeln (oder sich von der Seminarleiterin die zur These gehörende Frage geben zu lassen), zu diskutieren und zu beantworten.

Hier einige Beispiele für Thesen und mögliche zu diskutierende Fragen:

- Die Diskussionen um interkulturelles Lernen bleiben abstrakt, solange Zuwanderer nicht die volle soziale und politische Gleichstellung haben.
  – Was sind die Bedingungen für interkulturelles Lernen?
- Interkulturelle Kompetenz kann weder gelehrt noch gelernt werden, sondern ist eine Frage der Persönlichkeit.
  – Welche Eigenschaften weisen eurer Meinung nach einen interkulturell kompetenten Menschen aus?
- Je genauer man hinsieht, umso mehr Kulturen werden sichtbar. Am Ende gibt es genauso viele wie Teilnehmerinnen in einer Gruppe.

- Was sind die Unterscheidungsmerkmale für persönliche und kulturelle Differenz? Sind inter- und intrakulturelle Unterschiede gleich zu bewerten?

- Interkulturell kompetent kann eigentlich nur jemand sein, der selbst im weitesten Sinne Migrationserfahrung hat.
  - Kann eurer Meinung nach interkulturelle Kompetenz geschult werden?

- Interkulturelles Lernen ist in unserer heutigen Zeit so wichtig, dass es bei möglichst vielen Lernsituationen (in der Schule, im Betrieb, in der Nachbarschaft) berücksichtigt werden sollte.
  - Unter welchen Bedingungen kann interkulturelles Lernen euerer Meinung nach stattfinden?

III. Kennenlernspiele

Nachbar, woher kommst du? *Vorstellungsspiel*

Für wen: Jugendliche und Erwachsene in multikulturellen Gruppen, die sich noch nicht kennen
Ziele: Kulturelle Prägungen anhand des Aussehens wahrnehmen (Kleidung, Mode, Haarschnitt)
Material: Keines
Zeit: 30 - 40 Minuten

Beschreibung:

Am Anfang einer Begegnung setzt sich die Gruppe im Kreis zusammen und die Spielleiterin fordert jede auf, sich zwei Minuten lang zu überlegen, aus welchem Land ihre Nachbarin kommt und woran das zu erkennen ist; welche Hinweise es in Kleidung, Frisur und Körperausdruck dafür gibt. Auch wer schon weiß oder an der Sprache erkannt hat, aus welchem Land sein Nachbar kommt, wird gebeten, nachzudenken, welche Hinweise es außer der Sprache noch gibt. Ziel ist es, den anderen eine Rückmeldung zu geben.

Der Reihe nach sortieren *Bewegungsspiel*

Für wen: Kinder, Jugendliche, Erwachsene
Ziele: Miteinander in Kontakt kommen, auch nonverbal kommunizieren
Material: Keines
Zeit: 20 - 30 Minuten

Beschreibung:

Die Teilnehmer sortieren sich nach bestimmten, vorgegebenen Kriterien (die auch von ihnen selbst genannt werden können) der Reihe nach, so dass sie zum Schluss in einer Schlange stehen. Die Kriterien werden nacheinander vorgegeben.

Mögliche Kriterien:

- nach Anfangsbuchstaben des Vornamens
- nach Anzahl der Jahre, die man bereits in Deutschland lebt
- blind der Körpergröße nach sortieren
- nach Anzahl der Länder, die man bereist hat
- nach Anzahl der Fremdsprachen, die man spricht
- Die Spieler verteilen sich im Raum nach der geographischen Lage ihrer Herkunftsorte bzw. -Länder.

Nonverbale Variante: Die Teilnehmer sortieren sich nach ähnlichen Kriterien, ohne dabei zu sprechen. Zum Beispiel können Geburtsdatum oder Schuhgröße nur durch Handzeichen und gestisches Vergleichen herausgefunden werden. Noch bewegter wird das Spiel, wenn die Teilnehmer auf Stühlen oder auf Zeitungspapieren stehen, die zu einem Kreis angeordnet sind. Dabei sollen sie sich sortieren, ohne den Fußboden zu berühren.

Platzwechsel-Info-Spiel *Kreisspiel*

Für wen: Kinder, Jugendliche, Erwachsene, Gruppen ab 15 - 20 Teilnehmern
Ziele: Erste Informationen übereinander erhalten, Auflockerung
Material: Schwungtuch
Zeit: 10 - 25 Minuten

Beschreibung:

Alle Mitspieler stehen um ein ausgebreitetes Schwungtuch, das in Hüfthöhe festgehalten wird. Nach bestimmten Fragestellungen sollen die Plätze getauscht werden (unter dem Schwungtuch auf die gegenüberliegende Seite krabbeln bzw. rennen). Steht kein Schwungtuch zur Verfügung, kann auch im Stuhlkreis gespielt werden (1 Stuhl weniger als Mitspieler). Die Fragen können von den Spielern selbst eingebracht werden. Bei jüngeren ist es jedoch sinnvoll, wenn der Spielleiter selbst genügend Fragestellungen bereit hat (dabei den Erfahrungshintergrund der Spieler berücksichtigen).

Mögliche Fragestellungen für Kinder:

- Alle, die das Wort „merhaba“ verstehen
- Alle, die schon einmal in ihrem Leben eine Lederhose getragen haben
- Alle, deren Vorname mit A beginnt
- Alle, die lieber Rindfleisch als Schweinefleisch essen
- Alle, die während der letzten Wochen mindestens einmal in der Kirche waren
- Alle, die wissen, in welchem Land die Sahara liegt
- Alle, die jemanden mit Namen Svetlana kennen
- Alle, die wissen, wer Atatürk ist
- Alle, die eine italienische Freundin haben
- Alle, die schon einmal in Griechenland in Urlaub waren

Variante für Jugendliche und Erwachsene: Die Teilnehmer sitzen im Stuhlkreis, der Moderator steht in der Kreismitte. Bei seinen Worten „Der Wind weht über allen, die ...“ stehen die Teilnehmer, die z.B. zwei Fremdsprachen sprechen (bzw. neugierig auf andere Länder und Menschen sind usw.), auf und versuchen, sich auf einen freigewordenen Stuhl zu setzen. Auch der Moderator selbst sucht sich einen Sitzplatz. Die Person, die keinen

Platz findet, stellt sich in die Mitte und leitet die nächste Runde mit einer anderen Aufforderung ein.

Mögliche Fragestellungen für Jugendliche und Erwachsene:

- Alle, die zwei Fremdsprachen sprechen
- Alle, die neugierig auf andere Länder und Menschen sind
- Alle, die im Urlaub gern ins Ausland fahren
- Alle, die wissen, wer Shahrukh Khan[1] ist
- Alle, die Migrationserfahrung haben
- Alle, die Kontakt zu ihren ausländischen Nachbarn haben
- Alle, die beruflich etwas mit Ausländern zu tun haben
- Alle, die Freunde haben, die ursprünglich aus einem anderen Land kommen
- Alle, die schon mal in einem Wohnheim für Asylbewerber waren
- Alle, die in einer Initiative mitarbeiten, die sich um die rechtliche Besserstellung von Zuwanderern bemüht
- Alle, die mindestens 5 Worte Kurdisch sprechen können
- Alle, die wissen, was ein „Favela"[2] ist
- Alle, die ein bisschen Italienisch können
- Alle, die glauben, keine Vorurteile gegenüber Ausländern zu haben

usw.

Anmerkung: Der Spielleiter kann immer wieder bewusst langsam sein, um den Teilnehmern die Möglichkeit zu geben eigene Fragen einzubringen. Als Hinführung zu einem bestimmten Thema wird der Themenrahmen vorgegeben.

1 Seit Jahren wohl berühmtester und beliebtester Schauspieler Indiens, der inzwischen weit über die Grenzen seines Landes hinaus bekannt ist.

2 Slums in Südamerika werden so genannt.

Info-Action-Spiel *Kreisspiel*

Für wen: Ab 10 Jahren; für Gruppen bis zu 10 Spielerinnen
Ziele: Informationen übereinander erhalten, Kommunikation und Bewegung
Material/Vorbereitung: Die umseitig abgedruckten Info- und Action-Aufgaben werden jeweils zu einer Rolle zusammengeklebt. Diese Rollen werden in ein Kästchen mit Deckel (evtl. Schuhkarton) gesteckt, so dass sie jeweils rechts und links am Deckelrand herausschauen. Ein großer Würfel (z.B. aus Schaumstoff) wird noch gebraucht.
Zeit: Ca. 30 - 45 Minuten

Beschreibung:

Es wird reihum gewürfelt. Die jüngste Spielerin beginnt, *gerade Würfelaugen* bedeuten Info-Karten, *ungerade Würfelaugen* Action-Aufgaben. Die Spielerin, die dran ist, zieht entsprechend ihres Wurfs am entsprechenden Aufgabenstreifen und liest die Aufgabe laut vor. *Action-Aufgaben* müssen selbst, evtl. unter Mithilfe von Mitspielerinnen, gelöst werden. *Fragen* können selbst beantwortet oder an eine oder mehrere andere Mitspielerinnen gerichtet werden. Ist die Frage beantwortet bzw. die Action-Aufgabe gelöst, ist die rechte Nachbarin an der Reihe.

Hinweis: Wird in zweisprachigen Gruppen gespielt, wäre es sinnvoll, die Aufgaben-Kärtchen ebenfalls zweisprachig zu formulieren. Die auf den folgenden Seiten vorgeschlagenen Info- und Action-Aufgaben gegebenenfalls der Spielgruppe anpassen.

Kopiervorlage zum Info-Action-Spiel: Info-Karten	
Welche Art von Musik magst du gern? Warum?	Wenn du morgen Geburtstag hättest und wir dir etwas schenken würden, was würdest du dir von uns wünschen?
Mache die Augen zu und versuche, eine nichtdeutsche und eine deutsche Mitspielerin steckbriefartig zu beschreiben.	Wenn du die Wahl hättest: eine gefährliche, aber interessante Reise in ein politisches Krisengebiet oder eine bequeme Pauschal-Seereise. Was würdest du wählen?
Nenne drei Dinge, die du oft in deiner Freizeit tust.	Erzähle uns ein Erlebnis, bei dem du dich mal richtig „fremd" gefühlt hast.
Du hast eine Weltreise gewonnen oder kannst dir auch den Preis (5.000 €) auszahlen lassen. Was würdest du tun?	Wird in den nächsten fünf Jahren etwas Interessantes auf dich zukommen, das du jetzt schon vorhersehen kannst?
Hast du schon mal indisches Essen probiert? Welche Vorzüge hat nach deiner Meinung die indische vor der deutschen Küche (und umgekehrt)?	Du darfst ein halbes Jahr in einem anderen Land leben (kannst, aber musst nicht arbeiten). Welches Land suchst du dir aus?
Was verstehst du unter „multikultureller Gesellschaft"?	Was möchtest du am liebsten auf einer Reise haben: Erholung, Abenteuer, fremde Städte und Landschaften, andere Leute kennen lernen, fremde Kulturen studieren …?

Kopiervorlage zum Info-Action-Spiel: Action-Karten	
Mache die Augen zu. Ein oder zwei Spielerinnen setzen sich zu dir. Durch Abtasten des Kopfes sollst du herausfinden, wer es ist. (Vorsicht!)	Trage pantomimisch einen gefüllten Krug Wasser um die Runde der Mitspielerinnen. Vorsicht, der Weg ist sehr holprig.
Erkläre der Gruppe mit deiner Körpersprache, warum du in fremde Länder reist – die Mitspielerinnen raten dann.	Spiele einen indischen Schuhputzer so lange, bis deine nächste Nachbarin mit einer Aufgabe dran ist.
Zähle in einer fremden Sprache bis zehn.	Binde einer Mitspielerin einen Turban mit einem Tuch.
Suche dir Mitspielerinnen, mit denen du pantomimisch eine Marktszene in Kairo vorführst.	Du bist fremd in einem Land. Erkläre einer Mitspielerin in einer Phantasiesprache, was du von ihr willst. Sie muss es erraten.
Suche dir einige Mitspielerinnen, mit denen du im Dolmuş (= Sammeltaxi) eng aneinandergedrängt, ohne euch dabei aneinander festzuhalten, um den Kreis der Mitspielerinnen „fährst“.	Stellt zu zweit ein Tier dar (es kann auch ein Phantasietier sein) und bewegt euch so eine Runde durch den Raum.
Begrüße einige Mitspielerinnen deiner Wahl mit der türkischen Begrüßungsart, die besondere Respektsbezeugung ausdrückt.	Zeig uns pantomimisch, was du jetzt am liebsten tun würdest.

Ad-hoc-Brettspiel *Brettspiel*

Für wen: Für alle Altersgruppen geeignet; nicht mehr als zehn Spieler
Ziele: Sich durch Fragen kennen lernen
Material: Kleine Zettel, Stifte, Schokoladentaler o. ä., Spielfiguren
Zeit: 20 - 30 Minuten

Beschreibung:

Jeder Teilnehmer denkt sich drei oder mehrere einfache Fragen aus, von denen er annimmt, dass sie jeder in der Runde beantworten kann. Der Moderator kann dabei ein Thema vorgeben, oder die Teilnehmer denken sich zu ihrem Land Fragen aus. Die Fragen werden einzeln auf kleine Zettel geschrieben. Sie können in der eigenen Sprache geschrieben und während des Spiels jeweils übersetzt werden. Die Zettel werden nun in Abständen auf dem Tisch in einem Kreis oder einem Oval angeordnet (doppelte oder ähnliche Fragen vorher aussortieren). Zwischen die Fragezettel werden Schokoladenstückchen gelegt. Zettel und Schokoladenstückchen sind nun Punkte eines Brettspiels. Mit einem Würfel bewegt jeder seine Spielfigur auf dem Spielfeld. Jeder entscheidet, ob er nach rechts oder links ziehen will. Kommt man auf ein Schokoladenfeld, so darf man die Schokolade nehmen und aufessen. Kommt man auf ein Fragenfeld, beantwortet man die Frage und nimmt diesen Zettel vom Spielfeld. Die Anzahl der Felder wird dadurch immer kleiner. Bei der Lösung schwieriger Fragen hilft die Gruppe. Es wird so lange gespielt, bis alle Felder verschwunden sind.

Kennenlernkarussell

Für wen: Jugendliche und Erwachsene; mind. neun Teilnehmerinnen, die sich in einer gemeinsamen Sprache verständigen können
Ziele: Persönliche Informationen von möglichst vielen Personen erhalten
Material: Keines
Zeit: 15 - 30 Minuten

Beschreibung:

Es werden Kleingruppen zu drei Personen gebildet. Diese tauschen sich über ein bestimmtes Thema bzw. eine bestimmte persönliche Frage aus. Nach acht Minuten bilden sich neue Dreier-Gruppen und die Spielleiterin sagt die nächste Frage, die wieder acht Minuten besprochen wird, bis zum nächsten Wechsel. Die Dreier-Gruppen sollen möglichst immer wieder aus anderen Teilnehmerinnen bestehen, so dass jede mal mit jeder in einer Kleingruppe war.
Zuletzt finden sich alle in der Großgruppe wieder und durch Zuruf erzählt jede, was sie von den anderen noch weiß.

Mögliche Themen bzw. Fragen:

- Wo stammst du her, wo sind deine geographischen Wurzeln?
- Deine familiäre Herkunft; welche Berufe haben deine Eltern?
- Welche Erinnerungen hast du an deine Schulzeit, welche Anekdoten fallen dir dazu ein?
- Was sind deine Hobbies und wie gestaltest du deine Freizeit?
- Welche Reisen hast du bisher gemacht? Deine Lieblingsländer oder Lieblingsgegenden.
- Welche berufliche Ausbildung hast du, wie ist deine Berufssituation?
- Was ist dir besonders wichtig im Leben?

Spielidee: Jacques Salzer

Identitätsblume

Für wen: Jugendliche und Erwachsene
Ziele: Kennen lernen; sich der Einflüsse, die die eigene Identität prägen, bewusst werden und damit auseinandersetzen
Material: Große Papierbögen, Farben und Stifte
Zeit: 45 - 60 Minuten, je nach Gruppengröße

Beschreibung:

Zunächst überlegen sich die Teilnehmerinnen genau, was für sie bisher in ihrem Leben wichtig war, was sie geprägt hat (z.B.: In Deutschland geboren oder nicht? Umzüge während der Kindheit, häufiger Schulwechsel? Schöne Erinnerungen an die Kleinkindzeit?). Jede Spielerin zeichnet dann auf einen großen Papierbogen eine Blume, die diese Identität am besten ausdrücken kann. Dabei sollte die Blume vorher möglichst nicht durch Vorzeichnen visualisiert werden (dann schon lieber eine tatsächliche Blume als Anschauungsmaterial), damit die Kreativität der Teilnehmer nicht eingeschränkt wird.
Mit der Blume sollen folgende Aspekte dargestellt werden: Der Blumenstempel ist das „Ich". In die Blütenblätter soll gemalt oder geschrieben werden, wodurch dieses „Ich" geprägt wurde. Wichtige Personen oder konkrete Ereignisse, die für die Entwicklung der eigenen Identität eine Rolle gespielt haben, können z.B. als Gesichter oder Karikaturen den entsprechenden Blütenblättern als Anhängsel zugeordnet werden.
Der Fantasie der gestalterischen Umsetzung sind keine Grenzen gesetzt, auch wenn es nicht um das Entstehen besonders „schöner" Identitätsblumen geht, sondern um seine Symbolik.
Für das Gestalten der Identitätsblumen stehen ca. 10-15 Minuten zur Verfügung. Im Anschluss daran werden die einzelnen Werke der Gruppe vorgestellt und erklärt. Nachfragen von Mitspielerinnen sind dabei erlaubt, nicht jedoch Wertungen! Bei großen Gruppen ist es vermutlich nicht möglich, alle Identitätsblumen vorzustellen. Dann kann dies in Kleingruppen geschehen und später können einige Freiwillige ihre Produkte im Plenum vorstellen oder alle Identitätsblumen werden zum Abschluss als Galerie an die Wände geheftet und die Gruppenmitglieder bestimmen selbst, über wen sie gerne noch mehr erfahren würden.

Auswertung:

- Welche Arten von Identitätsblumen sind entstanden (z.B. Rosen mit Dornen, die verletzen können; Blumen mit kleinen Blüten; gerade oder krumme Blumenstängel) und was sagen sie über die eigene Identität aus?
- Ähneln sich die Identitätsblumen aller Teilnehmerinnen? In welchen Bereichen gibt es Übereinstimmungen, wo Unterschiede?
- Gibt es Unterschiede zwischen den Identitätsblumen der Gruppenmitglieder, die hier in Deutschland aufgewachsen sind und denen, die es nicht sind? Welche?
- War es schwierig, die eigene Identitätsblume zu gestalten? Welcher Bereich fiel besonders schwer, welcher besonders leicht?

Variante für Gruppen, die einander sehr vertraut sind: Ein Rosenbusch mit Dornen soll gezeichnet werden, der auch die „Verletzungen", die die Entwicklung der Teilnehmer geprägt hat, verdeutlichen soll.

Nach einer Spielidee von: www.xenos-nuernberg.de, 2004

Geschichte meines Namens

Für wen: Alle Altersstufen
Ziele: Kennen lernen; die eigene Identität stärken; für die Bedeutung des Namens sensibilisieren; Vertrauen in der Gruppe herstellen; unterschiedliche Bedeutung von „Duzen" und „Siezen" sowie der Benutzung des Vor- oder Familiennamens in den verschiedenen Herkunftsländern erkennen
Material: Bunte Kärtchen für die Namen, Stifte
Zeit: 10 - 20 Minuten, abhängig von der Gruppengröße

Beschreibung:

Die Teilnehmer erinnern sich an die „Vorgeschichte" ihres Namens. Sie überlegen, wie sie zu ihrem Namen gekommen sind, was er bedeutet, ob sie mit ihrem Namen zufrieden sind, wer ihren Namen ausgewählt hat, usw.. Es wird darauf hingewiesen, dass sowohl Vor- und Nachnamen als auch Spitznamen verwendet werden können.
Nacheinander erzählt jeder nun die „Geschichte seines Namens". Dabei teilt er der Gruppe auch mit, ob er mit diesem Namen zufrieden ist oder nicht und welche Gründe dies hat.
Alle beschriften dann ein Schild mit ihrem Vor-, Nach- bzw. Spitznamen. Der Seminarleiter hält ein Buch mit Namensdeutungen parat oder sucht diese vorher im Internet (www.firstname.de). Denkbar wäre auch, den Teilnehmern quasi als Aufgabe die Bedeutungsrecherche ihres Namens aufzutragen.

Variante für Großgruppen: Jeder Teilnehmer schreibt seinen Namen auf ein Kärtchen. Diese werden dann in die Kreismitte gelegt und jeder zieht daraus eine neue Namenskarte. Wer zufällig wieder den eigenen Namen bekommt, muss tauschen. Jeder sucht sich nun als Gesprächspartner den Menschen, dessen Namen auf seinem Kärtchen steht und interviewt ihn zur „Geschichte seines Namens". Jeder Teilnehmer hat auf diese Weise in der Regel zwei Gesprächspartner nacheinander.

Auswertung:

- Wie werden international die Namen gegeben? Wer „darf“ sie geben?[1]
- Welche Bedeutung haben „Duzen“ und „Siezen“ in den Herkunftsländern der Teilnehmer? Wann wird „geduzt“ wann „gesiezt“?
- Welche Bedeutung hat die Benutzung von Vor- bzw. Familiennamen in unterschiedlichen Ländern?

Spielidee nach: Seminar des Goethe-Instituts München „Interkulturelle Kompetenz“ 1999

1 Z.B. türkische Teilnehmer wissen oft mehr über die Bedeutung ihres Namens als Europäer, in einigen Ländern Afrikas gibt es z.B. keine Familiennamen.

Steckbrief *Interviewspiel*

Für wen: Kinder und Jugendliche, bi-nationale Spielpaare
Ziele: Gesprächskontakt; erstes Kennenlernen
Material: Steckbriefe (siehe nächste Seite ggf. entsprechend der Herkunft der Spielerinnen verändern) in vergrößerter Form für jedes Spielpaar
Zeit: Ca. 20 - 30 Minuten für die Interviews; Vorstellen der Steckbriefe je nach Gruppengröße

Beschreibung:

Deutsche Spielerinnen suchen sich eine Spielpartnerin mit Migrationshintergrund. Diese Spielpaare interviewen sich gegenseitig anhand des ausgearbeiteten Steckbriefes. Die fertigen Steckbriefe werden im Raum aufgehängt, um auch später noch betrachtet und ergänzt werden zu können oder um zum Nachfragen herauszufordern. Zu einem späteren Zeitpunkt, wenn die Kinder sich schon etwas kennen, können die Steckbriefe in einem Ratespiel verwendet werden. Die Spielleiterin liest dazu Antworten eines Steckbriefs vor und die Gruppe rät, welches Kind hier wohl beschrieben ist.

Auswertung:

- Wie seid Ihr mit den Sprachproblemen umgegangen?
- Welche Fragen wurden zusätzlich aneinander gestellt?
- Wer wird anhand der Steckbriefe bei einem Ratespiel sofort erkannt?

Kopiervorlage zum Steckbrief

gesicht:

Zeichne hier → →
deine Partnerin/
deinen Partner

Äußere Kennzeichen:

Alter: _______________

Geschlecht: ___________

Haarfarbe: ____________

Augenfarbe: ___________

Figur: _______________

Besondere Kennzeichen: _________________________

Was ich alles von dir wissen möchte:

In welcher Stadt hast du gelebt, bevor du nach
_________________________ gekommen bist? ⟼

2.

(Zeichne auf der Landkarte den Heimatort deiner Partnerin/deines Partners)

– Wie lange lebst du schon in Deutschland oder bist du hier geboren?

_ _

– Warst du schon einmal in den Ferien in der Türkei? Falls ja, wo und mit wem warst du da? _

– Wie sieht es dort aus, wo du her kommst?

_ _

– Was kannst du besonders gut oder was machst du besonders gern? (z.B. Hobbys) _

– Was glaubst du, gefällt deinen Freunden besonders an dir?

_ _

– Wie muss für dich eine gute Freundin / ein guter Freund sein?

_ _

– Was ich sonst noch von dir wissen möchte:

_ !

Tapetenmensch *Interviewspiel/Gestalten*

Für wen: Kinder, Jugendliche, Erwachsene; für bi-nationale Spielpaare
Ziele: Erstes Kennenlernen; Gesprächskontakt; Lebenshintergründe voneinander erfahren
Material: Makulaturpapier (bei Zeitungsverlagen erhältlich) oder alte Tapetenrollen, Stifte und evtl. Bildmaterial und Klebstoff
Zeit: 30 - 60 Minuten, je nach Thema

Beschreibung:

Jeweils eine deutsche und eine ausländische Spielerin finden sich zu Paaren zusammen (evtl. mittels Paarfindungsspiel). Auf Makulaturpapier oder Tapetenrollen zeichnen sie gegenseitig voneinander die Körperumrisse nach und füllen den Umriss, indem sie sich gegenseitig zu verschiedenen Themenbereichen interviewen. Je nach Alter der Mitglieder gibt die Spielleiterin die Themen vor.
Themen könnten sein: bisheriger Lebensweg, Zukunftsträume, familiäre und schulische Situation, Verhältnis zur Religion, Berufswünsche, Erfahrungen mit Zuwanderern bzw. Deutschen, usw.
Die Körperumrisse können zusätzlich mit Farben, Ausschnitten aus Zeitschriften oder Prospekten, Fotos, Sprechblasen u.ä. ausgestaltet werden. Später stellen die Spielpaare ihre Ergebnisse der Gesamtgruppe vor. Die Umrisse schmücken als Ausstellung den Gruppenraum.

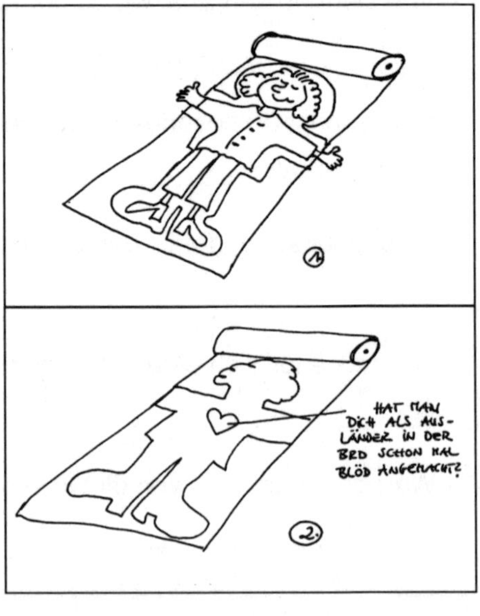

Variante: Jede versucht, einzeln für sich ihren Lebensweg mit Bildern, Sprechblasen und Bemerkungen zu gestalten. Die entstandenen Collagen – ohne Namen der Produzentinnen – werden an die Wand geheftet. Alle Teilnehmerinnen schauen sich diese „Galerie“ an und versuchen zu erraten, welcher Lebensweg zu welcher Person gehört.

Auswertung:

- Sind deutliche Unterschiede bei den ausländischen und deutschen Jugendlichen in ihren Lebenswegzeichnungen (Zukunftsträumen etc.) zu erkennen?
- Welche „äußeren Dinge“ beeinflussten den eigenen Lebensweg?

Interview zu dritt *Interviewspiel*

Für wen: Jugendliche, junge Erwachsene; die Gruppe sollte bereits etwas vertraut miteinander sein

Ziele: Lebenseinstellungen und Meinungen erfahren

Material/Vorbereitung: Die umseitig abgedruckten Fragen werden für jeden kopiert und entsprechend ausgeschnitten. Diese Kopiervorlage wurde für deutsch-französische Gruppen vorbereitet, sind Mitspieler anderer Nationalitäten beteiligt, müssen die Fragekärtchen vor dem Spiel ggf. in deren Muttersprache übersetzt werden, um zu gewährleisten, dass jeder Spieler die Fragen auch verstanden hat.

Zeit: 45 - 90 Minuten

Beschreibung:

Zunächst werden Dreier-Gruppen gebildet. Bei der Zusammensetzung der Gruppen ist darauf zu achten, dass diese sich in einer gemeinsamen Sprache verständigen können. Jeder Teilnehmer erhält dann den Stapel mit den 12 Fragen von denen er sich nun eine Frage aussucht, die er dem einen, und eine weitere, die er dem zweiten Mitspieler stellen will und übergibt die Fragekärtchen der entsprechenden Person. Jeder in der Dreier-Gruppe erhält also zwei Fragen, von jedem Spielpartner eine. Für eine der beiden Fragen entscheidet sich der Spieler und beantwortet sie seiner Kleingruppe. Genügend Zeit für die Beantwortung der Fragen einkalkulieren, damit eine Diskussion entstehen kann!

Variante: Evtl. auf dem Bogen mit den Fragen eine leere Karte belassen. So hat jeder Spieler die Möglichkeit, eine eigene Frage zu formulieren. Die Fragen können vom Spielleiter je nach Interesse und Ziel der Übung verändert werden.

Auswertung im Plenum:

- Was waren die interessantesten Äußerungen?
- Konnten unterschiedliche Reaktionsweisen auf die Fragen bei den verschiedenen Nationalitäten festgestellt werden?
- Welche Fragen wurden kontrovers diskutiert?

Nach einer Spielidee von: Ulrich Baer

Kopiervorlage: Fragekarten Interview zu dritt

Was wirst du voraussichtlich am Montag in 14 Tagen zur gleichen Uhrzeit machen? Que feras-tu probablement lundi dans quinze jours à la même heure?	Wenn du im Ausland leben müsstest: in welchem Land am liebsten und warum? • Si tu devais vivre à l'étranger: ce serait dans quel pays et pourquoi?
Du darfst eine Zeitschrift mit auf eine einsame Insel nehmen. Welche wählst du und warum? (Du bekämst sie regelmäßig.) • Tu peux emporter un magazine sur une île isolée: lequel choisiras-tu et pourquoi? (Tu le recevras régulièrement par la suite.)	Gesetzt den Fall du hättest die Möglichkeit, dir einen Beruf frei zu wählen, was würdest du am liebsten tun? • Si tu avais la possibilité de choisir librement ta profession, laquelle préférais-tu?
Wenn du mal eine Zeit lang Superfrau/Supermann sein könntest: was würdest du dann vor allem gut können wollen? • Si pendant un certain temps tu pouvais être super femme ou super homme: que désirerais-tu savoir faire?	Welche Bedeutung haben für dich Auslandsreisen? • Que signifient pour toi les voyages à l'étranger?

Kopiervorlage: Fragekarten Interview zu dritt	
Eine gute Fee gibt dir die Macht, eine Sache in der Welt zu ändern. Was würdest du verbessern oder abschaffen? • Une bonne fée te donne le pouvoir de changer une chose sur la terre. Qu'est-ce que tu améliorerais ou supprimerais?	Wenn wir dich an deinem Arbeitsplatz bzw. an deiner Schule oder Universität besuchen würden, was würdest du uns zeigen bzw. miterleben lassen? • Si nous venions te voir à ton lieu de travail ou bien à l'école ou à l'université, qu'est-ce que tu nous montrerais ou qu'est-ce que tu nous ferais vivre?
Was macht dir bei deiner Arbeit bzw. in deiner Schule oder Universität am meisten Freude, was ärgert dich am stärksten? • Qu'est-ce qui te fait le plus plaisir à ton travail ou bien à l'école ou à l'université? Qu'est-ce qui te déplait le plus?	Was fällt dir persönlich ein zum Thema: Hamburger oder Müsli; Steak/Frites oder Cous-Cous; Tortilla oder Paella? • Qu'est-ce qui te vient à l'esprit sur les sujets suivants: Hamburger ou müsli; steak/frites ou cous-cous; tortilla ou paella?
Würdest du in einem zweiten Leben lieber als Frau (bzw. als Mann) zur Welt kommen wollen? • Si tu avais une seconde vie: Préférais-tu venir au monde plutôt comme femme ou comme homme?	Wenn der Tag extra für dich 25 Stunden hätte, was würdest du mit der zusätzlichen Stunde tun? • Si la journée avait 25 heures rien que pour toi: Que ferais-tu de l'heure excédentaire?

Lebenswege

Für wen: Jugendliche und junge Erwachsene, für bi-nationale Spielpaare
Ziele: Lebenshintergründe voneinander erfahren; erkennen wie viel Kommunikation möglich ist, auch ohne die Sprache des anderen zu verstehen
Material: Pro Spielpaar: ein großer Bogen Papier und Stifte
Zeit: 30 - 45 Minuten, bei sehr großen Gruppen auch länger

Beschreibung:

Die Spielpaare versuchen, sich gegenseitig ihre verschiedenen Stationen des Lebens und mögliche einschneidende Erlebnisse zu erklären.
Jede Spielerin darf dabei nur in ihrer Muttersprache reden, sofern die Mitspielerin diese **nicht** versteht (Das Sprechen erleichtert ein Anwenden der Körpersprache!). Erklärungen werden durch Pantomime und Zeichnungen auf einer Art „Fieberkurve" verdeutlicht. Jede Spielerin hat dazu eine Hälfte des Papierbogens zur Verfügung.

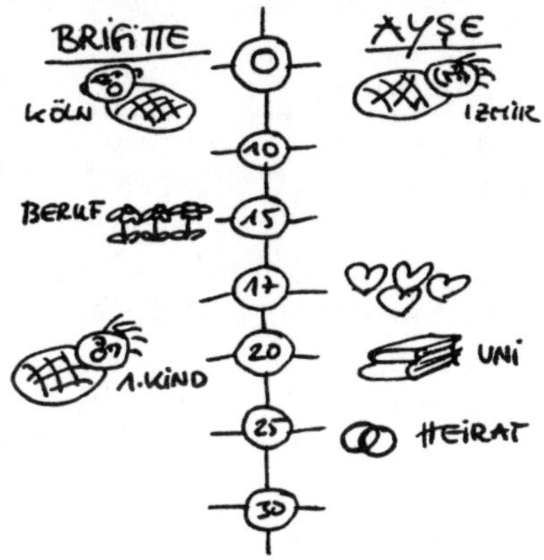

Auswertung:

In der Gesamtgruppe wird der Lebensweg der jeweiligen Spielpartnerin den anderen Mitspielerinnen anhand der Zeichnungen vorgestellt und erklärt. Hier darf natürlich wieder die Sprache benutzt werden.

- Haben sich die Spielpartnerinnen gegenseitig richtig verstanden?
- Wie sehr haben sich die Spielerinnen darum bemüht, ihre Partnerin zu verstehen?
- Wie intensiv war die nichtsprachliche Kommunikation der Partnerinnen?
- Welche Gefühle löste es aus, die Sprache nicht als Kommunikationsmittel anwenden zu können?

Variante „Fieberkurve“: Bei dieser Variante geht es darum, sich über wichtige interkulturelle Erlebnisse auszutauschen. Die Teilnehmerinnen überlegen sich anhand des Arbeitsbogens „Fieberkurve“ welche fünf Erlebnisse im Zusammenhang mit Auslandsreisen oder Begegnung mit Personen aus anderen Ländern für sie besonders beeindruckend, wichtig, interessant, o.ä. waren. Jeder nimmt dabei eine Bewertung in einer Skala von 5+ bis 5- vor. In einer Kleingruppe berichten sie darüber, indem sie ihre „Fieberkurve“ vorstellen. Durch die Diskussion in der Kleingruppe findet oftmals eine Umwertung statt, d.h. negativ Bewertetes wird plötzlich in einem anderen Licht gesehen.

Fieberkurve
+5
+4
+3
+2
+1
Geburtsjahr ____________________________________
heute
-1
-2
-3
-4
-5

Welche Erlebnisse haben dich positiv (+) bzw. negativ (-) geprägt, geformt, weiterentwickelt? Die Einschätzung „positiv“ bzw. „negativ“ bleibt jedem selbst überlassen.

Variante „Fremdheitserfahrung“: Bei dieser Variante malen die Teilnehmerinnen, jede für sich, ihren Lebensweg unter dem Aspekt „Fremdheitserfahrung“. Wichtig ist dabei, dass sie einen Bezug zu Begegnungen mit der Fremde oder mit Fremden herstellen. Für Gruppenmitglieder, die nicht so gerne malen, können z.B. auch Vorlagen mit Gesichtern, die verschiedene Emotionen darstellen verteilt werden oder Zeitschriftenbilder können zum Aufkleben mit verwendet werden. Hier geht es vor allem um das Bewusstmachen, welche Bedeutung die Begegnung mit Fremdem bzw. Fremden für die eigene Biographie hat. Die Lebensläufe werden im Plenum präsentiert.

Auswertung:

- Wird „Fremdheit“ überwiegend negativ bewertet oder auch positiv?
- Haben Fremdheitsgefühle immer etwas mit Kontakt zu Menschen anderen kulturellen Hintergrunds zu tun?
- Welche Auswirkungen haben diese „Fremdheitserfahrungen“ auf die eigene Biographie?

Spielidee Variante „Fremdheitserfahrung“: Xenos Nürnberg, 2004

Glückstopf *Pantomime*

Für wen: Jugendliche und Erwachsene; Kleingruppen bis acht Personen
Ziele: Mit Hilfe von Begriffen in ein (persönliches) Gespräch kommen
Material: Spielbegriffe (siehe Kopiervorlage nächste Seite) im Stapel bereitlegen; die Begriffe sollten der jeweiligen Gruppe angepasst und in die Sprachen der Mitspielerinnen übersetzt sein
Zeit: Ca. eine Stunde

Beschreibung:

Jede Teilnehmerin der Kleingruppe zieht einen verdeckten Begriff und überlegt sich, wie sie ihn pantomimisch darstellen kann. Falls eine Spielerin zu dem gezogenen Begriff gar keine Einfälle hat, darf er verdeckt zurückgelegt und ein neuer gezogen werden. Reihum spielt jede ihren gezogenen Begriff vor. Dabei dürfen Mitspielerinnen mit hinzugezogen und Materialien aus dem Raum mit verwendet werden. Die Gruppenmitglieder raten den gespielten Begriff. Die Darstellerin versucht dann, ihre persönliche Verbindung zu diesem Begriff zu erläutern. Nachfragen der Mitspielerinnen sind erwünscht.

Hinweis: Das Spiel soll nicht in der unmittelbaren Anfangsphase des Kennenlernens eingesetzt werden und auch nicht im direkten Anschluss an eine konzentrierte Arbeitsphase. Aufwärmspiele zur Einstimmung auf diese Übung eignen sich gut.

Kopiervorlage: Glückstopf		
Feierabend • fin de journée • end of day's work	Langeweile • ennui • boredom	Angst • peur • fear
Freizeit • loisirs • leisure time	Lieblingsspiel • jeu préfère • favourite game	Reisen • voyager • journey
Ausländer • étranger/ère • foreigner	Heimat • patrie/pays • homeland	Konflikt • conflit • conflict
Sprachbarriere • barrière linguistique • language barrier	Vorurteil • préjuge • prejudice	Chef • chef • chief
Kollege • collègues • colleague	Schule • école • school	Arbeit • travail • work

Kindheitsfotogeschichten

Für wen: Jugendliche und junge Erwachsene
Ziele: Durch Kindheitsfotos mehr über die Mitspielerinnen, ihren kulturellen Hintergrund und geschichtliche Ereignisse erfahren
Material/Vorbereitung: Jede Teilnehmerin muss für das Spiel ein Foto aus ihrer frühen Kindheit mitbringen, ferner zwei (oder mehrere) aktuelle charakteristische Fotos über den Beruf oder das Studium und die Wohnung oder die Gegend, in der sie jetzt lebt; Nummernblatt; große Papierbögen; Stifte
Zeit: Ein bis drei Stunden

Beschreibung:

Von jeder Teilnehmerin liegt ein Kindheitsbild (der jeweilige Name steht auf der Rückseite und darf nicht sichtbar sein) auf einem Tisch ausgebreitet. Die Bilder sind durchnummeriert (am besten liegt neben jedem Foto eine Nummer). Jede erhält ein Blatt, das genauso viele Nummern enthält wie Fotos vorliegen. Nun betrachten alle Spieler die Fotos und versuchen, den nummerierten Kinderfotos die Namen der Teilnehmerinnen zuzuordnen. Dann verteilt die Seminarleiterin die übrigen Fotos (aus der Schulzeit etc.) gleichmäßig an alle, wobei darauf zu achten ist, dass die Teilnehmerinnen nicht ihre eigenen Fotos erhalten. Diese werden nun den Kindheitsfotos auf dem Tisch zugeordnet. (Welches Kind ist heute welcher Erwachsene, lebt in welcher Umgebung bzw. hat welchen Arbeitsplatz?) Dann wird das

„Rätsel“ aufgelöst. Jede kann vergleichen, ob sie die Kindheitsfotos richtig zugeordnet hat.
Nun teilt sich die Gruppe in Untergruppen auf, möglichst nach Herkunftsländern (oder ggf. nach Kulturkreisen, damit nicht zu viele Untergruppen entstehen).

Zwei Varianten sind möglich:

1. Die einzelnen Gruppen erhalten ihre eigenen Fotos und bringen diese auf einem großen Papierbogen in eine chronologische Reihenfolge. Die Gruppe rekonstruiert nun mit Hilfe der Fotos die Geschichte des eigenen Lebens, die auch ein Stück nationale Geschichte widerspiegelt. Es werden die wichtigsten Ereignisse aufgeschrieben, die der Gruppe beim Anblick der Bilder einfallen (z.B. viele Kinder auf Bildern der 50er und 60er Jahre = Babyboom). Diese Geschichte und die dazugehörigen Bilder werden dann wechselseitig der anderen Gruppe vorgestellt.
2. Die Gruppen erhalten die Fotos der jeweils anderen Länder- bzw. Kulturkreisgruppe (Bei einer internationalen Begegnung würde also beispielsweise die Gruppe aus Frankreich die der Gruppe aus Deutschland erhalten und umgekehrt). Die Gruppen überlegen nun wechselseitig, was ihnen an den Fotos der anderen besonders auffällt und was sie aus ihnen herauslesen können. Aus den Bildern lassen sich Unterschiede in Haartracht, Kleidung, Schmuck, in der Haltung, Bauweise etc. herauslesen. Diese Ergebnisse werden dann im Plenum ausgetauscht.

Anmerkung: Falls nicht alle ausländischen Gruppenmitglieder Fotos aus ihrer frühen Kindheit besitzen, könnten diese Spieler sich in einer Situation aus ihrer frühen Kindheit zeichnen (z.B. im Herkunftsdorf), um sich dennoch an dem Spiel beteiligen zu können.

Wer bin ich? *Kreisspiel*

Für wen: Kinder, Jugendliche, Erwachsene; nur spielbar, wenn die Teilnehmer sich schon etwas kennen

Ziele: Mehr voneinander erfahren; sich in andere Personen einfühlen

Material: Klebeetiketten, Stifte

Zeit: 20 - 30 Min.

Beschreibung:

Jeder Spieler schreibt seinen Namen auf ein Klebeetikett, das der Spielleiter dann einsammelt. Jedem Teilnehmer wird nun der Name eines anderen auf den Rücken geklebt (wobei ein deutscher Teilnehmer z.B. den Namen eines türkischen erhält, also mit dem Namen auch die Nationalität getauscht wird). Bei Gruppen mit weniger als zehn Spielern geht einer in die Kreismitte und versucht, durch Fragen an die Mitspieler herauszubekommen, wer er nun ist. Die Mitspieler antworten dann gemeinsam. Es dürfen nur Fragen gestellt werden, die mit „ja“ oder „nein“ zu beantworten sind, und sie sollten möglichst persönlich sein. Wer erraten wurde, geht als nächster in den Kreis.

Variante für Kinder: Hat man erraten, wer man ist, kann man mit demjenigen, dessen Namen man nun trägt, das T-Shirt tauschen und versuchen, für den Rest des Tages (der Schulstunde, der Gruppenstunde etc.) dessen Rolle zu spielen (Mimik, Gestik, Bewegung etc.).

Variante für größere Gruppen ab zehn Personen: Klebeetiketten mit Namen verteilen wie oben beschrieben. Jeder Spieler geht auf einen anderen zu (alle spielen gleichzeitig) und versucht durch Fragen herauszufinden, wer er ist. Hat man nach drei Fragen seine neue Identität noch nicht erraten, befragt man den nächsten Teilnehmer. Sobald die neue Identität gefunden wurde, nimmt man den Klebezettel vom Rücken und klebt ihn sich auf die Brust. Als zu Befragender steht man so lange zur Verfügung, bis alle ihre neue Identität herausgefunden haben.

Auswertung:

Zum Abschluss des Spiels kann darüber gesprochen werden, wie man sich in der jeweils anderen Rolle gefühlt hat. War eine Barriere zu spüren, die Kleider miteinander zu tauschen? Fiel es schwer persönliche Fragen zu stellen? Hat man sich als Fragender oder Befragter wohler gefühlt?

Persönlicher Gegenstand

Für wen: Kinder, Jugendliche, Erwachsene; max. 16 Teilnehmerinnen, bei größeren Gruppen Untergruppen bilden

Ziele: Sich auf unkonventionelle Art vorstellen, Phantasien entwickeln

Material/Vorbereitung: Jede Teilnehmerin wird im Einladungsschreiben aufgefordert, einen Gegenstand mitzubringen, zu dem sie einen persönlichen Bezug bzw. der eine signifikante Bedeutung für sie hat. Vor der Übung sammelt die Seminarleitung die Gegenstände ein und legt sie in eine Kiste, sodass die Spielerinnen nicht sehen können, wer welchen Gegenstand mitgebracht hat.

Zeit: Ein bis zwei Stunden

Beschreibung:

Die Spielleiterin legt einen der mitgebrachten Gegenstände auf den Tisch und jeder hat die Möglichkeit, diesen ausführlich zu betrachten, zu betasten, zu beriechen usw. Nun werden Vermutungen angestellt, was der Gegenstand ausdrückt und wem er gehören könnte. Ist die Besitzerin ermittelt, wird der Gegenstand vor sie gelegt. Dann wird der nächste Gegenstand auf den Tisch gelegt, bis alle Gegenstände ihren Besitzerinnen zugeordnet worden sind.

Auswertungsfragen:

- Konnten die Gegenstände richtig gedeutet und der richtigen Besitzerin zugeordnet werden?
- Wurden mit bestimmten Gegenständen nationale Zuordnungen verbunden (z.B. Steigbügel = Pferd = Natur = deutsch)?
- Brachten Teilnehmerinnen aus einem Land signifikant ähnliche Gegenstände mit?

Variante 1: Spielpaare werden aufgefordert, zwei bis drei Gegenstände (auch Lebensmittel), die typischerweise einem bestimmten Land zugeordnet werden können, zu besorgen bzw. einzukaufen. Diese Gegenstände werden an einer Stelle gesammelt. Ohne zu sprechen, müssen die Teilnehmerinnen die Gegenstände entsprechenden (zuvor von der Spielleiterin vorbereiteten) Länderkarten zuordnen. Falls möglich, kann aus den Lebensmitteln ggf. eine gemeinsame Mahlzeit zubereitet werden.

(Variante nach: Remscheider Spielkartei)

Variante 2: Im Einladungsschreiben werden die Teilnehmerinnen gebeten, einen Gegenstand mitzubringen, der für sie irgendwann einmal eine große Bedeutung im Zusammenhang mit Interkulturellem Lernen gehabt hat oder der symbolisch dafür steht. In der Anfangsphase eines Seminars stellen die Teilnehmerinnen diesen Gegenstand und damit sich selbst vor.

Momentaufnahme *Bewegungsspiel*

Für wen: Jugendliche und Erwachsene
Ziele: Aufmerksamkeit auf etwas lenken, das als wichtig empfunden wird
Material: Keines
Zeit: 10 - 20 Minuten

Beschreibung:

Die Teilnehmerinnen teilen sich in Paare auf, wo möglich bi-national. Jeweils eine schließt die Augen und wird von ihrer Partnerin, die hinter ihr steht und ihr die Hände auf die Schultern legt, geführt. Die Blindenführerin leitet sicher durch den Raum, um Personen herum und über Hindernisse hinweg. Jedes Mal, wenn die Blindenführerin etwas Wichtiges zeigen möchte, hält sie die „Blinde“ an und löst durch leichtes Tippen auf den „Auslöser“ (z.B. den Hinterkopf) eine Momentaufnahme aus, d.h. die „Blinde“ öffnet ganz kurz die Augen. Nach einer Weile gibt es einen Rollenwechsel. Zum Abschluss tauschen sich die Partnerinnen über ihre Erfahrungen aus: Was wurde gesehen und warum war das wichtig? Welche Botschaft an die Partnerin ist damit verbunden?

Variante: Zu Beginn eines Seminars, kann die Momentaufnahme auch zu dem Thema: „Was ist mir bei diesem Seminar wichtig, was sind meine Erwartungen?“ erfolgen. Nachdem die Momentaufnahmen gemacht worden sind, tauschen sich die Paare darüber aus, was sie der anderen zeigen wollten und welche Bedeutung dies im Kontext des Seminars hat bzw. welche Erwartung damit verbunden ist.

Traumort *Kreisspiel*

Für wen: Jugendliche und Erwachsene, maximal 15 Spieler
Ziele: Phantasie stimulieren, kennen lernen
Material: DIN A4 - Bögen aus Karton oder festem Papier, Filzschreiber
Zeit: 10-20 Minuten

Beschreibung:

Alle Teilnehmerinnen erhalten DIN A 4-große Bögen aus Karton, die in der Mitte längs gefaltet werden. Jede überlegt nun, an welchem Ort in einem beliebigen Land sie gerne leben würde, wenn sie dazu die Möglichkeit hätte.
Der Ort wird auf der einen Hälfte des Kartons notiert, so dass die Nachbarinnen ihn nicht lesen können. Anschließend werden alle Kartons verdeckt in die Mitte gelegt. Jemand beginnt damit, einen Bogen aufzudecken, ordnet diesen mit einer kurzen Begründung einer Person zu und stellt den Kartonbogen vor dieser Spielerin auf. Die Person kann sagen, ob ihr der Traumort gefällt und ob sie sich dort wohl fühlen würde. Sie stellt jedoch zu diesem Zeitpunkt noch nicht richtig, ob es sich dabei auch um den von ihr geschriebenen Traumort handelt. Jetzt deckt diese Spielerin den nächsten Bogen auf. Sind alle Traumorte zugeordnet, fragt die Spielleiterin, ob es sich auch tatsächlich um die von den betreffenden Personen aufgeschriebenen Orte handelt. Alle falsch zugeordneten Orte werden wieder in die Mitte gelegt und eine neue Runde beginnt. Je nach Gruppengröße, Dauer, Interesse und Lust wird das Spiel so lange fortgeführt, bis alles richtig zugeordnet ist oder es wird abgebrochen und jede Teilnehmerin sagt, welchen Ort sie tatsächlich aufgeschrieben hatte und warum sie dort gerne leben würde.

Sterne leuchten

Für wen: Jugendliche und Erwachsene; die Teilnehmer müssen sich schon etwas kennen
Ziele: Miteinander ins Gespräch kommen und mehr voneinander erfahren; sich der eigenen Stärken bewusst werden; Gemeinsamkeiten finden
Material: Für jede Kleingruppe ein Plakat in DIN A 2-Größe, Stifte
Zeit: 10 - 15 Minuten in der Kleingruppe; 10 – 30 Minuten Plenum (je nach Anzahl der Kleingruppen)

Beschreibung:

Es werden Kleingruppen zu vier bis fünf Personen gebildet. Jede Kleingruppe zeichnet zunächst auf ein Plakat einen großen Stern, der so viele Zacken hat wie Mitglieder in der Kleingruppe sind.
Jedes Gruppenmitglied schreibt nun in seine Zacke drei Dinge (Eigenschaften, besondere Kenntnisse etc.), von denen es glaubt, dass die anderen Gruppenmitglieder sie nicht haben, die also nur es auszeichnet. In die Mitte des Sterns dagegen werden drei Dinge geschrieben, die alle Gruppenmitglieder gemeinschaftlich auszeichnen.
Später werden die Sterne im Plenum vorgestellt.

Auswertung:

- Was war leichter, die gemeinsamen oder die persönlichen Eigenschaften und/oder Kenntnisse zu formulieren?
- Wie persönlich wurde dabei formuliert?
- Ähneln sich die Gemeinsamkeiten bei den unterschiedlichen Gruppensternen?

IV. Erkundungsspiele

Dorferkundungsspiel *Stationenspiel*

Für wen: Kinder und Jugendliche
Ziele: Einander kennen lernen, Neugierde auf den kulturellen Hintergrund von Mitspielerinnen wecken, sich aufeinander einstellen
Material: Siehe Stationenbeschreibungen nächste Seiten
Zeit: Zwei bis drei Stunden

Beschreibung:

Vor dem Spiel bereitet die Spielleiterin etwa zehn Aufgaben vor, die bestimmten Örtlichkeiten (= Stationen) zugeordnet werden. An diesen Spielstationen sind Plakate mit der Aufgabenbeschreibung zu finden, sowie alle Materialien, die zur Lösung der Aufgaben benötigt werden. Ein Teil der Fragen/Aufgaben ist eventuell in der Muttersprache von ausländischen Teilnehmerinnen verfasst. In diesem Fall ist jedoch bei der Gruppenaufteilung darauf zu achten, dass in jeder Gruppe auch Teilnehmerinnen vertreten sind, die diese Sprache verstehen.
Die Jugendlichen werden in Kleingruppen zu vier bis fünf Personen eingeteilt (das kann mit Hilfe eines Fotopuzzles geschehen). Sie erhalten einen Laufzettel mit Fotos, anhand deren die Spielstationen im Dorf gefunden werden sollen. Auf der Rückseite des Zettels können die Antworten eingetragen und erledigte Aufgaben abgehakt werden. Alternativ wird verbal beschrieben, wo die Orte zu finden sind, oder auf einem Dorfplan sind die Stationen eingezeichnet. Die Spielerinnen können selbstverständlich Passanten nach dem Weg fragen. Es empfiehlt sich, dass die Gruppen die Stationen in unterschiedlicher Reihenfolge aufsuchen, damit sich kein „Stau“ bildet, also die erste Gruppe beginnt von vorn, die zweite von hinten, die dritte bei Station 4, die vierte bei 8 usw.

Die im Folgenden aufgeführten Stationenbeispiele beziehen sich auf ein Dorf in der Nähe von Nürnberg, wo deutsche und türkische Schüler gemeinsam einen Schullandheimaufenthalt verbrachten. Dieses Dorferkundungsspiel soll nur als Anregung dienen und muss auf die jeweilige Situation und für die jeweilige Altersstufe angepasst werden.

Auswertung: Im Anschluss an das Erkundungsspiel stellen die einzelnen Spielgruppen ihre Ergebnisse der Gesamtgruppe vor.

Mögliche Stationen:

1. **Station:** *Frankenbrunnenschild, Aufgabe„Getränkeprobe“:* Es stehen viele Pappbecher und Flüssigkeiten in neutralen Flaschen bereit. Auf einem Zettel ist die Aufgabe zu lesen (so ist es selbstverständlich auch bei jeder folgenden Station). Die Spielerinnen sollen alle Flüssigkeiten probieren und erraten, was sie jeweils getrunken haben. Angeboten werden hier z.B.: Bier-Cola-Mix, Karottensaft, Kamillentee, Essigwasser, verdünntes Maggiwasser, Leitungswasser, Ayran.
2. **Station:** *Zauntür, Aufgabe „Schimpfwörter“:* Jede Gruppe soll jeweils drei Schimpfwörter in deutscher und in türkischer Sprache sowie je drei Wörter, die etwas Nettes aussagen, auf ihren Laufzettel aufschreiben.
3. **Station:** *Alter Backofen im Schullandheimpark, Aufgabe „Fladenbrot“:* Aus verschiedenen ausgelegten Satzschnipseln (es sind auch falsche dabei) soll das Rezept für türkisches Fladenbrot richtig zusammengesetzt und aufgeschrieben werden.
4. **Station:** *Vorfahrtsschild, Aufgabe „Diskussion“:* Die Gruppe soll diskutieren, warum für den Schullandheimaufenthalt ein gegenseitiges Besuchsverbot von Mädchen und Jungen (Jugendliche) auf ihren Zimmern ausgesprochen wurde. (Hier sollte möglichst eine Situation bearbeitet werden, die auch tatsächlich während des Aufenthalts zu Diskussionen unter den Schülerinnen geführt hat.) Die wichtigsten Argumente werden in Stichworten auf dem Laufzettel notiert.
5. **Station:** *Fenster in Steinmauer, Aufgabe „Städtebilder“:* Für jede Gruppe liegt ein vorbereitetes Plakat mit den Landkarten von Deutschland und der Türkei bereit. Außerdem liegen Bilder aus deutschen und türkischen Städten (aus Zeitungen, Prospekten, Postkarten) bereit, die durchnummeriert sind. Die Schülerinnen sollen die Bilder den auf den Karten eingetragenen Städtenamen zuordnen und die Nummern richtig eintragen. Das ausgefüllte Plakat nehmen sie mit, die Bilder bleiben für die nächste Gruppe liegen.
6. **Station:** *Brunnen, Aufgabe „Fragen über das Dorf“:* Jede Gruppe findet einen Zettel mit folgenden Fragen:
   a) Wie alt ist dieser Brunnen? Welche Geschichte hat er?
   b) Leben Zuwanderer oder Flüchtlinge in diesem Dorf?
   c) Welche Freizeitmöglichkeiten gibt es hier für junge Leute?
   Die Spielerinnen suchen Dorfbewohner auf, die ihnen die Fragen beantworten können, und schreiben sie auf. Hier wird es später interessant sein, die Antworten miteinander zu vergleichen.

7. **Station:** *Silo, Aufgabe „Was ist denn das?":* An dieser Station liegt ein alter Dreschflegel. Die Schüler sollen aufschreiben:
   a) Was könnte das sein, wie nennt man es?
   b) Wer braucht es und wozu?
   c) Kennt ihr so etwas aus eurer ursprünglichen Heimat?
   Auch hier können Dorfbewohner befragt werden, der Dreschflegel muss aber für die nächsten Gruppen liegen bleiben.
8. **Station:** *Friedhof, Aufgabe „Friedhof":* Die Spieler schauen sich gemeinsam still auf dem Friedhof um und beantworten anschließend gemeinsam diese Fragen: Wie sieht ein Friedhof in der Türkei aus und wie werden dort Beerdigungsfeiern abgehalten? Sie notieren dazu Stichworte auf dem Laufzettel.
9. **Station:** *Aussichtsturm, Aufgabe „Kleine Stärkung":* Auf einem Aussichtsturm liegt für jede Schülerin eine kleine Stärkung (Nachmittagsmahlzeit des Schullandheims) bereit. Wie sagt man sich eigentlich in eueren Muttersprachen „Guten Appetit"? Die Spielerinnen sollen entsprechende Wendungen in möglichst vielen Sprachen aufschreiben.
10. **Station:** *Schullandheim-Eingang, Aufgabe „Rollenspiel":* Jede Gruppe zieht ein Kuvert. Die darin beschriebene Situation soll später den anderen Mitschülerinnen vorgespielt werden. Können diese die Situation erraten? Jede Gruppe bereitet dieses Rollenspiel vor.
    Mögliche Spielthemen:
    - Als amerikanischer Tourist in China
    - Ihr plant gerade einen Banküberfall
    - Elternabend in der Schule
    - Termin beim Zahnarzt
    - Als Fußballfans beim 1. FC Nürnberg
    - Rückgabe einer Matheschulaufgabe
    - Im Fitnesscenter

Zusatzaufgabe für „oberschlaue" Gruppen: Geht mit offenen Augen durchs Dorf, denn an wichtigen Gebäuden findet ihr Wörter, die zusammen ein Sprichwort ergeben. Wie heißt es? Und wie heißt es auf Türkisch?

Fußgängerrallye *Stationenspiel*

Für wen: Jugendliche und Erwachsene, mehrere Kleingruppen zu je fünf Personen

Ziele: Einander kennen lernen; auf die Herkunftsländer von Mitspielerinnen neugierig machen; Einstieg in ein Thema

Material/Vorbereitung: Mit einer Digitalkamera verschiedene Gruppenfotos anfertigen und ausdrucken. Diese Bilder je in fünf Teile zerschneiden (Gruppengröße), Laufzettel (Wegbeschreibung) vorbereiten, Stifte und zehn Cent für jede Spielgruppe. (Weitere Materialien siehe Stationenbeschreibungen)

Zeit: Drei bis vier Stunden

Beschreibung:

Anhand der Fototeile die Gruppen einteilen, dabei darauf achten, dass möglichst gemischtnationale Gruppen entstehen! Haben sich die Gruppen gefunden, erhält jede einen Laufzettel mit der Wegbeschreibung und Platz für die Antworten.
Auf verschiedenen Stationen dieses Weges sind Aufgaben zu lösen. Die Aufgabenbeschreibungen und die zur Lösung evtl. benötigten Materialien liegen bei den einzelnen Stationen bereit. Ein Teil der Aufgabenbeschreibungen sind in der Muttersprache der ausländischen Mitspieler abgefasst. Die im Folgenden aufgeführten Beispiele für Aufgaben sind einer Fußgängerrallye durch die Umgebung entnommen, die die Autorin während einer Fortbildungsveranstaltung für deutsche und ausländische Lehrkräfte durchgeführt hat. Gegebenenfalls müssen die Aufgaben auf die jeweilige Situation und für die jeweilige Spielgruppe angepasst werden.

Spielstationen:

1. ***Fotopuzzle:*** Die Gruppe setzt ihr Fotopuzzle zusammen und soll dem Bild einen möglichst originellen Namen geben, der auch etwas mit dem Seminar zu tun hat. (Material: Fotopuzzle, Papier, Klebstoff, Stifte)
2. ***Gruppensteckbrief:*** Aus Zeitungsüberschriften und Bildern soll ein Gruppensteckbrief angefertigt werden, der etwas über die Gruppe aussagt. Können die übrigen Seminarteilnehmer in der Auswertungsrunde anhand des Steckbriefs die Gruppe erraten? (Material: Passbilder, Klebstoff, Papier, Stifte, Bildmaterial z.B. aus Zeitschriften)

3. ***Langer Gegenstand:*** Kauft den längsten Gegenstand, den es für zehn Cent im Ort zu kaufen gibt! Der Gegenstand muss gekauft sein!
4. ***Länderquiz:*** Auf einer Plakatwand sind Fragen für ein Quiz zusammengestellt. Zu bearbeitende Aufgaben sind: Gewürze raten, die in nummerierten Filmdöschen abgepackt sind; Flaggen verschiedener Länder erkennen, Politikerfotos dem jeweiligen Land zuordnen usw. (Material: vorbereitetes Quizplakat)
5. ***Sommerskilauf:*** Die Gruppe läuft gemeinsam auf zwei aus Holzbrettern gefertigten und mit Schlingen für die Füße versehenen „Sommerskiern" (siehe Skizze) eine bestimmte Strecke. Zur Belohnung darf sich jeder ein Bonbon aus der am Baum hängenden Tüte nehmen. (Material: Bonbontüte, Sommerskier, Band um Laufstrecke abzustecken)

6. ***Fallbearbeitung:*** Eine Problemsituation, die Bezug zum Thema des Seminars hat, liegt beschrieben vor. Die Seminarteilnehmer müssen nun als Gruppe Problemlösungsmöglichkeiten erarbeiten und das Ergebnis (Gruppenergebnis!) in Stichpunkten auf dem Laufzettel notieren.
7. ***Blinde Schlange:*** Die Gruppe stellt sich zu einer Schlange auf, dabei an den Schultern des Vordermannes anfassen. Der erste der Reihe ist sehend und führt die Gruppe, ohne zu sprechen, durch den Wald bis zur nächsten Station. Das sollte aber eine nur relativ kurze Strecke sein, sonst wird die Aufgabe zu schwierig. (Material: Tuch zum Verbinden der Augen)
8. ***Lose ziehen:*** In Luftballons sind Losnummern verpackt und liegen in einem Körbchen bereit. Jedes Gruppenmitglied bläst einen Luftballon bis zum Platzen auf und erhält so seine Losnummer. Die Preise der Lose werden beim gemeinsamen Fest, das die Fußgängerrallye abschließt, verteilt. Als Preise gibt es viele kleine Gag-Geschenke wie z.B. eine Babyflasche gefüllt mit Rakı, einen Gutschein „Frühstück ans Bett", Befreiung vom Spüldienst, Aufkleber „Rassismus nein danke", ein Ständchen, gesungen von den anderen Seminarteilnehmern (Material: Losnummern in Luftballons verpackt; Preise)

9. ***Tonstudio:*** Die Gruppe studiert gemeinsam ein Lied ein und nimmt es mit einem Kassettenrekorder auf. Besonders schön ist es natürlich, wenn es als Kanon in den verschiedenen Sprachen der Gruppenteilnehmer gesungen wird. (Material: batteriebetriebener Kassettenrekorder, Leerkassetten)
10. ***Sprechende Gesichter:*** Ein Gruppenmitglied, das sich freiwillig meldet, soll zu einem bestimmten, vorgegebenen Begriff im Gesicht geschminkt werden (siehe Spielbeschreibung „sprechende Gesichter“ S. 180). Jede Gruppe zieht dabei nur einen Begriff aus dem Kuvert, so dass in jeder Gruppe ein Mitglied zu einem unterschiedlichen Thema geschminkt wird. Wenn alle Gruppen am Ende der Rallye wieder zusammen sind, raten die anderen Gruppen die hinter den geschminkten Gesichtern versteckten Begriffe. (Material: In Kuverts versteckte Begriffe, Schminkkasten und -utensilien)
11. ***Theater:*** Die Gruppe, die als erste an der Station erscheint, erhält ein Kuvert mit einem Thema (z.B.: Ein Migrant mit seiner Familie auf Wohnungssuche), das sie versucht, pantomimisch darzustellen. Diese Pantomime wird der nächsten Gruppe vorgespielt, ohne das Thema zu verraten. Diese wiederum gibt das Vorgespielte an die nächste Gruppe weiter. Die letzte Gruppe spielt ihre Pantomime dann auf dem abschließenden Fest vor. Ist der Begriff noch erkennbar? (Material: Kuvert mit Themen auf Karten)

Auswertung und Abschlussfest:

Im Seminarraum ist eine Plakatwand vorbereitet, an die die einzelnen Gruppen ihre schriftlichen Ergebnisse kleben, so dass alle Spielteilnehmer ihre Ergebnisse vergleichen und ihre Lösung des Länderquiz (Station 4) überprüfen können. Beim gemeinsamen Fest, das die Fußgängerrallye abschließt, werden die Gruppensteckbriefe (Station 2) und die „sprechenden Gesichter“ (Station 10) erraten, die Pantomimenscharade (Station 11) vorgeführt, die für zehn Cent gekauften Gegenstände (Station 3) verglichen und die Lospreise (Station 8) verteilt sowie die auf Kassettenrekorder aufgenommenen Lieder (Station 9) präsentiert.

Stadterkundungsspiel *Befragungsspiel*

Für wen: Jugendliche und junge Erwachsene
Ziele: Mehr über die soziale, politische und geschichtliche Situation der Stadt bzw. des Dorfes, in dem das Seminar stattfindet, erfahren
Material/Vorbereitung: Fragen für die einzelnen Gruppen bereithalten, evtl. in die einzelnen Muttersprachen der Teilnehmer übersetzen. Stadtplan für jeden Teilnehmer kopieren, ggf. zu befragende Personen vorab informieren
Zeit: Erkundung und Nachbereitung jeweils zwei bis drei Stunden

Beschreibung:

In Kleingruppen sollen Erkundigungen über die politische und soziale Situation, die Situation der Jugend und die Geschichte des Ortes eingeholt werden. Der Gruppenleiter hat Fragen zu den einzelnen Themenbereichen (siehe unten) vorbereitet. Diese Fragen dienen als Hilfestellung für die Gruppe, können aber von dieser innerhalb ihres zu bearbeitenden Themenbereichs beliebig ergänzt und verändert werden. Die jeweilige Zusatzaufgabe soll aber auf jeden Fall bearbeitet werden. Die Teilnehmer entscheiden sich, welchen Themenbereich sie erkunden wollen und finden sich so zu Kleingruppen zusammen. Jedoch sollte der Spielleiter darauf achten, dass in allen Kleingruppen Teilnehmer unterschiedlicher kultureller Herkunft vertreten sind.

***Gruppe 1:** Zur politischen Situation der Stadt*
- Wie viele Einwohner hat...?
- Wie heißt der Bürgermeister, welcher Partei gehört er an?
- Welche politischen Parteien sind im Rathaus vertreten? Wer hat die Mehrheit?
- Wie wurde bei den letzten Präsidentschafts- (Kommunal-, Landtags-, Bundestags- etc.)Wahlen gewählt (Angaben in %)?
- Welche wichtigen Handwerks- und Industriebetriebe gibt es?
- Welche Arbeitsmöglichkeiten gibt es?
- Wie hoch ist die Arbeitslosigkeit?

Zusatzaufgabe:
Sprecht mit einem Arbeiter oder Arbeitslosen und berichtet über seine Situation.

Gruppe 2: *Zur sozialen Situation der Stadt*

- Ist die Stadt wohlhabend?
- Wie ist die Wohnungssituation für die Mehrheit der Bevölkerung?
- Wie lebt es sich in der Innenstadt?
- Wie viele Menschen mit Migrationshintergrund leben in der Stadt? Wo arbeiten sie, wie leben sie, wo wohnen sie? Sind sie „integriert“?
- Gibt es Ausländerfeindlichkeit? (z.B. Parolen – notiert sie ggf.)
- Gibt es Sozialstationen?

Zusatzaufgabe:

Befragt einen Migranten nach seiner Lebenssituation, seiner Zufriedenheit hier in dieser Stadt.

Gruppe 3: *Zur Situation der Jugend*

- Welche Freizeitmöglichkeiten gibt es für Jugendliche? Was ist Euch aufgefallen?
- Wie viele Jugendzentren gibt es? Was kann man dort machen?
- Wie viele Sportvereine gibt es?
- Welche Jugendklubs existieren in …?
- Welche Schulen befinden sich in …?
- Gibt es Discotheken?

Zusatzaufgabe:

Befragt einen Jugendlichen nach seinem Leben.

Gruppe 4: *Zur Geschichte der Stadt*

- Gibt es ein städtisches Museum? Was befindet sich in dem Museum?
- Gibt es Denkmäler? Was erfährt man durch sie?
- Wann wurde die Stadt gegründet?
- Wie erlebte die Stadt den 2. Weltkrieg? Gab es besondere Ereignisse?
- Was war prägend Ende der 50er Jahre? (In Frankreich z.B. der Algerienkrieg)
- Was verbinden die Leute mit 1968?

Zusatzaufgabe:

Befragt einen alten Menschen oder eine Person aus dem Museum über wichtige Ereignisse aus der jüngeren Vergangenheit (die letzten 50 Jahre).

Neben den Aufgaben für die vier Gruppen gibt es noch Aufgaben, die für alle Gruppen gleich sind:

- Kauft den längsten Gegenstand, den es für 50 Cent gibt.
- Kauft beim Postamt eine Briefmarke, die im inhaltlichen Zusammenhang mit euren Erkundigungen steht und erzählt dazu eine Geschichte.
- Kauft eine typische Kleinigkeit (max. zwei Euro) aus der Stadt (Getränke, Gebäck, oder …) und bringt sie mit.

Auswertung:

Nachdem die Gruppen ihre Erkundigungen im Ort abgeschlossen haben, überlegen sie, wie sie ihre Ergebnisse möglichst anschaulich und interessant den anderen präsentieren können (z.B. mit Collagen aus Bildern, Zeitungen, Naturgegenständen, Abfallstoffen oder mit Rollenspielen, Schattentheater, Zeichnungen, Schminkaktionen. Der Phantasie sind keine Grenzen gesetzt). Bei der Darstellung der Ergebnisse sollen die Gruppen versuchen, einen Bezug zur Situation in der eigenen Heimat herzustellen (z.B. Vergleich). Der Gruppenleiter kann hier gegebenenfalls Hilfestellungen geben. Zum Schluss werden im Plenum die Ergebnisse, Erlebnisse und Eindrücke ausgetauscht.

Fotorallye *Stadterkundungsspiel*

Für wen: Jugendliche und Erwachsene; möglichst auch Teilnehmer mit Migrationshintergrund

Ziele: Alltagsleben erkunden, unterschiedliche Wahrnehmung durch die „Brille“ verschiedener Kulturen miteinander vergleichen,

Material/Vorbereitung: Eine Digitalkamera für jede Gruppe , Fotodrucker und PC

Zeit: Einschließlich Nachbereitung: ca. zwei Tage

Beschreibung:

Die Spieler werden zunächst in möglichst homogene Gruppen nach Herkunftskultur aufgeteilt, um eventuelle unterschiedliche nationale Wahrnehmungen deutlich werden zu lassen. Jetzt werden sie beauftragt den Seminarort (oder Stadtteil) zu einem bestimmten Thema fotografisch zu erkunden. Alle Kleingruppen bearbeiten das gleiche Thema, dadurch ist ein Vergleich leichter, und der unterschiedliche nationale „Blickwinkel“ kann deutlicher zutage treten. Beispiele für Themen:

- Alltagsleben der Deutschen in dieser Stadt.: dies könnte festgehalten werden durch „typische“ Personen, die Wohnsituation, Arbeitsplätze, beim Einkaufen (verbunden mit Angeboten und Preisen), kulturelles Leben (z.B. Aufnahmen von Straßenkünstlern), soziale Situation (z.B. Obdachlose) usw..
- Ausländische Minderheiten in der Stadt (z.B. Klingelschilder mit vielen ausländisch klingenden Namen, Läden, Imbissbuden, fremdsprachige Werbeplakate).

Das erste Thema bietet sich bei einem Besuch einer ausländischen Gruppe in Deutschland eher an, denn diese will ja hauptsächlich deutsches Leben kennenlernen.

Nach der Erkundung stellt jede Gruppe aus ihren produzierten Bildern eine eigene kleine Ausstellung zusammen, indem die Fotos mit Texten, Kommentaren und Zeichnungen versehen werden. Alle Ausstellungstafeln werden dann zu einer Galerie zusammengefügt und die Teilnehmer vergleichen die Ausstellungstafeln unter folgenden Gesichtspunkten:

- Was wurde wahrgenommen und was nicht? (Personen/Gegenstände)
- Wie wurde fotografiert? (Nähe/Distanz)
- Wie oft wurden bestimmte Einstellungen und Motive festgehalten?
- Welche Bereiche/Aspekte waren der jeweiligen nationalen Gruppe am wichtigsten?

Im anschließenden **Auswertungsgespräch** soll vor allem herausgearbeitet werden, ob signifikante Wahrnehmungsunterschiede und Sichtweisen der Gruppen deutlich erkennbar sind.
Interessant wäre es auch, Außenstehende später hinzuzuziehen und sie nach den Unterschieden zwischen den Ausstellungen zu befragen. Positiv wäre es natürlich, wenn die binationale Gruppe (z.B. bei einer deutsch-französischen Begegnung) die Fotorallye mit gleicher oder ähnlicher Fragestellung zu einem späteren Zeitpunkt auch im anderen Land durchführen könnte.

Plätze wahrnehmen

Für wen: Jugendliche, Erwachsene; mind. acht Teilnehmerinnen, für bi- und trinationale (bzw. Kulturkreis-) Gruppen
Ziele: Wahrnehmungsschulung, Platz- bzw. Stadterkundung (von einer kleinen Einheit ausgehend eine Stadt erschließen)
Material: Evtl. Digitalkameras und Computer für die Fotobearbeitung Drucker, evtl. Kassettenrecorder mit Mikrofon
Zeit: Mindestens 1 ½ Tage (je Spielphase ca. drei Stunden)

Beschreibung:

1. Phase: Einstimmung auf die Platzerkundung (ca. drei Stunden)
Jede Teilnehmerin malt mit Buntstiften einen Platz (30 Minuten). Dann fügen zwei Personen ihre Bilder zusammen, entweder durch Zusammenkleben oder durch Zerschneiden eines Bildes und Einfügen in das andere. Die Paare geben nun 1. dem Bild einen gemeinsamen Namen, 2. überlegen sich je Person drei Begriffe zu dem neuen Bild und 3. stellen sich vor, was sie an einem Vormittag um 10 Uhr auf diesem Platz sehen, riechen, hören und berühren würden. Darüber tauschen sie sich aus.
Später denken sich die Paare zwei Personen aus, und zwar eine einheimische und eine fremde. Die beiden imaginären Personen sollen sich auf dem Platz aufhalten. Jede dieser Personen hat einen Tick.
Nun finden sich zwei Paare zusammen, denken sich ein Ereignis aus in dem sich diese erdachten Personen auf dem Platz treffen. Diese Situation wird gespielt. Die Rollenspiele werden später im Plenum vorgestellt.

2. Phase: Platzerkundung (ca. zwei bis drei Stunden)
Die Teilnehmerinnen werden in Kleingruppen zu zwei bis vier Personen aufgeteilt. Dabei möglichst Kulturkreis-homogene Gruppen bilden. Jede Gruppe wird mit einer Digitalkamera und/oder einem Kassettenrecorder ausgestattet und bearbeitet folgende vier Aufgaben:
1. Erkundet einen realen Platz (der zuvor auf einem Stadtplan ausgesucht wurde) und überlegt euch, wie ihr später euere Ergebnisse im Plenum

vorstellen wollt (z.B. mittels eines Rollenspiels, mit Fotogeschichten oder Tonaufzeichnungen).
2. Findet heraus, was es an Fremdem auf dem Platz gibt.
3. Sucht nach Spuren von Migration und Zuwanderern auf diesem Platz. (Wenn die Erkundung in Frankreich stattfindet, z.B. nach deutschen Spuren suchen.)
4. Bringt drei Gegenstände von diesem Platz mit.

3. Phase: Auswertung der Platzerkundung (ca. 3 Stunden)
Die mitgebrachten Gegenstände werden vorgestellt. Dabei zunächst wechselseitig Vermutungen anstellen lassen, auf welche Art von Platz die jeweiligen Gegenstände wohl hindeuten (eine Metrokarte und Gemüsereste lassen auf einen Marktplatz an einer Metrostation schließen).
Dann stellt jede Gruppe „ihren" Platz mittels Rollenspiel, Fotodokumentationen, Tonaufzeichnungen oder ähnlichem vor.

Bei einer **Schlussauswertung** können folgende Fragen behandelt werden:
- Wie wurde der Platz erkundet, gab es eine Arbeitsteilung?
- Was wurde erkundet: nur das Äußere des Platzes oder auch das Innere der Häuser?
- Mit welchen Sinnen wurde wahrgenommen?
- Lösten die Erkundungen bestimmte Erinnerungen und Gefühle aus?
- Wurde die Aufmerksamkeit durch diese Übung erhöht?
- Welche weiterführenden Fragen über die Stadt oder den Ort lösten die Platzerkundungen aus (über die Geschichte des Platzes, andere Plätze, das Stadtviertel usw.)?
- Korrespondieren unsere Phantasien über Plätze (Phase 1) mit der Wirklichkeit, oder gibt es große Diskrepanzen?
- Was sagen die gemalten Plätze über die Wirklichkeit in den Herkunftsländern der Teilnehmerinnen aus?
- Wie unterscheiden sich die Plätze in den jeweiligen Ländern?
- Was wurde durch die Erkundung von der anderen Kultur bewusst?
- Spielt der kulturelle Hintergrund eine Rolle bei der Wahrnehmung der Plätze, gab es Unterschiede?

Nach einer Idee von Christian Alix[1]

---

1 Weitere Informationen über die Platzerkundung finden sich in dem Aufsatz „Zeit zum Lernen – Zeit zum Verstehen" von Christian Alix/Helmolt Rademacher in: Zielsprache Französisch Nr. 1/1991

Lustwandeln (déambulation)*unstrukturierte Erkundung*

Für wen: Jugendliche, Erwachsene; mind. vier Personen, möglichst bi- oder trinationale (bzw. Kulturkreis-) Gruppen
Ziele: Wahrnehmung schulen, Wahrnehmungsunterschiede bearbeiten
Material: Bleistifte, Papier
Zeit: Ein halber bis eineinhalb Tage

Beschreibung:

Bei der Erkundung einer Stadt, eines Dorfes, einer Umgebung oder bei einem Ausflug teilt sich die Großgruppe in Spielgruppen zu vier bis sechs Personen auf. Jede Teilnehmerin hat bei der Erkundung die Aufgabe, so viel wie möglich für sich aufzuschreiben, was sie wahrnimmt und denkt. Dabei soll alles Wahrgenommene und Gedachte von jedem einzelnen unstrukturiert notiert werden. Für das Aufschreiben der Eindrücke eignen sich Cafés meist sehr gut. Nach dem Tagesausflug setzt sich die Kleingruppe zusammen und tauscht ihre Notizen aus. Dabei wird sicher interessant sein, was und wie die einzelnen wahrgenommen haben und ob dadurch evtl. kulturell unterschiedliche Wahrnehmungsmuster deutlich werden. Über diese evtl. Auffälligkeiten findet dann ein Austausch im Plenum statt.

Auswertungsfragen:

- Gab es (nationale/kulturell bedingte) Unterschiede, was und wie wahrgenommen wurde?
- Waren die Berichte persönlich oder allgemeiner gehalten?
- Was sagt das Nicht-Wahrgenommene über unser (kulturelles) Wahrnehmungsvermögen aus?
- Vermittelten die Erfahrungen und Erlebnisse einen tieferen Einblick in diese erkundete „Kultur“? Was förderten sie zutage?
- Konnten durch die Berichte und die anschließenden Gespräche kulturelle Besonderheiten entschlüsselt und Kulturnormen offengelegt werden?

Nach einer Idee von Jean-Luc Menu

V. Hintergrundinformationen über Herkunftsländer

Deutschland-Buffet

Für wen: Jugendliche, Erwachsene, z.B. auf einem mehrtägigen Seminar
Ziele: Gerichte und Getränke aus Deutschland kennen lernen
Material: Verschiedene deutsche Lebensmittel und Getränke, Papierbögen, Filzstifte
Zeit: Vorbereitung zwei bis drei Stunden

Beschreibung:

Auf großen Papierbögen (z.B. Papiertischdecke) wird eine Karte der Bundesrepublik mit den wichtigsten Städten aufgezeichnet. Die deutsche Gruppe besorgt alle nur denkbaren Zutaten für Gerichte, Spezialitäten und Getränke, die ihr zu Gegenden der Bundesrepublik einfallen. Daraus werden Gerichte gekocht, z.B. Bouletten aus Berlin, Bratwürste aus Thüringen, Kässpätzle aus Schwaben, Weißwürste aus Bayern, Pinkel aus Niedersachsen, Hering in Stipp aus Hamburg usw.. So weit wie möglich werden spezielle Backwaren besorgt (Brezeln, „Berliner", dunkles Brot, Pumpernickel). Fehlen sollten auch nicht spezielle Getränke wie Bier (Sachsen), Apfelwein (Hessen), Weißbier (Bayern), Wein (Rheinland-Pfalz), Weiße mit Schuss (Berlin).
All diese Nahrungsmittel werden auf dem Tisch mit der Deutschlandkarte entsprechend ihrer Herkunft eingedeckt. Teilnehmerinnen aus den Regionen geben noch kurze Erläuterungen zu den Spezialitäten und dann lässt man sich die Spezialitäten gemeinsam schmecken.
Dieses Buffet kann natürlich auch auf andere Länder „angewendet" werden.

Kooperatives Puzzlespiel *Puzzlespiel*

Für wen: Zwei Gruppen zu je vier bis sechs Personen
Ziele: Durch Bilder Informationen über ein anderes Land erhalten
Material/Vorbereitung: Auf zwei großen Plakatkartons werden zwei verschiedene Puzzles mit Motiven oder Situationen z.B. über das Leben in Russland und Deutschland oder in der Türkei und in Frankreich hergestellt. Auf der Rückseite jedes Bildpuzzles kann eine zum Bild passende Geschichte, ein Gedicht oder eine Information abgedruckt sein.
Zeit: 30 - 60 Minuten

Beschreibung:

Jede Gruppe erhält zum Start ein Puzzleteil des Bildes, das sie zusammensetzen soll. Die restlichen Teile der beiden zusammen gemischten Puzzles liegen jeweils zur Hälfte bei den beiden Gruppen (d.h. nicht alle Puzzleteile, die vor der Gruppe liegen, gehören auch zu ihrem Bild). In Gruppenarbeit sollen die einzelnen Puzzles jetzt zusammengefügt werden, wobei immer auch wieder ein Austausch mit der anderen Gruppe stattfinden muss, um nicht benötigte bzw. fehlende Puzzleteile einzutauschen. Sind die Bilder fertig zusammengesetzt, kann darüber gesprochen werden. Gegebenenfalls wird das Bild umgedreht und die auf der Rückseite abgedruckte Geschichte vorgelesen.

Variante: Die Bilder und Geschichten können von den Spielern auch selbst hergestellt werden. So können sie sich gegenseitig Informationen über ihr Herkunftsland vorstellen. Diese Variante braucht allerdings mehr Zeit.

Deutsch-türkisches Memory *Kartenlegespiel*

Für wen: Zwei und mehr Kinder, darunter möglichst auch türkische; bei entsprechender Veränderung der Vorlagen natürlich auch für andere Gruppen geeignet

Ziel: Lebenshintergründe aus der Ursprungsheimat türkischer Kinder kennen lernen; sich über unterschiedliche Lebensgewohnheiten austauschen; Einstieg ins Thema Klischee

Material: Kopiervorlagen (siehe nächste Seiten) vergrößert auf Karton kopieren oder selbst Motivkärtchen anfertigen

Zeit: 20 - 30 Minuten

Beschreibung:

Die Spielkarten mischen und verdeckt auf dem Tisch verteilen. Diese Paarkärtchen müssen von den Spielerinnen, ähnlich den bekannten Memory-Spielregeln, gesammelt werden. Die Spielkärtchen bieten Gesprächsanlass, sich über Lebensgewohnheiten (vermutete oder klischeehafte) der Menschen aus den dargestellten Ländern auszutauschen.

Hinweis: Selbstverständliche kann/soll die Vorlage bei Spielgruppen mit Kindern aus unterschiedlichen Herkunftsländern entsprechend angepasst werden. Spielkärtchen können dann auch aus Postkarten, Prospekt- und Fotomaterialien sowie Graphiken (z.B. aus den ClipArts oder dem Internet) mit den Kindern zusammen angefertigt werden.

Kopiervorlage: Deutsch-türkisches Memory

Stadt

Nürnberg
Deutschland

Stadt

Izmir
Türkei

Dorf

Fränkisches Dorf
Deutschland

Dorf

Anatolisches Dorf
Türkei

Kopiervorlage: Deutsch-türkisches Memory

Schule

5. Klasse
Deutschland

Schule

5. Klasse
Türkei

Traditionelle Kleidung

Dirndl
Deutschland

Traditionelle Kleidung

Pluderhose
Türkei

Kopiervorlage: Deutsch-türkisches Memory

Wohnen

Wohnzimmer
Deutschland

Wohnen

Wohnraum
Türkei

Priester

Pfarrer
Deutschland

Priester

Imam
Türkei

Hintergrundinformationen ...

Kopiervorlage: Deutsch-türkisches Memory

Essen

Gänsebraten mit Kloß
Deutschland

Essen

Döner
Türkei

Gebäck

Torte
Deutschland

Gebäck

Baklava
Türkei

Kopiervorlage: Deutsch-türkisches Memory	
Brot  *Graubrot* Deutschland	**Brot**  *Pide* Türkei
Tiere  *Schwein* Deutschland	**Tiere**  *Schafe* Türkei

Kopiervorlage: Deutsch-türkisches Memory

Imbiss

Bratwurst mit Senf
Deutschland

Imbiss

Simit-Brezeln
Türkei

Geld

Euro – €
Deutschland

Geld

Türkische Lira
Türkei

Hintergrundinformationen …

Kopiervorlage: Deutsch-türkisches Memory

Teppiche	**Teppiche**
 *Flickenteppich* Deutschland	 *Kelim* Türkei
Feiern  *Kommunion* Deutschland	**Feiern**  *Beschneidung* Türkei

Kopiervorlage: Deutsch-türkisches Memory

Einkauf

Fußgängerzone
Deutschland

Einkauf

Kapalı Çarşı
Türkei

Folklore

Bayern
Deutschland

Folklore

Türkei

Kopiervorlage: Deutsch-türkisches Memory

Obst	**Obst**

Äpfel Deutschland	*Feigen* Türkei
Getränke	**Getränke**

Kaffee Deutschland	*Çay – Tee* Türkei

Kopiervorlage: Deutsch-türkisches Memory

Instrumente	Instrumente

Flöte Deutschland	*Saz* Türkei
Gebetshaus	**Gebetshaus**

Kirche Deutschland	*Moschee* Türkei

Kopiervorlage: Deutsch-türkisches Memory

Sehenswürdigkeit

Holstentor
Deutschland

Sehenswürdigkeit

Rumeli Hisar
Türkei

Markt

Nürnberg
Deutschland

Markt

Bursa
Türkei

Kopiervorlage: Deutsch-türkisches Memory

Blumen

Deutschland

Blumen

Türkei

Landarbeit

Deutschland

Landarbeit

Türkei

Türkei-Quartett *Kartenspiel*

Für wen: Vier bis fünf Kinder oder Jugendliche
Ziel: Hintergrundwissen über die Türkei vermitteln
Material: Kopiervorlagen der nächsten Seiten ggf. vergrößert auf festen Karton kopieren und ausschneiden; ggf. selbst Spielkarten herstellen
Zeit: 30 Minuten

Beschreibung:

Jeweils vier Karten, die einem bestimmten Thema zugeordnet sind, bilden ein Quartett, gespielt wird nach den üblichen Quartettspielregeln. Durch Kartenaustausch wird versucht, ein oder mehrere vollständige Quartetts zu sammeln. Sind alle Quartette vollständig, legt jeder Spieler diese vor sich hin und es wird über die Informationen, die die einzelnen Bilder beinhalten, gesprochen.

Hinweis: Selbstverständlich können solche Vorlagen auch zu jedem anderen Land oder zu mehreren Ländern hergestellt werden. (Ein Quartett besteht dann aus Karten zum zwar gleichen Themenbereich, aber mit Informationen aus unterschiedlichen Ländern.) Auch hier bieten sich Postkarten, Prospekt- und Fotomaterialien sowie Graphiken (z.B. aus den ClipArts oder dem Internet) als Bildmaterial an. Die Karten können dann mit den Kindern oder Jugendlichen zusammen angefertigt werden.

Variante: Wenn die Spielkarten und die dazugehörigen Informationen bereits bekannt sind: Die Spieler bieten Karten, die sie nicht mehr benötigen, anderen Mitspielern an, indem sie die Informationen der Karten, die sie abzugeben haben, den anderen Mitspielern vorlesen. Wer glaubt, anhand der Informationen die Karte zu erkennen, benennt sie. Hat er sie richtig erraten, darf er sie in sein Quartett aufnehmen.

Kopiervorlage: Türkei-Quartett

Kleidung
– sportliche Kleidung –

Wie fast überall auf der Welt wird natürlich auch in der Türkei – vor allem von jungen Leuten - eine sportliche Kleidung bevorzugt.

Kleidung
– Kostüm –

Vor allem zu feierlichen Anlässen – wie z.B. bei einer Hochzeit - ziehen sich viele ganz besonders schön an.

Kleidung
– Kopftuch –

Es gibt viele verschiedene Formen, das Kopftuch zu binden. Manche Frauen tragen es, um ihre Haare bei der Arbeit zu schützen, manche auch aus religiösen Gründen oder einfach aus Gewohnheit.

Kleidung
– Şalvar –

Şalvar heißt diese weite Pluderhose. Vor allem bei der Arbeit ist sie sehr bequem.

Kopiervorlage: Türkei-Quartett

Essgewohnheiten – Frühstück –

Beim Frühstück gibt es Tee, Schafskäse, Oliven und Weißbrot. Manchmal isst man auch Suppe zum Frühstück.

Essgewohnheiten – Obst –

Oft gibt es nach dem Essen noch Obst, das in der Türkei meistens besonders gut schmeckt, da es mit viel Sonne heranreift.

Essgewohnheiten – Ayran –

Vor allem, wenn es heiß ist, schmeckt dieses aus Yoghurt, Salz und Wasser hergestellte Getränk besonders gut.

Essgewohnheiten – Hauptmahlzeit –

In der Türkei wird sehr viel Gemüse gegessen, oft zusammen mit Reis oder Bulgur (=Weizengrütze).

Kopiervorlage: Türkei-Quartett

Leben im Dorf
– Heizmaterial –

Vor allem in waldarmen Gegenden werden diese aus Kuhmist geformten Fladen als billiges Brennmaterial verwendet.

Leben im Dorf
– Brot backen –

Die Frauen backen dieses dünne Brot, das „Yufka" heißt, meist gleich für mehrere Tage auf Vorrat.

Leben im Dorf
– Getreide dreschen –

Wo Maschinen noch fehlen wird mit einfachen Mitteln – hier mit Hilfe eines Esels – das Getreide gedroschen.

Leben im Dorf
– Wasserversorgung –

In manchen kleinen Dörfern gibt es noch keinen Wasseranschluss in den Häusern. Das Wasser muss vom Dorfbrunnen geholt werden.

Kopiervorlage: Türkei-Quartett

Kinder spielen – Schussern/Murmeln –

Das Schusserspiel wird wohl überall auf der Welt gespielt und hat überall seine eigenen Regeln.

Kinder spielen – Tuchfangspiel –

Hier spielen zwei Parteien gegeneinander: Der in der Mitte hat das Tuch und ruft eine Nummer. Wer von den zwei Parteien dann das Tuch zuerst zu seiner Gruppe bringt, bekommt einen Punkt.

Kinder spielen – Spielplatz –

In der Türkei gibt es viel weniger Spielplätze als bei uns. Aber Kinder finden ja immer einen Platz zum Spielen.

Kinder spielen – Reifen rollen –

Man braucht nicht immer Spielzeug, alte Fahrradfelgen tun es oft auch.

Kopiervorlage: Türkei-Quartett

Freizeit
– Picknick –

Am Wochenende sucht man sich zusammen mit anderen einen schönen Platz aus, wo gegessen, getrunken, gespielt und getanzt wird.

Freizeit
– Verwandte besuchen –

In der Türkei nehmen sich die Menschen noch viel Zeit für Verwandte und Freunde. Wann immer man Zeit hat, besucht man sich.

Freizeit
– Fernsehen –

Leider nimmt auch in der Türkei das Fernsehen- und Videoschauen als Freizeitbeschäftigung stark zu.

Freizeit
– Im Teehaus –

Vor allem die Männer gehen in ihrer Freizeit gerne ins Teehaus, um mit Freunden das Backgammon-Spiel, das in der Türkei Tavla heißt, zu spielen.

Kopiervorlage: Türkei-Quartett

Feste in der Türkei – Kinderfest –

Am 23. April übernehmen die Kinder symbolisch die Macht im Land. Die Eltern müssen tun, was die Kinder wollen.

Feste in der Türkei – Şeker Bayramı –

Mit dem Şeker Bayramı, dem Zuckerfest, endet der Fastenmonat Ramadan. Zum Fest besuchen Verwandte sich gegenseitig; dabei werden den Gästen Süßigkeiten angeboten.

Feste in der Türkei – Beschneidungsfest –

Das ist das größte Fest im Leben eines Jungen. Im Alter zwischen 5 bis 10 Jahren wird jeder Junge beschnitten. Viele Verwandte kommen zu Besuch und bringen Geschenke.

Feste in der Türkei – Kurban Bayramı –

Zum Kurban Bayramı, dem Opferfest, schlachten viele Familien ein Schaf. Das Fleisch soll dann mit armen Menschen geteilt werden.

Kopiervorlage: Türkei-Quartett

Landschaften
– Wald –

Dort, wo es genug regnet, wächst auch Wald - Nussbäume, Kiefern und andere Nadelbäume. Blätterwald gibt es wenig in der Türkei.

Landschaften
– Felder –

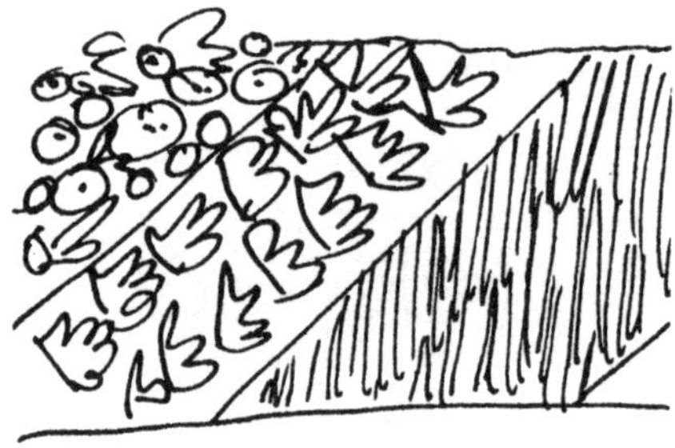

Es gibt auch sehr fruchtbare Gegenden in der Türkei. Dort werden vor allem Gemüse und Getreide angebaut.

Landschaften
– Gebirge –

Vor allem im Osten der Türkei ist das Land sehr gebirgig. Wald ist dort kaum noch, so dass das Leben für die Menschen dort sehr hart ist.

Landschaften
– Strand –

Ungefähr 2/3 der Türkei sind vom Meer umgeben: das Mittelmeer im Süden und das Schwarze Meer im Norden. Die Türkei ist berühmt für ihre langen Sandstrände.

Modenschau

Für wen: Kinder und Jugendliche, Gruppen ab 15 Teilnehmerinnen
Ziel: Kleidungsgewohnheiten anderer Länder kennen lernen
Material: Eine genügende Anzahl von Kleidungsstücken (auch z.B. türkische Pumphosen, Kopftücher, Turbane); Schminkutensilien bereithalten; aus Tischen einen Laufsteg bauen.
Zeit: Ein bis zwei Stunden je nach Intensität der anschließenden Diskussion

Beschreibung:

Mit diesem Spiel kann man die Kleidungsgewohnheiten in verschiedenen Ländern kennen lernen oder es kann zur Vorbereitung auf eine Reise (z.B. in die Türkei) dienen. Zwei Kleingruppen zu je vier bis acht Personen werden zu „Mannequins". Die eine Gruppe erhält den Auftrag, sich zu überlegen, wie Frauen und Männer sich in dem entsprechenden oder zu bereisenden Land wohl üblicherweise kleiden. Sie verkleiden und schminken sich dementsprechend. Die zweite Gruppe spielt die „Touristen" und sucht sich aus der Verkleidungskiste Gewänder aus, die ihrer Meinung nach z.B. in einem türkischen Dorf anstößig wirken könnten (z.B. Träger-T-Shirts). Jungen und Mädchen können dabei in vertauschten Rollen auftreten, um den Spaß für das Publikum zu erhöhen. Ein Conferencier (= Mitglied der einzelnen Gruppen) geleitet die „Mannequins" auf den Laufsteg.

Auswertung: In der Gruppe wird darüber gesprochen, ob die vermuteten Kleidergewohnheiten so „richtig" sind und warum sich Menschen in diesen Ländern ggf. anders kleiden als bei uns; aber auch darüber, inwieweit sich Besucherinnen in einem fremden Land den dortigen Kleidungsgewohnheiten anpassen sollten oder nicht.

Hintergrundinformationen ...

Mumbai[1]-Stadtspiel *Stationenspiel*

Für wen: Kinder von sechs bis zwölf Jahren, mindestens 20 Teilnehmerinnen;

Ziel: Kinder versetzen sich in die Lebenssituation eines Kindes in den Slums von Mumbai

Material/Vorbereitung: Verteilt über einen größeren Platz oder mehrere Straßen werden sechs bis sieben Spielstationen eingerichtet, die je nach Aufgabe mit Tischen und Stellwänden versehen sind. Zur Einstimmung werden die Stationen mit Fotos oder anderem Bildmaterial von Indien bzw. Mumbai ausgestaltet, am besten passend zum Thema der Spielstation (Kalender oder entsprechende Internetseiten bieten oft gutes Bildmaterial). Die zur Bearbeitung der einzelnen Aufgaben notwendigen Materialien (sie gehen aus dem weiter unten beschriebenen Laufzettel hervor) liegen auf den Tischen bereit. An der Stellwand ist sinnvollerweise noch einmal der Titel und der Text zur jeweiligen Station, den die Kinder auch auf ihrem Laufzettel haben, abgedruckt. Gegebenenfalls Handzettel, die auf das Spiel aufmerksam machen, sowie Laufzettel für die Spielerinnen herstellen; evtl. kleine Geschenke oder Urkunden für die Mitspielerinnen bereit halten.

Zeit: Ca. zwei Stunden

Hinweis: Das Spiel eignet sich besonders zum Einsatz bei einem Stadtteilfest, Schulfest, Kindergartenfest o.ä., ist aber sehr material- und personalintensiv. Vor dem Einsatz des Spiels sollten die Angaben auf dem Laufzettel auf ihre Aktualität überprüft werden. Die Stationen können bei entsprechenden Veränderungen durchaus auch die Lebenssituation von Kindern aus anderen Ländern widerspiegeln.

Beschreibung:

Die einzelnen Spielstationen werden eingerichtet, dabei sollte möglichst an jeder Station eine Spielleiterin anwesend sein, die die Aufgabe dort erklärt, gegebenenfalls behilflich ist und für Informationen zur Verfügung steht.

1 Großstadt in Indien

Wird das Stationenspiel z.B. bei einem Stadtteilfest eingesetzt, werden die Kinder mittels Handzetteln auf das Spiel aufmerksam gemacht. Sie können sich einzeln oder in kleinen Gruppen an dem Spiel beteiligen. Ein Laufzettel, der entsprechend mit Zeichnungen ausgeschmückt ist, weist den Kindern den Weg von einer Station zur nächsten. An jeder Station werden Tätigkeiten verrichtet und/oder Aufgaben gelöst. Ergebnisse werden auf dem Laufzettel eingetragen. Wenn alle Stationen durchlaufen sind, erhält jedes Kind eine Urkunde oder ein kleines Geschenk.

Beispiel für einen Laufzettel:

Start: Stell dir vor, du wärst in Mumbai. Dort leben über 15 Millionen Menschen, das sind .... mal so viele wie in deiner Stadt. An 6 Stationen zeigen wir euch, wie Kinder in den Armenvierteln von Mumbai leben. Du erkennst die Stationen an den hohen Tafeln, die mit Bildern von Indien geschmückt sind. Der Plan auf deinem Laufzettel zeigt dir den Weg.

1. Station „Kochen“: In Indien leben recht viele Menschen in sehr einfachen Verhältnissen auf dem Land. Das Land reicht oft nicht aus, um die ganze Familie zu ernähren. Viele ziehen in die Stadt. Sie hoffen, dass es ihnen dort besser gehen wird.

Aufgabe: Du kannst hier Tschapatis, das indische Fladenbrot, backen und essen. (Tipp: evtl. schon etwas Tschapatiteig fertig haben, da der Teig, der nur aus Mehl und Wasser besteht, nach dem langen Kneten noch etwas ruhen soll, bevor die Teigfladen gebacken werden.)

Frage: Wie heißt das indische Fladenbrot?

Material: Campingkocher, flache Pfanne, Weizenvollkornmehl, Wasser, Öl, Teigroller, Teller und Servietten

2. Station „Hüttensiedlung“: In der Stadt finden die Menschen aus den Dörfern oft keine Wohnung. Darum müssen sie sich aus Pappkarton, Brettern, Wellblech, Ziegeln und Lehm eine Hütte in den Slums (Armensiedlungen am Rande von Stadtvierteln) bauen, meistens ohne elektrisches Licht, ohne Waschbecken, das Klo ist die freie Natur. Wasser gibt es oft nur an einer zentralen Wasserstelle für viele Menschen gemeinsam.

Aufgabe: Die Kinder bauen aus Pappkartons eine Hütte und bemalen sie. Nach und nach entsteht aus allen Hütten eine Siedlung.

Frage: Wie wäre es, wenn du hier nicht nur „Wohnen“ spielen würdest, sondern immer, jeden Tag, so leben müsstest? Was würde dich besonders stören?

Material: große Pappkartons, Stifte zum bemalen, Klebstoff, Scheren

3. Station „Kinderarbeit“: Gehe weiter zur Station 3 (Wegbeschreibung) „Kinderarbeit“. In Mumbai müssen viele Kinder, auch schon die ganz kleinen, mitarbeiten, damit die Familie genügend zum Leben hat: z.B. als Schuhputzer auf der Straße oder als Dienstmädchen/Haushaltshilfe (auch Jungs!) bei reicheren Familien. Oder sie verdienen sich als „fliegender Händler“ mit dem Verkauf von kleinen Gegenständen für den alltäglichen Gebrauch ihr Geld.

Aufgabe: Du bekommst an dieser Station eine Packung Papiertaschentücher und sollst sie meistbietend an einen Passanten verkaufen.

Frage: Wie lange dauert es, bis du die Taschentücher los bist? Wie viel könntest du so an einem Tag verdienen?

Material: Papiertaschentücher

4. Station „Schule“: Geh‘ weiter in Richtung … bis zur Station „Schule“. In Indien gehen nicht alle Kinder zur Schule, vor allem Kinder aus armen Familien nicht, weil ihre Eltern sich das nicht leisten können und die Kinder zum Teil bereits arbeiten müssen.

Aufgabe: Fertige für dich ein Namensschild an auf dem du deinen Namen mit Devnagri-Buchstaben schreibst, das ist das Alphabet in dem Hindi, eine der Hauptsprachen Indiens, geschrieben wird.

Frage: Warum wäre es schlecht, wenn du nicht lesen, schreiben und rechnen könntest?

Material: Plakat mit dem Devnagri-Alphabet und dessen Umschrift in lateinische Buchstaben. (Evtl. aus dem Buch „Kauderwelsch Hindi“[1]

1 Rainer Krack, Kauderwelsch, Hindi Wort für Wort, Verlag Reise Know How

abkopieren); Pappe, Papier, Stifte, Scheren, Schnur zum Umhängen der Namensschilder.

5. Station „Gesundheitsdienst“: Geh‘ weiter in Richtung … Dort ist der „Gesundheitsdienst“.

Aufgabe: Lass‘ dich hier wiegen und messen und schätze, wie viel schwerer und größer du wohl bist als ein gleichaltriges Kind im indischen Slum.

… kg … cm

Frage: Warum bist du wohl größer und schwerer als ein gleichaltriges Kind in einer indischen Armensiedlung?

Material: Personenwaage, Maßband

6. Station „Touristisches Indien“: Geh‘ weiter in Richtung … Hier seht ihr die andere Seite von Mumbai mit prächtigen Straßen, Einkaufsmärkten, Tempeln und Häusern für die reichen Leute!

Aufgabe: Versuche die Bilder mit Sehenswürdigkeiten auf der Landkarte Indiens zuzuordnen.

Frage: Indien für Touristen. Was glaubst du, was Touristen sich in Indien anschauen?

Material: Fotos von Sehenswürdigkeiten Indiens (z.B. aus Kalendern und Reiseprospekten), Landkarte Indiens.

Abschlussaufgabe: Du hast den Weg eines indischen Kindes vom Dorf in die Stadt verfolgt und gesehen, wie schwierig das Leben dort ist. Warum sind so viele indische Familien gezwungen, ihre Heimat zu verlassen und z.B. in die reichen Golfstaaten oder nach Kanada und manche vielleicht sogar nach Europa auszuwandern?

Nach einer Spielidee von: terre des hommes, in ihrer Zeitschrift 9/81 nach dem Spiel: Kinder halten zusammen, Bombay-Stadtspiel in der Partnerstadt Stuttgart

Polen erfahren *Stationenspiel*

Für wen: Jugendliche, Gruppen ab 16 Teilnehmerinnen, deutsch-polnische Spielgruppen

Ziel: Vorbereitung und Einstimmung auf ein fremdes Land (in diesem Fall Polen)

Material/Vorbereitung: Zunächst werden in fünf Räumen (oder an abgetrennten Orten) Stationen eingerichtet (Material s. Stationsbeschreibungen), die durch Bezeichnungen deutlich gemacht werden. Die Anzahl der Teilnehmerinnen wird durch die Anzahl der Stationen geteilt. Damit ist geklärt, wie viele Teilnehmerinnen in jeder Gruppe sind. In jeder Gruppe sollten deutsche und polnische Jugendliche sein. Alle Gruppenmitglieder bekommen gleichfarbige Kärtchen, auf denen die Reihenfolge des Besuchs der Stationen aufgeführt ist:
z.B. 1 2 3 4 5 oder 5 1 2 3 4 oder 4 5 1 2 3

Zeit: Zwei bis drei Stunden

Beschreibung:

Jede Gruppe besucht nacheinander die Stationen, an denen sie sich nicht mehr als je 15 Minuten aufhalten sollte. Jede Station wird von einer Gruppenleiterin betreut. Es gibt folgende Stationen:

1. Station: In einem Geschäft (Sprachübung) Polnische Jugendliche der Kleingruppe stehen hinter einem Marktstand und verkaufen Obst oder andere Produkte. Jede deutsche Teilnehmerin soll mindestens einmal versuchen, in polnischer Sprache ein Stück Obst zu kaufen. Selbstverständlich wurde ihr das von den polnischen Gruppenmitgliedern vorher beigebracht.

2. Station: Politischer „Test" (politische Verhältnisse ansprechen) Alle Teilnehmerinnen einer Gruppe erhalten einen Fragebogen zur politischen und sozialen Situation in Polen. Jede muss unter drei Antworten die richtige ankreuzen. Folgende Fragen könnten gestellt werden: „Welche politische Herrschaftsform existiert in Polen?" (Antworten: Demokratie, sozialistisches Einparteiensystem, keines von beiden); „Was verdient eine Arbeiterin im Durchschnitt in Polen?"; „Was passiert, wenn man mit Haschisch erwischt wird?" usw. Die von den Jugendlichen gegebenen Antworten regen sicher zu Diskussionen an.

3. Station: Landkartenmünzenwurf (geographische Kenntnisse) Jedes Gruppenmitglied wirft auf eine polnische Landkarte eine polnische (notfalls andere) Münze. Über die Stelle, an der die Münze liegen bleibt, wird nun gesprochen: jede Spielerin, die wirft erzählt, was ihr dazu einfällt: Geographie, Anbauprodukte, Attraktionen, Besonderheiten usw.. Die Mitspielerinnen und die Spielleiterin helfen ggf. mit anderen Informationen weiter. Die Runde ist beendet, wenn jede ihre Münze geworfen hat.

4. Station: Improvisationswerkstatt (Lieder, Sketche, Rollenspiel) Die Gruppe bekommt die Aufgabe, einen kurzen Sketch oder ein Rollenspiel zu entwerfen und vorzuführen oder ein deutsches oder polnisches Lied oder Gedicht vorzutragen und theatralisch (pantomimisch) auszudrücken. Wichtig ist bei dieser Station, dass die Spielleiterin in der Lage ist, die Gruppe in kürzester Zeit (ca. 15 Minuten) zu einer „vorführreifen" Aufführung zu animieren. Die Spielleitung muss darauf drängen, dass die Jugendlichen sich schnell für ein Thema oder eine Form entscheiden (Anregungen in Form von Liedern, Texten oder Themen sollten parat gehalten werden) und dann sofort mit ihnen improvisieren. Die entwickelten kleinen Stücke können am Abend vor allen Teilnehmerinnen vorgeführt werden.

5. Station: Aktionsstation Diese Station kann ziemlich variabel gestaltet werden, je nach Möglichkeit der Gruppe; es sollte nur darauf geachtet werden, dass diese Station auch 15 Minuten umfasst. Möglich ist ein KIM-Spiel: Eine große Anzahl von Gegenständen (ca. 20, unter denen auch polnische Dinge wie polnisches Geschirr sein sollten) wird unter einem Tuch versteckt. Die Spielleiterin lüftet das Tuch für ca. 30 Sekunden, danach deckt sie die Gegenstände wieder zu. Die Gruppe muss nun möglichst viele der gesehenen Gegenstände aufzählen und anschließend über deren Verwendung und Bedeutung Vermutungen anstellen.

Nur Knoblauch und Moscheen? *Brettspiel*

Für wen: Jugendliche, etwa die Hälfte sollten türkische sein, sonst büßt das Spiel viel von seinem Reiz ein; sechs bis zehn Spieler pro Spielbrett

Ziele: Einblick in die gesellschaftlichen und kulturellen Lebensbedingungen in der Türkei bekommen, zur Diskussion anregen

Material/Vorbereitung: Brettspielvorlage (siehe folgende Seiten) vergrößern oder selbst nachzeichnen. Bildkarten (s. Folgeseiten oder selbst welche aus Prospektmaterialien ausschneiden) von den jeweiligen Texten trennen, Texte an die entsprechend nummerierten Stellen des Spielplans kleben. Aufgabenkarten (s. Folgeseiten) kopieren, ausschneiden, auf der Rückseite mit den jeweiligen Themensymbolen bzw. Städtenamen versehen und zu Stapeln sortiert verdeckt auf das Spielbrett legen; Spielfiguren und Würfel bereitlegen

Zeit: Ca. zwei Stunden (je nach Diskussionsfreude der Teilnehmer)

Beschreibung:

Zunächst die Bildkarten an die Teilnehmer verteilen. Anhand der auf den Spielplan geklebten Texte sollen die Spieler nun versuchen, die Bilder richtig zuzuordnen, um dadurch einen ersten Einblick in dieses Land zu erhalten. Gegenseitige Hilfestellungen sind dabei durchaus erwünscht. Im Verlauf des Spiels unternehmen die Spieler dann eine Rundreise durch die Türkei, bei der einiges an Informationen über die Türkei vermittelt wird. Start- und Zielpunkt sind Istanbul. Die Teilnehmer würfeln und ziehen ihre Figur entsprechend der gewürfelten Zahl. (Bei großen Spielgruppen evtl. deutsch-türkische Spielpaare bilden.) Der erste Spieler zieht nun ein Kärtchen mit dem Symbol seines Standplatzes. Die Symbole bedeuten:

 = Minisprachkurs

 = Aktionskarte

 = Wissenskarte

 = Verhaltenskarte

 = Einfühlungskarte

= entsprechende Städtekarte

Die Aufgabe wird dann allein oder unter Mithilfe der Mitspieler gelöst oder beantwortet. Viele Aufgaben sind nur unter Mithilfe der türkischen Mitspieler zu lösen. Es geht vorrangig um Einschätzungen und Meinungen und nicht so sehr um „richtige“ Antworten. Es sollte möglichst viel nachgefragt und die Meinungen begründet werden. Ein Vergleich der Lebensbedingungen in Deutschland und in der Türkei sowie die Auseinandersetzung mit der türkischen Geschichte führen zu mehr Verständnis. Das Spiel ist beendet, wenn alle Spieler wieder zum Ausgangspunkt zurückgekehrt sind. Es kommt dabei nicht auf Schnelligkeit an, sondern darauf, bei der Reise möglichst viel zu erfahren.

Spielerfinderinnen: Beatrix Bergmann, Helmolt Rademacher, Maria Wilhelm

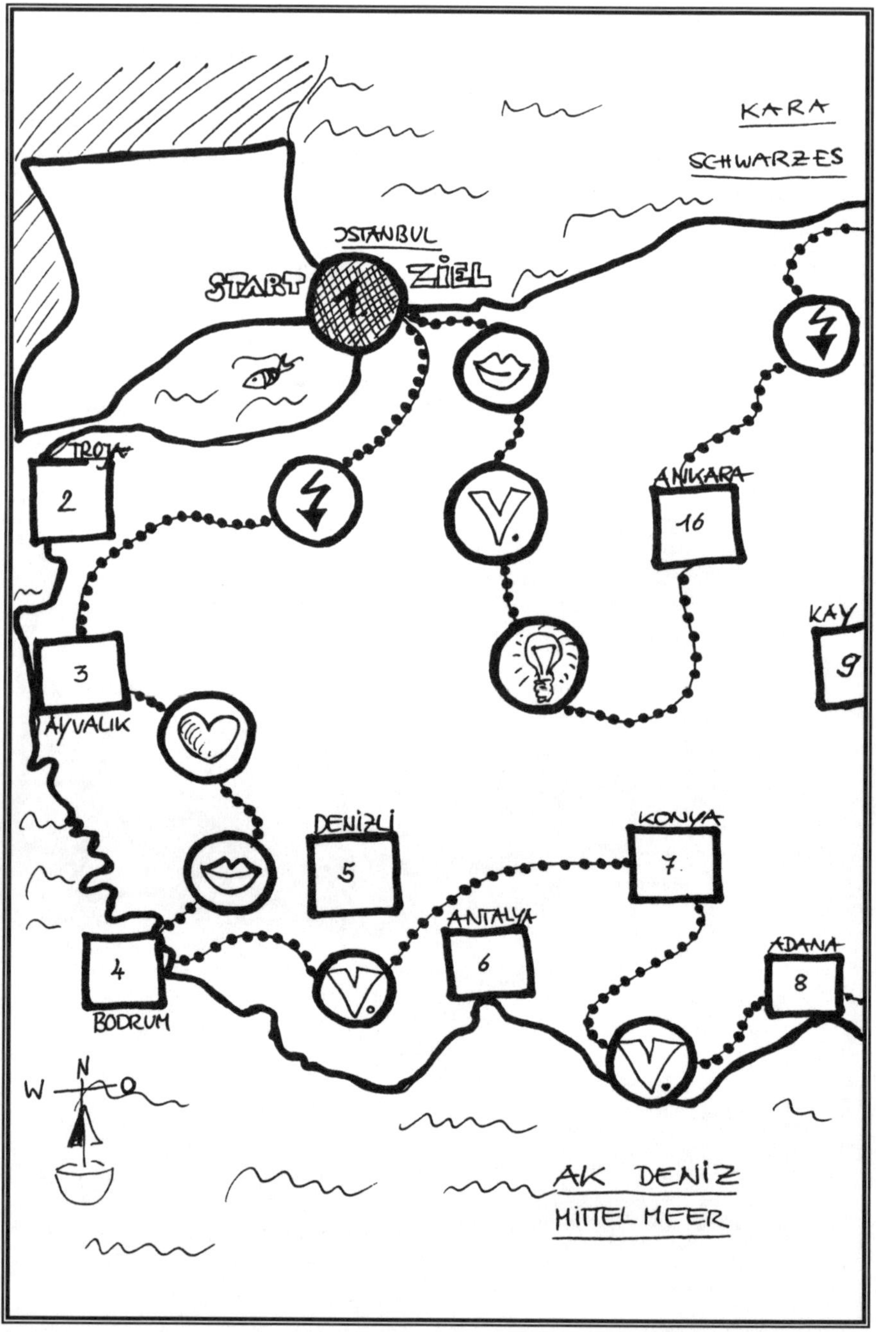

Hintergrundinformationen …

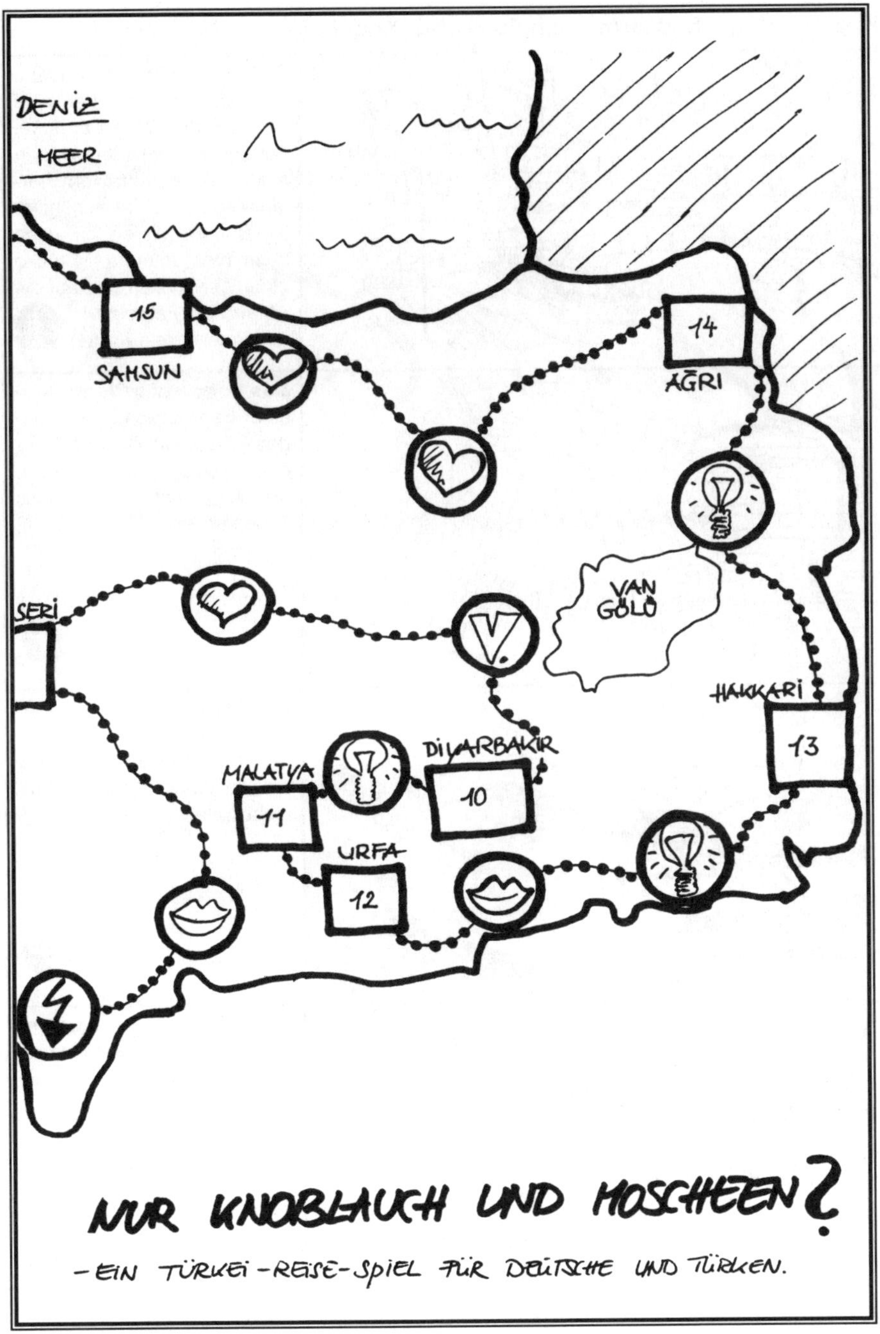
DENIZ
MEER
SAHSUN
15
14
AĞRI
VAN GÖLÜ
SERI
HAKKARI
13
DIYARBAKIR
MALATYA
10
11
URFA
12
NUR KNOBLAUCH UND MOSCHEEN?
– EIN TÜRKEI-REISE-SPIEL FÜR DEUTSCHE UND TÜRKEN.

Kopiervorlage: Bildkarten zum Spiel „Nur Knoblauch und Moscheen?“

	Wer als Fremder nach Istanbul kommt, den zieht es wohl zuerst zur ***Galata-Brücke***, auf der die Menschen wie in einem Ameisenhaufen herumlaufen. Straßenhändler bieten ihre Waren an. Man kann hier unter der Brücke einen Tee trinken und auf die Abfahrt der Fähre zu einer der Inseln warten. 1
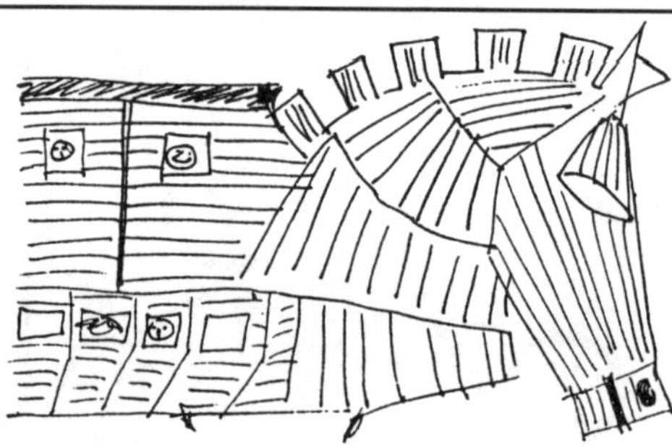	***Das trojanische Pferd:*** Nach einer Sage sollen im Inneren des hölzernen Pferdes Krieger versteckt gewesen sein, die so – unbemerkt – nach Troja kamen. 2
	Der ***Şeytan Sofrası***, der Teufelsberg bei Ayvalık: Vor allem bei Sonnenuntergang ist hier ein beliebter Treffpunkt für Liebespaare. 3
	Bodrum mit seinem ***malerischen Hafen*** und der Meeresfestung gilt als Reiseziel für Individualisten. 4

Kopiervorlage: Bildkarten zum Spiel „Nur Knoblauch und Moscheen?“	
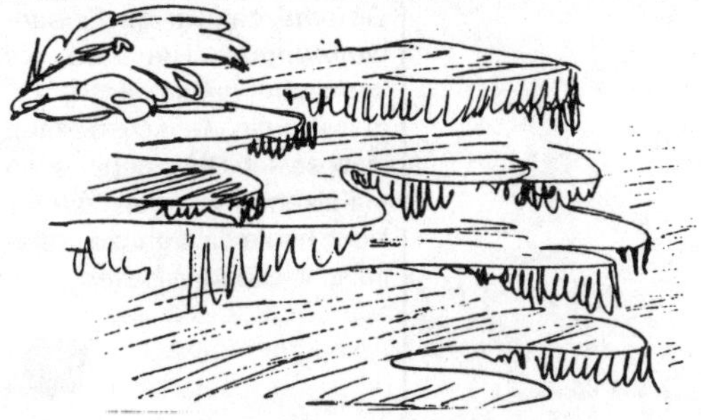	Durch Kalkablagerungen entstanden diese natürlichen ***Terrassen bei Pamukkale***. Natürliche heiße Quellen speisen die Terrassenbecken mit Wasser. (Pamukkale heißt ins Deutsche übersetzt „Baumwollschloss“.) **5**
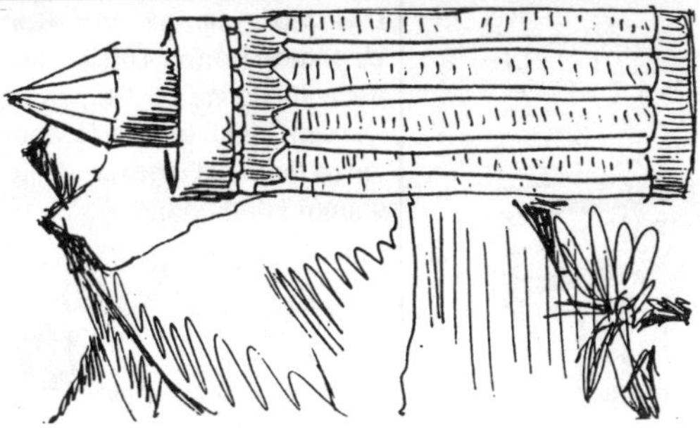	Das ***gefurchte Minarett*** ist das Wahrzeichen der Stadt Antalya. Gleich im Hintergrund der Stadt erhebt sich das Taurus-Gebirge. **6**
	Konja war religiöses Zentrum des ***Mevlana-Ordens***. Alljährlich finden im Dezember die Festspiele der tanzenden Dervişe statt. Priester des Mevlana-Ordens pflegten tanzend zu beten. **7**
	Ein großer Teil der türkischen Bevölkerung lebt von der ***Landwirtschaft***. In den besonders fruchtbaren Gegenden, um Adana herum z.B., werden die Felder jedoch mit modernen Geräten bewirtschaftet. **8**

Kopiervorlage: Bildkarten zum Spiel „Nur Knoblauch und Moscheen?“	
	***Göreme***, das ***Tal der Felsenwohnungen***: Um sich vor Verfolgern zu schützen, zogen sich die Menschen früher in diese – in Stein gehauenen – Felsenwohnungen zurück. Noch heute sind ganze unterirdische Städte erhalten. 9
	Diyarbakır gilt als die ***Kurdenstadt*** in der Türkei. Von der türkischen Regierung wurden die Kurden jedoch lange nicht als eigener Volksstamm anerkannt. 10
	Diese ***Riesenköpfe*** sind Überreste von Riesenstatuen, die das Grabmal des Herrschers auf dem ***Nemrut Dağı*** bewachten. 11
	***Trulli-Häuser*** heißen diese aus Kuhmist und Lehm gebauten Häuser, die einem Iglu ähnlich sehen. Es gibt meist nur einen Raum in so einem Haus, in dem eine ganze Familie lebt. 12

Kopiervorlage: Bildkarten zum Spiel „Nur Knoblauch und Moscheen?“

Vor allem in ländlichen Gebieten im Osten der Türkei sind die Straßen oft nicht gut ausgebaut. Manche Menschen bleiben dort daher ihrem alten „***Verkehrsmittel***“ dem Esel, treu.

13

Der berühmteste und höchste Berg der Türkei ist der ***Ararat***. Nach der Sage soll auf seinem Gipfel die Arche Noah gelandet sein.

14

Von Samsun aus hat ***Atatürk*** seine Widerstandsbewegung gegen das Sultanat begonnen. 1923 rief er die türkische Republik aus.

15

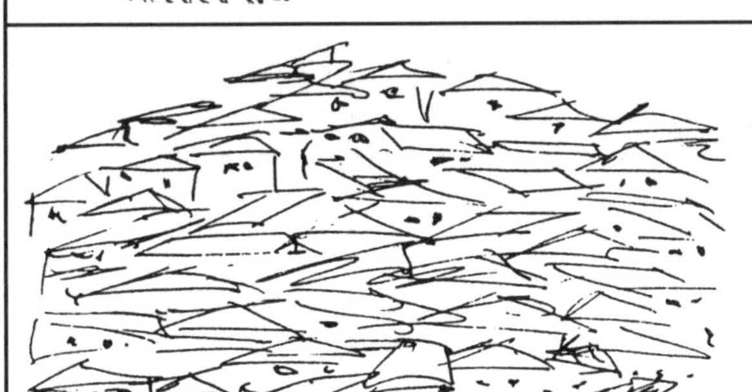

Gecekondus, die Bezeichnung für ein ungeplantes Viertel mit primitiven Unterkünften, gibt es am Rande fast jeder Großstadt, so auch in Ankara. Übersetzt bedeutet es so viel wie „über Nacht gebaut“. Nach türkischem Recht dürfen in einer Nacht auf öffentlichem Grund und Boden errichtete Häuser nicht abgerissen werden. In vielen Fällen wurden Gecekondus im Laufe der Zeit an die öffentliche Versorgung angeschlossen oder auf der Fläche ehemaliger Gecekondus neue Wohnviertel errichtet.

16

Kopiervorlage: Minisprachkurs zum Spiel „Nur Knoblauch …“

 Eine Frau sagt zu dir: „çok ayıp!“ Was will die Frau von dir?	 Frage deine Nachbarin auf Türkisch nach ihrem Namen!
 Du bist im Teehaus und willst Tee trinken. Mit welcher der 3 folgenden Fragen bekommst du wohl deinen Tee? a) Otobüs garı nerede? b) Lütfen çay verir misiniz? c) Aptal mısınız?	 Was heißt: „Was arbeitest du?“ auf Türkisch?
 „Bist du verheiratet?“ Frage es auf Türkisch!	 „Çay içelim mi?“ Was antwortest du darauf?

Kopiervorlage: Minisprachkurs zum Spiel „Nur Knoblauch …“

 Frage auf Türkisch nach dem Busbahnhof!	 Was antwortest du auf „Hoş geldiniz“?
 Wie heißen die abgebildeten Fahrzeuge auf Türkisch? 	 „Nerelisin“? Was antwortest du darauf?
 „Nasılsın?” „İyi misin?”	 Frage einen Straßenverkäufer (Mitspieler) nach dem Preis für ein Simit (= Sesambrezel) – aber natürlich auf Türkisch!

Kopiervorlage: Aktionskarten zum Spiel „Nur Knoblauch …“	
Andere Länder, andere Sitten. Begrüße drei Mitspieler, aber jeden auf eine andere Art (z.B. Handkuss, Verbeugung usw. – das können auch Phantasiebegrüßungen sein).	Ihr seid zur Erntezeit in einem türkischen Dorf und wollt den Bauern beim Dreschen helfen. Stellt das pantomimisch dar.
Suche dir noch ein paar Mitspieler, mit denen du zusammen im Teehaus Nargile (= Wasserpfeife) rauchst.	Singe „Alle meine Entchen“, aber in der Sprache der Esel. Du kannst dir dazu auch einen oder mehrere Mitspieler suchen, die dich dabei unterstützen sollen.
Tanzt alle zusammen eine Runde Bauchtanz.	Du möchtest dir als Souvenir einen Kelim (= gewebter Teppich) mit nach Hause nehmen. Suche dir einen Mitspieler, der den Verkäufer spielt, und versuche, den Preis auf die Hälfte herunter zu handeln.

Kopiervorlage: Aktionskarten zum Spiel „Nur Knoblauch …“

Lass dir ein türkisches Schimpfwort beibringen (falls du selbst keines weißt) und schreie es laut durch den Raum.	Trage pantomimisch einen gefüllten Krug mit Wasser um die Runde der Mitspieler – aber Vorsicht, der Weg ist sehr holprig. Du kannst den Krug, falls er dir zu schwer wird, auch an jemand anderen weitergeben.
Spiele einen türkischen Schuhputzer – so lange, bis dein Nachbar mit einer Aufgabe dran ist (möglichst viele Schuhe putzen!).	Wenn du *eine Frau* bist, musst du jetzt leider aufs Feld und Unkraut hacken. Wenn du *ein Mann* bist, darfst du ins Teehaus und mit jemand zusammen eine Runde Tavla (= türkisches Backgammon) spielen.
Begrüße uns alle in einer fremden Sprache.	Zeige uns, wie in einer Moschee gebetet wird.

Kopiervorlage: Wissenskarten zum Spiel „Nur Knoblauch …"

Wie viele Jahre gehen die Schüler in der Türkei zur Schule (Schulpflicht)?

a) 5 Jahre
b) 8 Jahre
c) 9 Jahre

Wie viele türkische Lire bekommst du derzeit für 1,- €?

Was kann man mit 10,- € in der Türkei kaufen? Rate!

Was bedeutet Ramadan? Gibt es etwas Vergleichbares in der christlichen Religion?

Schätze, was ein türkischer Arbeiter durchschnittlich verdient!

a) 150,- bis 200,- €
b) 250,- bis 600,- €
c) mehr als 600,- €

In welchem Wirtschaftszweig (Beruf) ist deiner Meinung nach der größte Teil der türkischen Bevölkerung beschäftigt?

Kopiervorlage: Wissenskarten zum Spiel „Nur Knoblauch …“

Welche Auswirkungen hat der Tourismus deiner Meinung nach für die Türkei?

In der Türkei leben viele verschiedene Volksstämme. Welche kennst du und in welchen Gebieten der Türkei leben diese überwiegend? Zeige es auf der Karte.

Was meint man, wenn in der Türkei jemand als „Almancı“, als „Deutschländer“ bezeichnet wird?

Welcher türkische Politiker wird auch heute noch sehr stark verehrt?

Welche türkischen Gerichte kennst du?
Weißt du, wie sie zubereitet werden?

Was weißt du über die derzeitige politische Situation und die der vergangenen Jahre in der Türkei?

Kopiervorlage: Verhaltenskarten zum Spiel „Nur Knoblauch ...“

Du spazierst in kurzen Hosen oder weit ausgeschnittenem Trägerkleid durch ein kleines anatolisches Dorf. Findest du das richtig so, oder vielleicht sogar respektlos? Würdest du dich den Kleidungsgewohnheiten in einem fremden Land etwas anpassen?	Findest du es okay dich an einem öffentlichen Badestrand in der Türkei nackt zu sonnen? Begründe Deine Antwort.
Was weißt du über das erwünschte Verhalten in einer und um eine Moschee?	Manchmal bekommst du die Frage gestellt „Warum mögen die Deutschen die Türken nicht?“ Was antwortest du?
Du bist bei einer türkischen Familie zu Gast, die sich rührend um dich kümmert und versucht, dir jeden Wunsch von den Augen abzulesen. Beim Abschied möchtest du ihnen daher etwas Geld in die Hand drücken, weil du weißt, dass ihre finanzielle Situation nicht sehr gut ist. Wie denkst du darüber?	Du bist (als Junge) im Teehaus eines Dorfes und pfeifst einem türkischen Mädchen nach. Die einheimischen Männer um dich herum scheinen das nicht gut zu heißen. Wie verhältst du dich?

Kopiervorlage: Verhaltenskarten zum Spiel „Nur Knoblauch …“

Du isst mit ein paar türkischen Freunden in einem Restaurant. Als der Kellner die Rechnung bringt, stellst du fest, dass er eine Gesamtrechnung eueres Verzehrs gemacht hat. Wie gehst du damit um?	Du bist in der Türkei, um Land und Leute etwas kennen zu lernen und nicht nur eine Sightseeing-Tour zu machen. Was unternimmst du, um dieses Ziel zu erreichen?
Du bist in einem touristischen Ort. Bei einem Einkaufsbummel stellst du fest, dass die Händler von dir als Tourist mehr Geld fordern als von Einheimischen. Wie reagierst du?	Türkische Nachbarn aus deinem Wohnort haben dich zu einem Besuch in ihr Heimatdorf eingeladen. Unter welchen Voraussetzungen würdest du diese Einladung annehmen?
Du bist ein leidenschaftlicher Fotograf und siehst eine Frau, die gerade beim Beten ist. Drückst du ab?	Du bist (als Junge) mit einer türkischen Bekannten unterwegs und trefft zufällig deren Freundin. Die beiden Frauen küssen sich gegenseitig auf die Wange. Wie begrüßt du die Freundin deiner Bekannten?

Kopiervorlage: Einfühlungskarten zum Spiel „Nur Knoblauch ...“

Du bist bei einer türkischen Familie eingeladen. Während ihr euch unterhaltet, klingelt immer wieder das Handy deines Gastgebers. Er nimmt die Anrufe entgegen und unterbricht das Gespräch mit dir. So eine Unhöflichkeit! Oder was denkst du dir dabei?	Du bist als Junge mit einem türkischen Mädchen ins Gespräch gekommen. Als ihre Eltern kommen, verhält sie sich plötzlich sehr distanziert zu dir. Wie erklärst du dir dieses Verhalten?
In kleineren Orten in der Türkei wohnen jung Verheiratete oft bei der Familie des Mannes. Wie würdest du an deren Stelle damit zurechtkommen?	Du bist in der Türkei aufgewachsen. Könntest du auch etwas Gutes daran finden, wenn deine Eltern für dich eine Ehepartnerin/einen Ehepartner aussuchen würden?
Du schlenderst durch den Kapalı Çarşı, den großen Bazar von Istanbul. Immer wieder bitten dich Ladeninhaber auf einen Tee zu sich herein. „Die wollen doch nur Geschäfte mit dir machen!“ Oder was denkst du dir sonst dabei?	Du bist ein Mädchen/Junge von zehn Jahren und lebst in der Türkei. Wie würdest du vermutlich deine Freizeit verbringen?

Kopiervorlage: Einfühlungskarten zum Spiel „Nur Knoblauch …“

Du wirst als Frau während deiner Reise durch die Türkei oft von Männern angesprochen und eingeladen. „So eine Anmache“! Oder was denkst du darüber?	Dir fallen im Straßenbild der Städte und Dörfer immer wieder Frauen, auch junge Mädchen, im Çarşaf (Kleidung, die den Körper der Frau ganz bedeckt) auf. Was löst das bei dir aus?
Du gehst mit deinen Freundinnen zusammen ins Teehaus. Dort sitzen nur Männer. Wie erklärst du dir das?	Du bist ein Mann. Wie würdest du dich fühlen, wenn deine Freundin/ Frau mit den türkischen Frauen im Haus zusammensitzt und du kannst nicht dabei sein?
In den Städten sieht man oft Kinder als Straßenverkäufer oder Schuhputzer. Was denkst du über diese Kinderarbeit?	Manchmal fallen dir Männer auf, die ungeniert Hand in Hand durch die Straßen laufen. Was denkst du dir dabei?

Hintergrundinformationen …

Kopiervorlage: Städtekarten zum Spiel „Nur Knoblauch …“

Samsun
Was weißt du über die Politik Atatürks? Warum wird er verehrt, warum aber auch kritisiert?

Malataya
Malataya ist nicht nur bekannt wegen seiner Nähe zum Nemrut Dağı. Wofür ist die Stadt noch berühmt?

Bodrum
Ihr kommt auf einen Zeltplatz und wollt fragen, ob noch Platz frei ist. Aber der dortige Angestellte versteht deine Sprache nicht. Suche dir einen Partner, der den türkischen Angestellten spielt. Versuche ihm begreiflich zu machen, was du von ihm willst.

Ağrı/Doğubeyazıt
Wen oder was würdest du bei Gefahr mit in deine „Arche Noah“ nehmen?

Kayseri
Du hast Glück gehabt – du konntest deinen Verfolgern entrinnen. Deshalb darfst du 2 Felder weiterrücken.

Ayvalık
Überall in der Türkei gibt es „Steine des Wünschen“, d.h. was man sich dort wünscht, geht in Erfüllung. Auch am Şeytan Sofrası gibt es so einen Stein. Was würdest du dir dort wünschen?

Hintergrundinformationen …

Kopiervorlage: Städtekarten zum Spiel „Nur Knoblauch …“

Konya
Konya ist auch heute noch ein religiöses Zentrum in der Türkei. Erzähle uns, was du über den Islam weißt.

Adana
In welcher Gegend der Türkei gibt es heute noch Ağas (= Großgrundbesitzer)? Was bedeutet das für die dort lebenden Bauern?

Ankara
Was weißt du über die Entstehung und die Lebensbedingungen in den Gecekondu-Siedlungen?

Diyarbakır
Diese Stadt ist viel beschrieben und besungen worden als die Kurdenstadt. Was weißt du über die Probleme und die Situation der Kurden?

Urfa
Wie stellst du dir die Innenausstattung türkischer Wohnungen vor?

Hakkari
Nicht nur weil die Straßen schlecht sind, benutzen die Menschen in diesen ländlichen Gegenden den Esel als Verkehrs- und Transportmittel. Warum wohl noch?

So leben wir in der Türkei, Kroatien oder Spanien *Collage*

Für wen: Kinder und Jugendliche
Ziel: Hintergrundinformationen über die Türkei, Kroatien, Spanien oder ein anderes Land bekommen
Material: Collagenmaterial kann von den Spielern selbst gesammelt werden; Klebstoff, Stifte, größere Bögen Papier
Zeit: Ca. 90 Minuten

Beschreibung:

Die Spieler sammeln gemeinsam Reiseprospekte, Fotos, Postkarten, Informationen u.ä. über die Türkei, Kroatien oder Spanien (z.B. von der Familie, von Reisebüros, aus Zeitschriften usw.) und gestalten damit gemeinsam ein Bilderbuch über das entsprechende Land. Punkte, die dabei berücksichtigt werden könnten: wirtschaftliche Situation (Arbeitslosigkeit), Rolle/Situation der Frau, Erziehung und Schulsystem, Dorfbräuche, Dorfstrukturen, Verhältnis Armer und Reicher im Land, Versorgung (Wasser, Strom), Infrastruktur usw.

Variante: Anstatt eines Bilderbuchs kann auf dem Umriss einer Landkarte eine Landescollage entstehen.

Basantspringbahar[1] *Recherche, Projektarbeit*

(Frühlingsrituale der Welt)

Für wen: Jugendliche und Erwachsene, möglichst (aber nicht notwendigerweise) gemischtnationale Gruppen, um das Wissen ausländischer Mitspielerinnen mit einbeziehen zu können

Ziele: Wissen darüber erweitern, wie unterschiedlich in der Welt der Frühlingsbeginn gefeiert wird; Bedeutung von Ritualen und Regeln erkennen; neugierig machen auf andere Formen des Feierns

Material/Vorbereitung: Literatur zum Thema (auch Bildbände oder andere Bildmaterialien!); Stoffreste, Papier, Kartonagen und andere Materialien zum Basteln von Kulissen, Requisiten und Kostümen (Abfallmaterialien mit einbeziehen!); Musik aus aller Welt (Pop- und traditionelle Musik); evtl. CD „Welthören"[2] (enthält z.B. viele Geräuschkulissen); Schminke; Musikanlage und evtl. Mikrofone für die Aufführung

Zeit: Ca. fünf Tage verteilt über mehrere Wochen oder z.B. eine einwöchige Gruppenreise

Hinweis: Besonders geeignet für Gruppen, die sich über einen längeren Zeitraum hinweg regelmäßig treffen (z.B. Jugendgruppen) oder während einer Gruppenreise gemeinsam an einem Thema arbeiten wollen

Beschreibung:

Bei diesem Projekt werden die Teilnehmerinnen angeregt, selbständig in Gruppen und/oder zu Hause zu recherchieren, wie hier und anderswo auf der Welt der Frühlingsbeginn gefeiert wird und welche Rituale dabei eine Rolle spielen. Die ausländischen Teilnehmerinnen sind hier besonders gefragt, ihr eigenes Wissen über die entsprechenden Rituale in ihren Herkunftsländern beizusteuern. Später werden diese Informationen zu einem Theaterstück umgesetzt, das beispielsweise bei einem Elterntag oder einem Schulfest (Früh-

1 Der Titel „Basantspringbahar" setzt sich zusammen aus den wörtlichen Übersetzungen des Begriffs „Frühling": Basant (Hindi), Spring (Englisch) und Bahar (Türkisch).

2 Erhältlich beim Verlag 2001

lingsfest?) aufgeführt wird. Das Theaterstück entführt die Besucherinnen des Festes in Form einer „lebendigen Diaschau" zu einer Frühlings-Reise durch die Kontinente. Die einzelnen Bilder werden als „lebendige Dias" von den Spielerinnen als kurze Szenen gespielt.

Das Projekt wird in folgenden Schritten erarbeitet, wobei einige dieser Schritte durchaus auch parallel stattfinden können und sich so immer wieder ergänzen (z.B. Phase 4 und 5):

1. Spielphase: Brainstorming „Frühlingsbeginn in aller Welt" (ca. 20 Minuten)

Zur Einstimmung auf das Thema ist der Gruppenraum frühlingshaft dekoriert (Blumen, Tücher etc. und vielleicht auch mit dem ein oder anderen Bild von Frühlingsfesten aus anderen Ländern).

Auf einer Flipchart oder an einer Tafel steht groß das Wort „Frühling" und die Gruppenmitglieder werden aufgefordert, alles was ihnen zu diesem Stichwort einfällt zu benennen. Die Angaben werden an der Tafel oder auf dem Flipchart notiert und dann sortiert. Vielleicht fallen hier z.B. Begriffe wie: Winter austreiben, Ostern, Blumen blühen, Frühlingslieder, Frühjahrsputz, chinesisches Neujahr. Auf diese Weise wird das bereits vorhandene Wissen der Gruppenmitglieder reaktiviert. Und insbesondere die Teilnehmerinnen aus anderen Herkunftsländern sind hier aufgefordert, zu berichten, wie in ihrem Land der Frühlingsbeginn gefeiert wird.

2. Spielphase: Recherche zu den Frühlingsritualen in verschiedenen Ländern der Welt (je nach Intensität mehrere Gruppenstunden)

In einem zweiten Schritt werden die Gruppenmitglieder beauftragt, weitere Informationsquellen zu nutzen (Bibliothek, Internet, Gleichaltrige oder z.B. ausländische Nachbarn und Vereine) und Informationen zu einzelnen Ländern und deren Art, den Frühlingsbeginn zu feiern, zusammenzutragen. Diese Informationsrecherche kann in eine Gruppenstunde integriert werden, sollte jedoch auch dann von den Teilnehmerinnen weitgehend selbstständig in Gruppenarbeit und einzeln zu Hause übernommen werden.

Es ist hilfreich für die Entwicklung späterer Umsetzungsideen vor allem auch Bildmaterialien zur Verfügung zu stellen, um damit die Vorstellungsgabe der Spieler zu erhöhen. Recherchetexte sollten möglichst kurz und kompakt sein. Gegebenenfalls muss hier die Spielleiterin eine Vorauswahl treffen bzw. selbst Texte bereitstellen. Die so zusammengetragenen Informationen werden von den Gruppenmitgliedern nach Themen und evtl. Ländern sortiert und stichpunktartig aufgeschrieben.

3. Spielphase: Umsetzungsideen, Theaterstück entwickeln (mehrere Gruppenstunden)
Die sortierten Informationen liegen nun allen Gruppenmitgliedern vor (eventuell auch als Overhead-Folie). Falls sie noch zu umfangreich sind, um sie in ein Theaterstück integrieren zu können, muss es eine Auswahl geben. Bei der Auswahl, welche Informationen in eine Szene umgesetzt werden, sollten zwei Gedanken die Teilnehmerinnen leiten:

- Zu welchen Informationen fallen euch spontan sofort Spielideen ein?
- Welche Informationen sind so wichtig, dass sie auf jeden Fall mit in das Theaterstück aufgenommen werden müssen?

Eine erste grobe Auswahl von umzusetzenden Informationen wird gemeinsam in der Gruppe getroffen, ggf. nach einer Vorbesprechung in Kleingruppen. Danach entwickeln Arbeitsgruppen von vier bis fünf Personen zu je einem Thema bzw. Land Ideen für Spielszenen. Auch in dieser Phase sollte viel Bildmaterial und möglichst bereits Verkleidungsmaterial zur Verfügung stehen. Das erleichtert die Entwicklung von Szenen. Die Ergebnisse werden immer wieder an die anderen Gruppen weitergegeben. Auf diese Weise wächst und verändert sich das „Drehbuch" ständig.

4. Spielphase: Auswahl der Szenen, Drehbuch, Spielen (ebenfalls mehrere Gruppenstunden)
Gemeinsam wird jetzt die Auswahl der Szenen für das endgültige Theaterstück getroffen und in Form eines Szenenplans bzw. Drehbuchs verschriftlicht. Letzteres kann gut wieder in Gruppenarbeit geschehen. Während die Szenen eingeübt werden, kann sich das Drehbuch durchaus noch verändern, da auch durch das Spiel neue Ideen entstehen. Ein oder mehrere „Drehbuchautorinnen" sollten also beauftragt werden, alle während des Spiels sich noch ergebenden Veränderungen im Szenenplan zu notieren (z.B. auf Overheadfolie, sodass die Mitspielerinnen immer die aktuellste Version vor Augen haben). Eine Szene kann dann von verschiedenen Akteurinnen gespielt werden, bevor die endgültige Entscheidung fällt, wer welche Rolle übernimmt. Alle Gruppenmitglieder sollten jedoch mit in das Spiel einbezogen sein. Auch hier sind bereits Verkleidungsmaterialien und Requisiten hilfreich.

5. Spielphase: benötigte Kulissen malen, Kostüme nähen und Requisiten basteln (mehrere Gruppenstunden)
Aus Stoffresten, Papier, Kartonagen, Wolle usw. werden die benötigten Requisiten gebastelt. Alte Kleidung eignet sich für Kostüme, aus Pappmaché können Sonnen, Masken und andere Dekorationen hergestellt und farbig be-

malt werden. Aus mit Reis gefüllten leeren Küchentuchrollen entstehen Rasseln usw.. Eine Schminkpalette und die entsprechende Verkleidung verwandeln beispielsweise Menschen in Frösche. Auch hier dienen Bildvorlagen als Ideenspender, damit die Kostüme weitgehend realitätsnah aussehen. Die Herstellung großformatiger Kulissen wird dadurch erleichtert, dass auf Folie kopierte Bilder per Overheadprojektor an die Wand geworfen werden. Die Vorlage kann dann einfach auf dem dort befestigten Papierbogen nachgezeichnet werden.
Zu einer guten Aufführung gehören auch die richtigen Hintergrundgeräusche (z.B. Regentropfen, Tierstimmen – hier ist die CD „Welthören" vom Verlag 2001 sehr hilfreich) und die passende Musik. Es ist sinnvoll, die benötigten Geräusche und Musikstücke in der richtigen Reihenfolge auf Kassette aufzunehmen oder auf CD zu brennen. Dazwischen immer Leerpausen lassen, damit notfalls das nächste Musikstück sofort angewählt werden kann, wenn eine Szene vielleicht nicht ganz so lange dauert. Zuletzt erstellen die Technikerinnen unter den Gruppenmitgliedern einen Beleuchtungsplan für die Aufführung. Die Generalprobe kann stattfinden.

6. Spielphase: Aufführung/Frühlingsfest

Den Abschluss des Projekts bildet die Aufführung des Stücks. Besonders geeignet ist hier ein Elterntag, ein Gemeindefest oder ein Fest zum Abschluss einer Gruppenreise, das als „Frühlingsfest" begangen wird.
Grundsätzliches zum Ablauf des Theaterstücks:

- Eine „Reiseführerin" (Erzählerin) kommentiert die einzelnen „Dias" und vermittelt so dem Publikum einen tieferen Einblick in das Geschehen. In die Erzählgeschichte können so Hintergrundinformationen zum Thema oder dem Land, das durch die Szene gerade dargestellt wird, verpackt werden.
- Eine Regisseurin gibt „backstage" die Anweisungen für die Reihenfolge der Szenen und überwacht die Verkleidungen.
- Wo möglich sollte das Publikum mit in den Ablauf einbezogen werden, z.B. das Land oder das gerade gezeigte Thema auf Zuruf raten lassen, selbst „Wunschzettel" (ein Brauch aus der Türkei) malen oder beim Tanz um den Maibaum mit einbeziehen.
- Wechselnde Kulissen können an Pinnwände geheftet werden, das erleichtert den Szenenumbau. Die Kulissenträgerinnen können in das Spiel mit integriert werden.
- Während eines Bühnenbildwechsels verstellen die Kulissen-Pinnwände die Umbauaktivitäten auf der Bühne. Die „Reiseleiterin" überbrückt die

Zeit durch eine Erzählgeschichte in die z.B. Hintergrundinformationen eingebaut sind.

Ergänzend zur Aufführung, während der Pausen bzw. vorher oder nachher, können einige „Selbstläufer-Spielstätten“ eingerichtet werden, die von Teilnehmerinnen betreut werden:

- ***Mehendistudio:*** Hier können sich Besucherinnen entsprechend einer indischen Tradition den Handrücken mit Hennamustern verzieren lassen.
- ***Wahrsageecke:*** Eine türkische Kelim-Sitzecke ist eingerichtet, in der Spielerinnen Besuchern aus dem Kaffeesatz lesen.
- ***Teehaus:*** aus einem Samowar wird Tee in kleinen türkischen Teegläsern serviert
- ***Bazar:*** ein Flohmarkt wird im Stil eines Bazars gestaltet
- ***Fotostudio:*** Besucherinnen können sich in den für das Stück gefertigten Kostümen fotografieren lassen.

Darüber hinaus muss natürlich auch für das leibliche Wohl der Besucherinnen gesorgt werden. Es könnten z.B. „Frühlingssalate“ angeboten werden und „Hexengetränke“ (alkoholfreie Mixgetränke), die den Durst stillen.

VI. Multikulturelles Zusammenleben

Sprechende Gesichter *kreative Übung*

Für wen: Jugendliche und Erwachsene, Kleingruppen mit drei bis vier Personen

Ziel: Sensibel machen für die besonderen Probleme von Zuwanderern; Ausdruck schulen, Einstieg in das Thema

Material: Mehrere Schminkkästen je nach Anzahl der Kleingruppen, Watte und andere Schminkutensilien, Hautcreme

Zeit: 60 Minuten

Beschreibung:

Jede Kleingruppe schminkt einem Freiwilligen das Gesicht zu einem bestimmten, vorgegebenen Begriff (jede Gruppe hat einen anderen Begriff). Mögliche Schminkthemen könnten sein: Leben in zwei Kulturen, Identitätskrise, Integrationsprobleme, Zuwanderungsgesetz, Schulschwierigkeiten, Sprachbarrieren, Flucht, usw.. Diese Themen müssen ggf. auf die Spielgruppe angepasst werden. Gemeinsam einigt sich die Gruppe über die Bedeutung des Begriffs und dessen Darstellungsmöglichkeit, bevor das Gesicht geschminkt wird.
Jede Kleingruppe hat dafür etwa 20 – 30 Minuten Zeit. Sind die Gesichter geschminkt, werden sie dem Plenum präsentiert, das das jeweilige Schminkthema erraten soll.

Auswertung:

- Konnten die Begriffe der anderen Gruppen erraten werden?
- Ein gemeinsames Gespräch über die Darstellung und zum Verständnis der einzelnen Begriffe schließt das Spiel ab.

Das multikulturelle Standbild

Für wen: Jugendliche, Erwachsene; mindestens zehn bis zwölf Teilnehmerinnen
Ziele: Die Vorstellungen über multikulturelles Zusammenleben bzw. zur multikulturellen Stadt in einem Standbild ausdrücken
Material: Keines
Zeit: 120 Minuten und mehr (abhängig von der Gruppengröße)

Beschreibung:

Spielphase 1: Der Bau des Standbildes setzt voraus, dass sich die Gruppe intensiver mit Fragen des Zusammenlebens verschiedener Kulturen beschäftigt hat.
Es werden Kleingruppen zu drei oder vier Personen gebildet. Diese haben die Aufgabe, auf dem Hintergrund der Diskussionen zu einem vorgegebenen Thema (z.B. „multikulturelles Zusammenleben", „Fremdheitserfahrung") ein Standbild zu planen, zu skizzieren und mit den Teilnehmerinnen aufzustellen. Dabei soll eine Beziehungskonstellation gezeigt werden. Die Anzahl der Personen, aus der das Standbild modelliert wird, ist jeder Gruppe freigestellt. Für diese Aufgabe haben die Gruppen ca. 20 Minuten Zeit. Günstig ist es, wenn mehrere Gruppenräume zur Verfügung stehen, damit die einzelnen Gruppen ungestört ihre Aufgabe bearbeiten können.

Spielphase 2: Die Kleingruppen stellen im Plenum ihre Standbilder vor. Die Mitspielerinnen erraten das dargestellte Thema, diskutieren die Ergebnisse und die dargestellten Standbilder. Die Gruppenmitglieder erläutern den Entstehungsprozess ihres Standbildes.

Auswertung:

- Konnten die Themen der Standbilder von den anderen Gruppen erraten werden?
- Bei welchem Standbild würdest du dich am wohlsten / gar nicht wohl fühlen?
- Kennst du selbst solche Situationen?

ABC-Rollenspiel *Rollenspiel*

Für wen: Jugendliche und Erwachsene, Kleingruppen zu je drei Teilnehmern, Verständigungsmöglichkeit in einer gemeinsamen Sprache ist Voraussetzung

Ziele: Beziehungen zwischen Zuwanderern und Deutschen und Probleme in internationalen Begegnungssituationen thematisieren

Material: Rollenspielvorlagen (siehe folgende Seiten), diese ggf. in die Muttersprache der Teilnehmer übersetzen; verschiedenfarbige Zettel mit der Aufschrift A, B, C (jeweils ein Satz A, B, C – Zettel hat die gleiche Farbe) für die Gruppenfindung

Zeit: Ein bis zwei Stunden einschließlich Auswertung

Beschreibung:

ABC-Rollenspiele werden in Kleingruppen mit je drei Teilnehmern gespielt. Der Spielleiter verteilt *verschiedenfarbige* Zettel, die jeweils die Aufschrift A, B oder C haben. Die Teilnehmer, die A-, B- und C-Zettel in der gleichen Farbe erhalten, spielen zusammen. Der Spielleiter sollte die Rollen möglichst so verteilen, dass Männer nur männliche und Frauen nur weibliche Rollen spielen. Bei den folgenden Vorlagen spielt „A" meist nur weibliche und „C" nur männliche Rollen. Lediglich „B" spielt meistens sowohl weibliche als auch männliche Rollen. Es hat sich als schwierig herausgestellt, sowohl eine Person einer anderen Nationalität, als auch des anderen Geschlechts zu spielen.
Bei bi- und trinationalen Gruppen besteht die Möglichkeit, sowohl rein nationale als auch gemischtnationale Gruppen zu bilden. Bei letzteren ist darauf zu achten, dass sich alle in der Kleingruppe in einer gemeinsamen Sprache verständigen können.
Insgesamt werden drei Szenen gespielt, wobei pro Szene immer zwei Teilnehmer spielen und einer beobachtet. Dieser macht sich Notizen darüber, was und wie gespielt wurde. Nach jeder Szene werden die Rollen getauscht. Jeder Teilnehmer ist also einmal Beobachter. Jede Szene wird max. sieben bis zehn Minuten gespielt. Der Beobachter achtet auf die Zeit.
Die Spielszenen werden von dem Spielleiter vorgegeben.
Die Eingangsgeschichten können evtl. vom Spielleiter noch kurz erläutert werden, die einzelnen Rollen jedoch sollen von den Spielern selbst ausgefüllt werden.

Auswertung:

Nach dem Spiel der drei Szenen tauscht sich zunächst die Kleingruppe über ihre Beobachtungen beim Rollenspiel aus (jeder war ja einmal in der Beobachterrolle). Anschließend finden sich drei Kleingruppen zusammen und vergleichen ihre Beobachtungen beim Spiel. Kamen unterschiedliche Spielszenen zum Einsatz, so sollten sich hier die Kleingruppen zusammenfinden, die die gleiche Spielvorlage hatten. Für die spätere Präsentation vor dem Plenum beantwortet jede Auswertungsgruppe folgende Fragen und schreibt die Antworten auf Plakatwände:

- Ist es gelungen, in die jeweilige Rolle zu schlüpfen? Was war dabei besonders schwierig?
- Welche Stereotypen bzw. Klischees wurden deutlich?
- Was war der interkulturelle Konflikt?
- Welche Lösungsstrategien wurden im Spiel gefunden?
- Wurden von den verschieden Gruppen unterschiedliche Lösungsstrategien entwickelt? Welche?
- Hat sich die eigene Meinung verändert, nachdem man in die Rolle eines anderen Konfliktbeteiligten geschlüpft war?

Die Aussagen auf den Plakatwänden sind dann Gegenstand der Diskussion im Plenum. Falls alle Kleingruppen die gleiche Spielvorlage hatten, ist ein Austausch darüber interessant, welche unterschiedlichen Problemlösungsstrategien von den einzelnen Gruppen entwickelt wurden und ob dabei ggf. die kulturelle Herkunft der Spieler eine Rolle spielte.

Szenarien für ABC-Rollenspiele

Die folgenden vier Beispiele dienen als Muster. Bei zeitlich längeren Seminaren können und sollen Leiter oder die Teilnehmer zu einem aktuellen Thema selbst ABC-Rollenspiel-Vorlagen entwerfen.
Dabei ist aber darauf zu achten, dass die Vorlagen genügend Gestaltungsspielraum für die Spieler bieten.

	A	B	C
1. Mehmet und Karin sind verliebt			
Mehmet sagt seinem Vater, dass er heute Abend länger wegbleiben möchte. Es ergibt sich folgendes Gespräch:	Beobachterin	Herr Özer	Mehmet

	A	B	C
Karin fragt ihre Mutter, ob sie Mehmet am nächsten Sonntag mit zum Essen nach Hause bringen darf …	Karin	Frau Schulte	Beobachter
Herr Özer und Frau Schulte treffen sich zufällig bei der Elternversammlung in der Schule ...	Frau Schulte	Beobachter	Herr Özer

2. Alkoholprobleme

	A	B	C
Die Teilnehmerin Anne-Marie (18 Jahre) aus Frankreich, die an einer Jugendbegegnung in Spanien teilnimmt, unterhält sich beim Abendessen mit dem 16jährigen Oscar aus Deutschland. Oscar trinkt dabei ein Glas Rotwein nach dem anderen. Une participante française (Anne-Marie, 18 ans) qui participe à une rencontre de jeunes en Espagne parle pendant le dîner avec un participant allemand (Oscar, 16 ans). Oscar boit plusieurs verres de vin rouge de suite.	Anne-Marie	Oscar	Beobachter
Die Animateurin Mercedes und der Animateur Paul sprechen über das Problem des Alkohols in der Gruppe. L'animatrice Mercedes et l'animateur Paul parlent du problème d'alcool dans le groupe.	Beobachterin	Mercedes	Paul
Mercedes trifft zufällig Oscar beim Lagerfeuer. Le soir, au feu de camp, Mercedes tombe par hasard sur Oscar.	Mercedes	Beobachter	Oscar

3. Suleika fühlt sich isoliert

A	B	C
Annette	Beobachterin	Franz

Annette und Franz unterhalten sich über Suleika, die neu in ihre Gruppe gekommen ist.

Annette et Franz parlent de Suleika qui est nouvelle dans le groupe.

A	B	C
Suleika	Kerstin	Beobachter

Suleika fühlt sich isoliert und spricht darüber mit Kerstin.

Suleika se sent isolée dans le groupe et en parle avec Kerstin.

A	B	C
Beobachterin	Suleika	Franz

Franz trifft Suleika in der Küche, weil sie zusammen Küchendienst haben.

Franz rencontre Suleika dans la cuisine parce qu'ils sont de service.

4. Konflikte bei einer Jugendbegegnung

A	B	C
Yvonne	François	Beobachter

François leitet zum ersten Mal mit Yvonne eine deutsch-französische Begegnung in Frankreich. Sie treffen sich zur Vorbereitung und sprechen über ihre Erwartungen und Befürchtungen.

François et Yvonne animent pour la première fois une rencontre franco-allemande en France. Ils se rencontrent pour la préparation et ils se font part de leurs espoirs et de leurs craintes.

A	B	C
Beobachterin	Claudia	Alfred

Claudia und Alfred, die deutschen Co-Teamer, stoßen in der Begegnung auf erhebliche Sprachprobleme. Sie sprechen kein Französisch.

Claudia et Alfred, les co-animateurs allemands, ont des grandes difficultés

	A	B	C
à s'exprimer dans cette rencontre. Ils ne parlent pas français.			
Die deutsche Gruppe beschwert sich über die schwere Arbeit, die französische Gruppe über das von den Deutschen zubereitete Essen. Claudia und François versuchen den Konflikt zu lösen. Le groupe allemand se plaint de la dureté du travail. Le groupe français se plaint des repas préparés par les Allemands. Claudia et François essayent de résoudre le conflit.	Claudia	Beobachterin	François

Begegnungsempfindungen *Diskussionsspiel*

Für wen: Jugendliche und Erwachsene
Ziele: Sich eigener Werte und Normen bewusst werden und diese hinterfragen; Empathie entwickeln; erkennen, dass die Wahrnehmung von Dingen immer vom eigenen kulturellen Hintergrund und damit den eigenen „Schubladen" geprägt ist; Selbstreflexion schulen
Material: Papierkärtchen, Stifte; Satzanfänge „Begegnungsempfindungen" (siehe nächste Seite)
Zeit: Ca. 30 Minuten, bei größeren Gruppen auch länger

Beschreibung:

1. Spielphase: Jede Teilnehmerin schreibt ein wichtiges persönliches Erlebnis in der Begegnung mit Menschen einer anderen Kultur und ihre dabei erlebten Empfindungen auf.

Dabei beginnt man immer mit einem der Satzanfänge der folgenden Kopiervorlage (evtl. gut sichtbar für alle Spielerinnen als Plakat in den Raum hängen oder kopiert verteilen – zunächst nur die Satzanfänge **1**!).

z.B. *„Ich war verletzt festzustellen, dass* in Indien meine Tränen nicht erlaubt waren."

Jetzt tauscht man sich in Paargruppen über das Geschriebene aus. Z.B.:

- Hintergrund des Erlebnisses
- Gefühle während des Erlebnisses (Gesteht man sich dabei zu, auch negative Gefühle zu formulieren?)

2. Spielphase: Überprüfen, ob etwas Negatives auch positiv verstehend hinterfragt werden kann. Diese negative Erfahrung wird dann positiv umformuliert (jede Teilnehmerin zunächst für sich allein). Dabei beginnt man mit einem der Satzanfänge **2** aus der Kopiervorlage (nächste Seite – Achtung: die Satzanfänge **2** erst jetzt verteilen!!).

z.B. *„Aber Tatsache ist natürlich, dass* ich mit meinen Tränen auch bei meinen Freunden dort negative Gefühle ausgelöst habe."

Jetzt finden sich zwei Paargruppen zusammen und kommentieren die Ergebnisse.

- Verändert sich die Bedeutung der ersten Aussage? Wenn ja, wie?
- Kann ich diese veränderte Bedeutung für mich akzeptieren?

Spielidee: Aus einem Seminar des Goethe-Instituts in München, 1999

Kopiervorlage: „Begegnungsempfindungen“, Satzanfänge 1
• „Ich war überrascht, dass …“ • „Ich war irritiert, dass …“ • „Ich war wütend, als …“ • „Ich war verwirrt, dass …“ • „Ich war frustriert, als …“ • „Ich konnte nicht glauben, dass …“ • „Ich war verletzt, als …“ • „Ich hatte Angst, …“ • „Ich habe nicht verstanden, …“ • „Ich habe mich gefragt, …“ • usw.
Kopiervorlage: „Begegnungsempfindungen“, Satzanfänge 2
• „Aber Tatsache ist natürlich, dass …“ • „Wenn man bedenkt, dass …“ • „Trotz allem …“ • „Freilich …“ • „Man darf nicht vergessen, dass …“ • „Um fair zu bleiben …“ • „Um ehrlich zu sein, …“ • „Das Gute daran war, …“ • „Wenn ich noch mal darüber nachdenke, …“ • „Ich verstehe aber , dass …“ • usw.

Stummes Eisenbahnabteil *Rollenspiel*

Für wen: Jugendliche und Erwachsene, Kleingruppen zu vier bis sechs Personen

Ziele: Ohne Sprache kommunizieren, die eigene Rolle durchsetzen und die Rollen der anderen erkennen, sich in Minderheiten- bzw. Mehrheitenrollen hineinversetzen, Bewusstwerden und Bearbeiten von Rollenklischees

Material: Sechs Stühle oder Sessel; kurze schriftliche Rollenspielvorgaben auf Zetteln, die Vorgaben müssen ggf. übersetzt sein (Beispiele siehe nächste Seiten)

Zeit: Mindestens eine Stunde

Beschreibung:

Die Gruppe wird in Kleingruppen zu vier bis sechs Personen aufgeteilt. Mit Stühlen wird ein Eisenbahnabteil aufgestellt, in dem das Rollenspiel stattfindet. Jede Person der Kleingruppe bekommt eine kurze schriftliche Rollenbeschreibung. Es gibt ggf. für jede Kleingruppe unterschiedliche Rollenspielvorgaben. Es gibt Vorgaben, in denen zwei, drei oder fünf Personen eine gleiche oder ähnliche Rolle spielen. Niemand kennt die Rolle der Mitspieler, jedoch das Spielthema „Im Eisenbahnabteil“ ist bekannt. In der Regel gibt es immer zwei verschiedene Grundrollen: die, die bereits im Eisenbahnabteil sitzen und diejenigen, die dazukommen. Das Spiel wird so lange pantomimisch (d.h. ohne Sprache) gespielt, bis jeder Spieler glaubt, seine Rolle und die der anderen erkannt zu haben. Sie können sich darüber durch ein vorher verabredetes Zeichen verständigen. Erst jetzt lösen die Spieler die Spielsituation auf und besprechen, um welche Situation es sich handelte und welche Rolle jeder wohl gespielt hat. Besprochen werden sollte auch, welche Gefühle diese Rolle bei den einzelnen Spielern ausgelöst hat und wie sie sich in ihrer Rolle durchgesetzt haben.

Voraussetzungen zum Einsatz dieses Spiels: Das Spiel kann nicht in einer Gruppenanfangssituation gespielt werden. Für den Leiter sind Vertrautheit mit der Gruppe und dem Thema Voraussetzung. Es sollte nicht in Gruppen, die starke Konflikte haben, eingesetzt werden. Die Kleingruppen spielen räumlich getrennt, jede für sich, und werten das Spiel zunächst unter sich aus. Diese Ergebnisse sollten dann ins Plenum eingebracht werden. Wenn die Gruppe gut miteinander vertraut ist, können einzelne Kleingruppen ihr Spiel aber auch dem Plenum vorspielen und mit den Zuschauern das Erlebte auswerten.

Erste Spielsituation:

1. Deutsche und Franzosen sitzen zusammen in einem Eisenbahnabteil. Plötzlich kommt ein Schwarzer ins Abteil und setzt sich zwischen sie. Was passiert?

Bei dieser Szene könnten die Rollenspielvorgaben so aussehen:

Personen 1, 2 und 3:

Du bist Deutsche(r) und kommst mit Franzosen in ein Eisenbahnabteil. Plötzlich kommt ein Schwarzer ins Abteil und setzt sich zwischen euch … Was passiert?

(Tu es Allemand(e) et tu es avec des Français dans un compartiment de train. Soudain un noir vient aussi dans le compartiment et s'assoit … Qu'est-ce qui se passe?)

Personen 4 und 5:

Du bist Franzose und kommst mit Deutschen in ein Eisenbahnabteil. Plötzlich kommt ein Schwarzer ins Abteil und setzt sich zwischen euch …Was passiert?

(Tu es Français(e) et tu es avec des Allemands dans un compartiment de train. Soudain un noir vient aussi dans le compartiment et s'assoit … Qu'est-ce qui se passe?)

Person 6:

Du bist ein Schwarzer und kommst nach einer Weile in ein Eisenbahnabteil, in dem Deutsche und Franzosen sitzen. Du setzt dich zwischen die Gruppe.

(Tu es un noir et au bout d'un certain temps tu viens dans un compartiment ou des Allemands et des Français sont assis. Tu t'assois entre eux …)

Mögliche weitere Spielsituationen:

2. Ein jugendlicher Migrant (Deutscher) sitzt im Abteil; eine Gruppe von Deutschen (Migranten) kommt ins Abteil und versucht den Fremden „hinauszuekeln". Wie reagieren die einzelnen Personen?
3. Ein Jugendlicher, offensichtlich Araber, kommt in ein fast besetztes Abteil. Er versucht, mit der Gruppe ins Gespräch zu kommen. Die Gruppe lehnt ihn aber ab.
4 Eine Gruppe Deutscher (Migranten) sitzt im Abteil und unterhält sich über ein Thema/ein Erlebnis, das sie betrifft und interessiert. Eine Gruppe Migranten (Deutscher) kommt herein und versucht zu stören.
5. Gleiche Situation wie 4. Eine andere Gruppe kommt herein; die Migranten (die Deutschen) möchten aber unter sich sein.
6. Alle (Deutsche und Zuwanderer) im Abteil und die Hinzusteigenden sind einander fremd. Kommunizieren sie? Wie?

Für diese Spielsituationen müssten die einzelnen Rollenvorgaben erst noch ausformuliert werden!

Auswertung:

- Gelang es den einzelnen Spielern ihre Rolle zu finden und gleichzeitig die Rollen der anderen zu verstehen?
- Wie lange dauerte es, bis die Einzelnen die Rollen der Mitspieler erkannten?
- Wie haben sich die Spieler in der Minderheiten- oder Mehrheitenrolle gefühlt? Welche Gefühle löste das bei ihnen aus?
- Wie haben sie sich ggf. in der Rolle einer anderen Nationalität gefühlt?

Auswertungsvariante: Bei großen Gruppen (ca. 20 Personen) kann eine erste Auswertung mittels untenstehender Statements erfolgen. Diese werden einzeln auf große Plakate geschrieben und jeweils in eine Ecke des Raumes gehängt. Die Spieler ordnen sich dem Statement zu, dessen Aussage sie am zutreffendsten finden. Die Gruppen, die sich vor den Plakaten zusammenfinden, unterhalten sich darüber, warum sie dem jeweiligen Statement zustimmen. Im anschließenden Plenum tragen die Gruppen dann kurz ihre Ergebnisse vor. Beispiele für vier Statements:

- Ich finde das Spiel gut, weil ich dadurch Minderheiten- oder Mehrheitenrollen am eigenen Leibe spüren konnte.
- Ich finde das Spiel bedenklich, weil dadurch negative Rollen und Rollenklischees verstärkt werden.

- Für mich selbst war das Spiel eine gute Erfahrung, ich bin mir aber nicht sicher, ob es meinen Mitspielern auch so ging.
- Auch wenn das Spiel durchaus Denkanstöße provozieren kann, stelle ich es mir schwierig vor, das dadurch hervorgerufene Unbehagen in der Gruppe wieder aufzufangen.

Variante in verbaler Form: Nur eine Kleingruppe spielt, die restlichen Mitspieler sind Zuschauer. Die Kleingruppe erhält eine Situationsvorgabe (wie vorne) und verständigt sich darüber, wer welche Rolle spielt. Nach einer gewissen Einübungsphase spielt die Kleingruppe ihr Rollenspiel (in versprachlichter Form) vor (Spieldauer nicht mehr als zehn Minuten). Der Spielleiter fragt nun die Zuschauer, ob sie andere Vorschläge für einzelne gespielte Rollen haben und wenn ja welche. Wer eine andere Idee hat, übernimmt die Rolle desjenigen, dessen Verhalten man anders spielen möchte und das Spiel wird neu begonnen. Es findet so lange ein Austausch der Rollen statt, bis es aus den Reihen der Zuschauer keine weiteren Änderungsvorschläge mehr gibt.

Spielidee aus: Eltzschig, Sonja/Kirsch, Sabine, „Ich hab' ja nichts gegen Ausländer, aber ..." Akademie „Haus am Pfefferberg" 1980

Assoziationsspiel *Diskussionsspiel*

Für wen: Jugendliche und Erwachsene
Ziel: In ein Thema einstimmen
Material: Keines
Zeit: 30 - 60 Minuten

Beschreibung:

Alle Spielerinnen sitzen im Kreis, eine Spielerin in der Kreismitte auf einem Stuhl, rechts und links von dieser Spielerin steht je ein weiterer freier Stuhl, oder die Stühle stehen an einer offenen Stelle des Kreises. Die in der Kreismitte sitzende Spielerin nennt einen Begriff zum Thema (z.B. „Sprachprobleme“ oder „Missverständnis“). Zwei Freiwillige setzen sich nun auf die beiden freien Stühle und assoziieren je einen Begriff, der ihnen spontan zum zuerst genannten Begriff einfällt. Die in der Kreismitte Sitzende entscheidet sich nun für einen der beiden genannten Begriffe und geht mit der Person, die diesen genannt hat, zurück in die Gruppe, in der beide unter Beteiligung der anderen über ihre jeweiligen Begriffe diskutieren. Nach dieser Gesprächsrunde setzt sich die in der Kreismitte gebliebene Spielerin auf den mittleren Stuhl und nennt wieder einen Begriff, zu dem sich zwei Teilnehmerinnen aus der Gruppe zuordnen und jeweils einen neuen Begriff assoziieren.
Es kommt bei diesem Spiel nicht darauf an, möglichst viele Begriffe zu nennen. Falls sich schon beim ersten Begriff eine intensive Diskussion ergibt, ist es möglich, dass nur noch eine oder eine dritte Runde folgt. Das Spiel sollte dann beendet werden, wenn sich Begriffe oder Inhalte wiederholen.

Schubladenspiel *Diskussionsspiel*

Für wen: Jugendliche und Erwachsene
Ziele: Kennenlernen der Teilnehmer untereinander; Diskussion von Standpunkten und Zielen interkulturellen Lernens
Material/Vorbereitung: Der Spielleiter bereitet zu verschiedenen Oberbegriffen bzw. Fragen je vier Unterbegriffe vor und schreibt diese auf einzelne Bögen Papier (für jeden Unterbegriff also ein eigenes Blatt Papier), z.B.:
* *Beruflicher Hintergrund:* Büro – Handwerk – Erziehung – Sonstiges
* *Religion:* Christentum – Islam – Buddhismus - Anderes
* *Kontakte/Freundschaften zu Menschen anderer Nationalitäten, zu welchen am meisten?:* Türken – Menschen aus europäischen Ländern – Afrikaner – gar keine/andere
(Falls das Spiel nicht in einer rein deutschen Gruppe gespielt wird, müsste als Unterbegriff auch „Deutsche“ erscheinen)
* *„Internationale“ Verständigung fällt am leichtesten durch:* Hintergrundwissen über Herkunftsländer – sprachliche Verständigungsmöglichkeiten – Vorurteilslosigkeit – Sonstiges
Zeit: Ein bis zwei Stunden, je nach Anzahl der „Schubladen“

Beschreibung:

Unterbegriffe zu einem Thema werden in die vier Ecken des Raumes verteilt, wobei die Unterbegriffe für die Folgerunden (Folgethemen) verdeckt darunter liegen, ebenfalls sortiert in den vier Ecken nach dem jeweiligen Oberbegriff. Der Spielleiter nennt nun den Oberbegriff und die Teilnehmer ordnen sich den Raumecken (Unterbegriffen) gemäß ihres persönlichen Hintergrundes bzw. ihrer Meinungen zu. In den so entstandenen Kleingruppen wird dann jeweils ca. 10-15 Minuten über diesen Begriff diskutiert und möglichst persönliche Erfahrungen ausgetauscht. Bei der nächsten Runde werden die besprochenen Unterbegriffe beiseite gelegt und der nächste Unterbegriff kommt zum Vorschein. Dazu wird der nächste Oberbegriff bzw. die entsprechende Frage genannt. Die Teilnehmer ordnen sich wieder zu usw. Dabei entstehen immer wieder neue Kleingruppen zum Erfahrungs- und Gedankenaustausch. Falls die Ergebnisse dieser Kleingruppenrunden noch in einem späteren Plenum besprochen werden sollen, erhält jede Kleingruppe die

Aufgabe, auf zuvor vorbereiteten Plakaten ihre Ergebnisse stichwortartig festzuhalten. Diese Plakate bilden dann die Grundlage für Nachfragen im Plenum. Das Spiel kann auch am Anfang eines Seminars zum Kennenlernen der jeweiligen Arbeitsbereiche der Teilnehmer und ihrer Erwartungen angewendet werden.

Variante: Bei kleineren Gruppen (ca. sechs Personen): Die einzelnen Aussagen werden in die Mitte gelegt und die Aussagen, die am meisten bzw. am wenigsten Zustimmung erfahren, werden diskutiert.

Weitere Statements zum Schubladenspiel

Oberbegriffe und Aussagen zum Thema „interkulturelles Lernen" und zum Thema „Spiel" (geeignet für Seminar- und Gruppenleiter im Rahmen von Fortbildungen)

- Interkulturelles Lernen bedeutet (Definition):
  - Verhaltensänderung auf dem Hintergrund der Erfahrung mit Menschen anderer kultureller Herkunft
  - Sich in andere Kulturen einfühlen (Empathie)
  - Jede Begegnung mit Ausländern
  - Sonstiges
- Wichtige Einzelziele interkulturellen Lernens:
  - Sprachbarrieren überwinden
  - Kulturelle Unterschiede erfahren und bewusst machen
  - Informationen über andere Kulturen vermitteln
  - oder
- Grundlagen für interkulturelles Lernen:
  - Persönlich offen sein für Neues und Fremdes.
  - Interkulturelles Lernen ist nur möglich im unmittelbaren Kontakt mit Menschen anderer kultureller Herkunft.
  - Um interkulturelle Lernprozesse zu ermöglichen müssen die gesellschaftlichen Bedingungen geändert werden.
  - Sonstiges
- Interkulturelle Kompetenz heißt:
  - sich in Menschen anderer kultureller Herkunft einfühlen zu können (Empathie)
  - kulturelle Unterschiede akzeptieren zu können

- kulturelle Konflikte konstruktiv austragen können
- Sonstiges

- Bedingungen für Interkulturelles Lernen bei Jugendbegegnungen:
  - Es muss Räume geben, die eine Begegnung zulassen.
  - Es muss genügend nicht verplante Zeit vorhanden sein, damit sich interkulturelle Lernprozesse entwickeln können.
  - Je multikultureller eine Gruppe zusammengesetzt ist, desto größer sind die Chancen für interkulturelles lernen.
  - Sonstiges

- Interkulturelle Spiele sind:
  - ein hervorragendes Mittel, um in jeder Situation kulturelle Austauschprozesse in Gang zu setzen.
  - etwas Künstliches und schaffen Situationen, die verhindern, dass der in der internationalen Gruppe gelebte Alltag Thema der Begegnung wird.
  - künstliche Mittel, die in bestimmten Begegnungssituationen den Kontakt und den Austausch zwischen den Teilnehmern erleichtern können
  - Sonstiges

Anmerkung: Beim Lesen der Aussagen wird auffallen, dass sie oft sehr gegensätzliche Standpunkte wiedergeben. Das ist bewusst so angelegt, damit im späteren Plenum Diskussionen dazu entstehen. Bei Thema fünf sind wir beispielsweise nicht der Meinung, dass eine multikulturelle Gruppe die Chancen für Interkulturelles Lernen erhöht. Im Gegenteil. Mit diesen Aussagen sollten nur diejenigen Gruppen- und Seminarleiter arbeiten, die sich selbst mit dem Thema „interkulturelles Lernen“ beschäftigt haben. Die vorliegenden Aussagen sollen Seminarleitern Anregungen für das Erstellen eigener Statements geben.

Um gut mit Migranten zurechtzukommen, brauchst Du …

Diskussions-/ Überzeugungsspiel

Für wen: Jugendliche und Erwachsene; Kleingruppen von vier bis sechs Personen bilden

Ziele: Bewusstmachen von Faktoren, die das Zusammenleben mit Migranten verbessern können; Meinungsbildung

Material: Meinungskarten (siehe folgende Seiten)

Zeit: 45 - 60 Minuten

Beschreibung:

Ein Stapel mit 15 bis 20 „Um gut mit Migranten zurechtzukommen brauchst Du …"-Karten liegt verdeckt vor der spielenden Gruppe. Bei der Auswahl der Kärtchen muss darauf geachtet werden, dass sich im Stapel nicht ähnliche Meinungen befinden. Bei fünf Spielerinnen nehmen vier davon je ein Kärtchen vom Stapel. Die fünfte Mitspielerin ist „Käuferin". Die vier Spielerinnen versuchen nun nacheinander die „Käuferin" davon zu überzeugen, dass ihre Behauptung/Meinung das wichtigste Hilfsmittel zur besseren Verständigung mit Migranten ist. Jede „Verkäuferin" hat dazu zunächst ca. zwei Minuten Zeit, ihre „Ware" (Meinung) anzupreisen. Die „Käuferin" darf dabei nur Verständnisfragen stellen. Danach stehen noch einmal etwa fünf Minuten zur Verfügung, in denen alle „Verkäuferinnen" Argumente für die Vorzüge ihrer „Ware" gegenüber denen der anderen Verkäuferinnen vorbringen können. Die „Kundin" „erwirbt" nun eine der vier Karten und muss dann ihre Entscheidung begründen. Wer eine Karte „verkaufen" konnte, ist als nächste „Käuferin". Für die nächste Runde können die Spielerinnen, die ihre Meinungskarte nicht „verkaufen" konnten, diese gegen eine andere Karte aus dem Stapel austauschen.
Das Spiel dauert so lange, bis alle Kärtchen entweder eine „Käuferin" gefunden haben oder im Verlauf der Diskussion festgestellt wurde, dass einige dieser Dinge „unnötig" und damit „unverkäuflich" sind.

Variante 1: Wird das Spiel von Erwachsenen gespielt, kann sich evtl. jede Spielerin selbst die Meinung, die sie vertreten möchte, aus dem Kärtchenstapel aussuchen (Wer wählt was und warum?).

Variante 2: Das Spiel kann im Sinne eines Selbsterfahrungsspieles abgewandelt werden. Die „Käuferin“ entscheidet also, welche der Eigenschaften, die von den Statement-Karten genannt werden, sie bereits besitzt und „kauft“ solche dazu, die sie noch zusätzlich gebrauchen könnte.

Variante 3: Sind Spielerinnen mit unterschiedlicher nationaler Herkunft vertreten, könnte das Spiel in Form eines Tauschhandels gespielt werden, d.h. was kann z.B. eine Türkin besser gebrauchen und damit einer Deutschen anbieten und umgekehrt. Die Kärtchen müssten in diesem Falle allerdings entsprechend verändert werden.

Variante 4: Das Spiel kann auch zu dem Thema: „Um eine gute Gruppen- oder Seminarleiterin in internationalen Gruppen zu sein, brauchst Du …“ entsprechend umgewandelt werden.

Auswertung:

- Welche Statements wurden „verkauft“?
- Welche Karten ließen sich besonders leicht „verkaufen“, bei welchen gab es sehr konträre Meinungen?
- Hat sich die Meinung der „Käuferin“ bzw. des „Käufers“ während der Verhandlungen geändert?
- Warum hat die „Käuferin“ bzw. der „Käufer“ eine bestimmte Sache ausgewählt? (Z.B. aufgrund der guten „Verkaufstechniken“ einer Anbieterin oder aufgrund der eigenen Meinung, der eigenen Erlebnisse)
- Hatte jemand als „Verkäuferin“ Schwierigkeiten, sich mit seinem Statement zu identifizieren und Argumente dafür zu finden?

Kopiervorlage: Um gut mit Migranten zurechtzukommen …

Um gut mit Migranten zurechtzukommen, musst du … *kontaktfreudig sein.*	Um gut mit Migranten zurechtzukommen, musst du … *dich in deren Kulturen einfühlen können.*
Um gut mit Migranten zurechtzukommen, musst du … *akzeptieren können, dass es Gegensätze zwischen Kulturen gibt.*	Um gut mit Migranten zurechtzukommen, musst du … *eine gute Wahrnehmungsfähigkeit besitzen.*
Um gut mit Migranten zurechtzukommen, musst du … *dich viel mit ihnen beschäftigen.*	Um gut mit Migranten zurechtzukommen, musst du … *selbstkritisch sein.*
Um gut mit Migranten zurechtzukommen, musst du … *Widersprüche aushalten können.*	Um gut mit Migranten zurechtzukommen, musst du … *die Möglichkeit zu Kontakten mit ihnen haben.*
Um gut mit Migranten zurechtzukommen, musst du … *eine hohe Aufmerksamkeit entwickeln können.*	Um gut mit Migranten zurechtzukommen, musst du … *dich mit ihnen aktiv auseinandersetzen.*
Um gut mit Migranten zurechtzukommen, musst du … *ein offener und neugieriger Mensch sein.*	Um gut mit Migranten zurechtzukommen, musst du … *deine eigene Kultur gut kennen.*

Kopiervorlage: Um gut mit Migranten zurechtzukommen …	
Um gut mit Migranten zurechtzukommen, musst du … *über deren kulturelle Hintergründe Bescheid wissen.*	Um gut mit Migranten zurechtzukommen, musst du … *dir deiner eigenen Erziehung/ Sozialisation bewusst sein.*
Um gut mit Migranten zurechtzukommen, musst du … *hilfsbereit sein.*	Um gut mit Migranten zurechtzukommen, musst du … *dich sprachlich mit ihnen verständigen können.*
Um gut mit Migranten zurechtzukommen, musst du … *deren Sprache verstehen und sprechen können.*	Um gut mit Migranten zurechtzukommen, musst du … *bereit sein, nicht alles zu glauben, was dir vorgesagt wird.*
Um gut mit Migranten zurechtzukommen, musst du … *bereit sein, viele Dinge in Frage zu stellen.*	Um gut mit Migranten zurechtzukommen, musst du … *dir unterschiedlicher Beziehungsmuster zwischen den Geschlechtern der verschiedenen Kulturen bewusst sein.*
Um gut mit Migranten zurechtzukommen, musst du … *dich selbst einmal als Fremde/r in einem anderen Land erlebt haben.*	Um gut mit Migranten zurechtzukommen, musst du … *wissen, dass Kulturen unterschiedlich mit Raum und Zeit umgehen.*
Um gut mit Migranten zurechtzukommen, musst du … *ein toleranter Mensch sein.*	Um gut mit Migranten zurechtzukommen, musst du … *Machtstrukturen erkennen können.*

Kopiervorlage: Um gut mit Migranten zurechtzukommen ...

Um gut mit Migranten zurechtzukommen, musst du ... *dir deiner eigenen kulturellen und nationalen Identität bewusst sein.*	Um gut mit Migranten zurechtzukommen, brachst du ... *Selbstbewusstsein.*
Um gut mit Migranten zurechtzukommen, musst du ... *Gegensätze erkennen können.*	Um gut mit Migranten zurechtzukommen, brauchst du ... *Lust, dich mit Neuem auseinanderzusetzen.*
Um gut mit Migranten zurechtzukommen, brauchst du ... *Konfliktbereitschaft.*	Um gut mit Migranten zurechtzukommen, musst du ... *dein eigenes Verhalten reflektieren können.*
Um gut mit Migranten zurechtzukommen, brauchst du ... *Mitgefühl für Fremde.*	Um gut mit Migranten zurechtzukommen, brauchst du ... *eine entsprechend tolerante Umgebung.*
Um gut mit Migranten zurechtzukommen, brauchst du ... *eine vorurteilslose Erziehung.*	Um gut mit Migranten zurechtzukommen, darfst du ... *keine Vorurteile haben.*
Um gut mit Migranten zurechtzukommen, brauchst du ... *Kritikfähigkeit.*	Um gut mit Migranten zurechtzukommen, brauchst du ... *Flexibilität.*

Was wäre, wenn ...? *Diskussionsspiel*

Für wen: Jugendliche und Erwachsene, Kleingruppen bis höchstens sechs Mitspieler

Ziele: Meinungsbildung bezüglich des Themas „Zusammenleben mit Migranten“

Material: „Was wäre, wenn ...?“-Kärtchen, Feedback-Bogen (siehe folgende Seiten)

Zeit: 45 - 60 Minuten

Beschreibung:

Die „Was wäre, wenn ...?-Zettel“ liegen verdeckt auf dem vorgezeichneten Feld auf dem Feedback-Bogen (das Blatt mit den Satzanfängen). Der Spielleiter oder der jüngste Mitspieler nimmt einen Zettel auf, liest ihn laut allen Mitspielern vor und gibt ihn dann einem Mitspieler seiner Wahl zur Beantwortung weiter. Der Mitspieler, der den Zettel bekommen hat, soll nun Einfälle zu der beschriebenen „Was wäre, wenn ...?-Situation“ erzählen. Das können ernste oder lustige Einfälle sein, aber auf jeden Fall sollten sie möglichst persönlich sein, also die eigenen Ansichten zur Situation wiedergeben. Zwischen- und Nachfragen der Mitspieler sind erlaubt und erwünscht. Wenn der Spieler seine Einfälle geschildert hat, soll jeder reihum seine Meinung zu dem eben Gehörten abgeben (Feedback). Die Meinungsäußerung soll unbedingt mit einem der vorgeschlagenen Satzanfänge beginnen. Es kann sich darüber hinaus ein Gespräch zu dem Thema entwickeln. Dann nimmt der Spieler, der eben seine Einfälle geäußert hat, den nächsten Zettel vom Stapel, liest ihn laut vor und gibt ihn an jemand weiter, von dem er die Einfälle zur Situation hören möchte. Das Spiel ist zu Ende, wenn alle Zettel verbraucht sind.

Spielidee: Ulrich Baer, in: Remscheider Diskussionsspiele, verändert durch die Autoren

Kopiervorlage: Was wäre, wenn …?

Ich fand deine Schilderung interessant, weil ...
Ich hatte das Gefühl bei deiner Schilderung, dass ...
Ich möchte kritisieren, dass ...
Mir fehlt bei deinen Einfällen ...
Als Erstes fällt mir zu deiner Schilderung ein: ...
Mir gefiel nicht so ganz, dass ...
Mich persönlich hat vor allem angesprochen ...
Sehr wichtig fand ich, dass du ...

WAS-WÄRE-WENN-KARTEN

Sehr wichtig fand ich, dass du ...
Mich persönlich hat vor allem angesprochen ...
Mir gefiel nicht so ganz, dass ...
Als Erstes fällt mir zu deiner Schilderung ein: ...
Mir fehlt bei deinen Einfällen ...
Ich möchte kritisieren, dass ...
Ich hatte das Gefühl bei deiner Schilderung, dass ...
Ich fand deine Schilderung interessant, weil ...

Kopiervorlage: Was wäre wenn ...?	
Was wäre wenn ... ... von heute auf morgen alle Migranten Deutschland verlassen müssten?	*Was wäre wenn ...* ... du Integrationsbeauftragte der Bundesregierung wärest?
Was wäre wenn ... ... morgen alle Staatsgrenzen abgeschafft würden?	*Was wäre wenn ...* ... der Euro wieder abgeschafft würde?
Was wäre wenn ... ... alle Asylsuchenden in Deutschland völlig unproblematisch Aufnahme finden würden?	*Was wäre wenn ...* ... du plötzlich merken würdest, dass deine Umgebung sich abweisend und ablehnend dir gegenüber verhält (z.B. wegen deines Aussehens)?

Kopiervorlage: Was wäre wenn ...?	
Was wäre wenn ... ... das Reisen in andere Länder so eingeschränkt würde, dass dies nur alle drei Jahre geschehen könnte?	*Was wäre wenn ...* ... du mit jemandem, dessen Sprache du nicht sprichst, deine Wohnung teilen müsstest?
Was wäre wenn ... ... aus arbeitsmarktpolitischen Gründen in Deutschland das Beantragen einer Arbeitserlaubnis auch für Deutsche zur Pflicht würde?	*Was wäre wenn ...* ... du noch einmal zur Welt kommen würdest, dann aber als Russe oder Türke bzw. Deutscher (falls du selbst Migrant bist)?
Was wäre wenn ... ... alle Menschen der Welt nur noch eine Sprache sprechen würden?	*Was wäre wenn ...* ... du von deinen Eltern für ein Jahr auf eine Schule nach Großbritannien geschickt würdest?

Meinungsspektrum *Diskussionsspiel*

Für wen: Jugendliche und Erwachsene, Spielgruppen von vier bis acht Personen, ggf. bis zu 30 Personen

Ziele: Meinungen über das Zusammenleben mit Migranten diskutieren und ein Meinungsbild in der Gruppe darüber herstellen

Material: Meinungskarten, Abstimmungszettel (siehe folgende Seiten)

Zeit: Ca. 45 - 60 Minuten

Beschreibung:

Die – evtl. von der Spielleiterin vorher ausgesuchten – Meinungskarten werden verdeckt auf einen Stapel in die Mitte der Runde gelegt. Jede Spielerin hat einen Satz Stimmzettel und einen Satz Wettzettel, ebenfalls umgedreht, vor sich liegen.
Die jüngste Spielerin beginnt. Sie nimmt eine Meinungskarte vom Stapel und liest sie laut vor, legt sie dann offen neben den Stapel, damit jede, falls gewünscht, noch einmal darauf schauen kann.
Jede Mitspielerin – auch die Vorleserin – überlegt sich nun die eigene Stellungnahme zu der verlesenen Meinung. Alle überlegen also, ob sie eher zustimmen oder eher ablehnen oder vielleicht sich auch der Stimme enthalten möchten. Dann wählt jede die ihrer Stellungnahme entsprechende Stimmkarte (die Zettel mit den Ziffern 0 - 4) aus und legt sie umgedreht vor sich hin.
Dann soll jede noch wetten, ob die Mehrheit der Spielgruppe wohl eher zustimmt, eher ablehnt oder größtenteils sich enthalten wird. Dazu wählt jetzt jede die ihrer Einschätzung nach zutreffende Wettkarte aus (Zettel mit E, A, und Z). Diese Wettkarte legt ebenfalls jede verdeckt vor sich hin. Danach drehen alle gleichzeitig ihre Stimm- und Wettzettel um. Über das Ergebnis und die vertretenen Meinungen sollte nun ausführlich diskutiert werden, z.B. indem Einzelne (ggf. der Reihe nach) ihre Stimmabgabe begründen.
Dann ist im Uhrzeigersinn die nächste Spielerin an der Reihe. Sie liest eine neue Meinungskarte vor usw. Das Spiel endet mit der letzten Meinungskarte.

Inhaltliche Variante: Zum Thema „Ausbildung von internationalen Jugendgruppenleiterinnen“ finden sich Meinungskarten (B) auf den folgenden Seiten.

Variante für größere Gruppen: Statt mit einzelnen vor sich liegenden Stimmzetteln abzustimmen, können größere solcher Stimmzettel in jeweils einfacher Ausfertigung im Raum verteilt liegen. Bei der Abstimmung stellen sich die Spielerinnen dann zu der jeweiligen Karte (Enthaltung, Zustimmung, Ablehnung). In diesem Fall ist es sinnvoll, die Meinungskarten als Wandplakat für alle sichtbar nacheinander aufzuhängen. Das Wetten bzw. Einschätzen der Abstimmung der anderen Mitspielerinnen entfällt bei dieser Variante.

Variante für jüngere Spielerinnen: Wird das Spiel mit jüngeren Spielerinnen gespielt, können die Stimmzettel jeweils an einen Stuhl geheftet sein. Die Spielerinnen setzen sich dann bei der Abstimmung auf den betreffenden Stuhl, was eine zusätzliche Aktivität bewirkt, da sicher mehrere Kinder auf einem Stuhl gemeinsam landen werden. Für das Spiel mit Kindern müssen die Meinungskarten allerdings neu formuliert werden.

Spielidee: Ulrich Baer, aus: Remscheider Diskussionsspiele, verändert durch die Autoren

Kopiervorlage: Meinungskarten A	
Für mich besteht kaum ein Unterschied zwischen Deutschen und Migranten oder Asylbewerbern. Einige sind mir eben sympathisch, andere nicht. Die Herkunft spielt da überhaupt keine Rolle.	Probleme im Zusammenleben zwischen Deutschen und Migranten bestehen nicht auf Grund unterschiedlicher Kulturen oder Religionen, sondern sind vielmehr in der Gesellschaftsstruktur (Klassengesellschaft, Unterschied arm – reich) begründet.
Ich finde die Diskussionen um mehr Verständnis zwischen Deutschen und Migranten eher zweitrangig. Ich sehe nicht, dass kulturelle Unterschiede der Grund für Probleme im Zusammenleben sind. Hauptübel ist doch vielmehr, dass wir, Zuwanderer wie Deutsche, nie gelernt haben, anders denkende oder anders handelnde Menschen zu akzeptieren. Keine der unterschiedlichen Kulturen erzieht zum offenen Umgang miteinander.	Damit Deutsche Migranten verstehen können, finde ich es wichtig, dass Deutsche auch von der Kultur der Zuwanderer mehr erfahren, d. h. Deutsche könnten z.B. türkische Tänze lernen und sich in der griechischen Küche üben. Das wäre sicher ein ganz guter Schritt in Richtung mehr Verständigung.
Ich finde es gut, dass Menschen aus anderen Ländern hier in Deutschland leben. Denn jeder Kontakt mit anders denkenden, vielleicht auch anders fühlenden und -handelnden Menschen zwingt mich immer wieder aufs Neue, mich kritisch mit meinem eigenem Verhalten und Denken auseinander zu setzen. Letztendlich finde ich, können Deutsche und Zuwanderer unheimlich viel voneinander lernen.	Ich bin religiös erzogen und handle nach meinem Glauben. Ich habe natürlich auch Kontakt zu Menschen unterschiedlichster Herkunft und ich sammle z.B. auch Kleidung für Asylbewerber und helfe auch mal bei Amtsgängen oder Arztbesuchen. So wichtig und gut ich solche Kontakte finde, ich würde trotzdem christlichen Frauen von einer Ehe mit einem Muslim abraten. Unsere Religionen sind doch so unterschiedlich, da ist das Scheitern der Ehe vorprogrammiert.

Kopiervorlage: Meinungskarten A

Ich habe gern zu Menschen mit unterschiedlichem kulturellem Hintergrund Kontakt, fast lieber als zu Deutschen, weil ich bei ihnen oft noch ein sehr viel mitmenschlicheres, offeneres und wärmeres Verhalten entdecke als bei den verbohrten Deutschen.	Ich finde, mit Schlagworten wie „Überfremdung", „Zeitbombe" oder „ungezügelter Zustrom von Ausländern" wollen die Medien der Bevölkerung bewusst ein bestimmtes Bild zeichnen und Angst vor dem Fremden erzeugen.
Von „Überfremdung" könnte man, falls überhaupt, doch wohl nur dann sprechen, wenn in Politik, Wirtschaft, Kirche und Kultur mehr Zuwanderer als Deutsche in leitenden Positionen wären. Es ist erstaunlich, dass wir trotz eines geringen Migrantenanteils so wenig Selbstbewusstsein und Vertrauen in unsere eigene Kultur und Identität haben.	Ich denke, dass eine große Zahl von Deutschen, die Vorbehalte und Ängste gegenüber Zuwanderern aus anderen Ländern haben, selbst noch überhaupt keinen persönlichen Kontakt zu ihnen hatten. Durch ein gegenseitiges Kennenlernen und den Kontakt zueinander vermindern sich auch die Vorbehalte, die man gegeneinander hat.
Ich finde es schon wichtig, dass Menschen, die in ihrer Heimat politisch verfolgt werden, bei uns ein Recht auf Asyl haben. Bei Hitler damals mussten ja auch viele Deutsche das Land verlassen. Aber die meisten von denen, die nach Deutschland oder Europa kommen, sind doch nur Wirtschaftsflüchtlinge, sonst würden sie es doch sicher vorziehen, in einen ihrer Nachbarstaaten zu fliehen, wo die kulturellen Unterschiede nicht so groß sind.	Ich habe keine Vorurteile gegen Ausländer, aber stellen Sie sich mal vor, wenn es keine Beschränkungen für die Zureise von Migranten oder Asylbewerbern gäbe, dann wären wir Deutschen in unserem Land ja bald selbst in der Minderheit!

Kopiervorlage: Meinungskarten B	
Das Gerede über nationale Identität im Zusammenhang mit interkulturellem Lernen erscheint mir äußerst problematisch. Ich bin stolz darauf, angesichts unserer katastrophalen Vergangenheit, mich von nationalen Vorstellungen bereits gelöst zu haben. Der Nationalstaat gehört sowieso der Vergangenheit an. Die Zukunft liegt im vereinigten Europa. Wenn ich den Begriff "nationale Identität" höre, habe ich immer die Befürchtung, dass reaktionäre Kreise das für nationalistische Ziele ausnützen könnten. Ich habe keine nationale Identität. Ich bin Europäer bzw. Europäerin.	Es ist ziemlich egal, ob wir bi- oder multinationale Gruppen betreuen. Die Probleme sind meistens die gleichen und es hängt eher von der zufälligen Zusammensetzung der Gruppe ab, ob wir mehr voneinander erfahren oder ob Unterschiede deutlich werden.
Ich bezweifle, dass kulturelle Unterschiede bei Gruppenbegegnungen wirklich so eine große Rolle spielen, wie es immer wieder behauptet wird. Für mich besteht da kaum ein Unterschied zwischen Deutschen und Menschen mit einer anderen Kultur. Einige sind mir halt sympathisch, mit einigen kann ich nichts anfangen und dann gibt es auch Teilnehmerinnen, die ich überhaupt nicht leiden kann. Das trifft sowohl auf Deutsche als auch auf Menschen mit einem anderen kulturellen Hintergrund zu.	Die Begegnung zwischen Deutschen und Menschen aus anderen Ländern an sich trägt schon sehr viel zur gemeinsamen Verständigung bei. Wenn wir gemeinsam in einem Workcamp arbeiten und anschließend noch unsere Freizeit zusammen gestalten, z.B. eine Radtour machen oder in eine Disco gehen, dann erfahren wir schon sehr viel voneinander. Eine weitergehende Problematisierung des Zusammenlebens von Menschen aus verschiedenen Kulturen halte ich daher für überflüssig.
Spiele in Internationalen Begegnungen sollten einfach nur Spaß machen und zur allgemeinen Auflockerung des Gruppenlebens beitragen. Wenn die Spiele zu sehr Unterschiede behandeln und diese auch noch problematisieren, dann finde ich, wird es zu kompliziert und das Spiel verliert auch seinen Reiz.	Ich möchte als Gruppenleiterin, dass sich alle Teilnehmerinnen gut verstehen, dass die Gruppe möglichst schnell harmonisch zusammenlebt und Unterschiede zwischen den Kulturen einfach respektiert werden.

Kopiervorlage Meinungsspektrum: Abstimmzettel

0	1	2	3	4
Enthaltung Ich kann oder möchte mich nicht entscheiden.	**volle Zustimmung** Die Meinung finde ich völlig richtig.	**Zustimmung** Ich stimme der Meinung größtenteils zu.	**Ablehnung** Die Meinung finde ich größtenteils falsch.	**volle Ablehnung** Der Meinung stimme ich überhaupt nicht zu.
0	**1**	**2**	**3**	**4**
Enthaltung Ich kann oder möchte mich nicht entscheiden.	**volle Zustimmung** Die Meinung finde ich völlig richtig.	**Zustimmung** Ich stimme der Meinung größtenteils zu.	**Ablehnung** Die Meinung finde ich größtenteils falsch.	**volle Ablehnung** Der Meinung stimme ich überhaupt nicht zu.
0	**1**	**2**	**3**	**4**
Enthaltung Ich kann oder möchte mich nicht entscheiden.	**volle Zustimmung** Die Meinung finde ich völlig richtig.	**Zustimmung** Ich stimme der Meinung größtenteils zu.	**Ablehnung** Die Meinung finde ich größtenteils falsch.	**volle Ablehnung** Der Meinung stimme ich überhaupt nicht zu.

Kopiervorlage Meinungsspektrum: Wettkarten		
E **Enthaltungen überwiegen** (Stimmkarten mit der **0**)	**Z** **Zustimmungen überwiegen** (Stimmkarten mit der **1** oder **2**	**A** **Ablehnungen überwiegen** (Stimmkarten mit der **3** oder **4**)
E **Enthaltungen überwiegen** (Stimmkarten mit der **0**)	**Z** **Zustimmungen überwiegen** (Stimmkarten mit der **1** oder **2**)	**A** **Ablehnungen überwiegen** (Stimmkarten mit der **3** oder **4**)
E **Enthaltungen überwiegen** (Stimmkarten mit der **0**)	**Z** **Zustimmungen überwiegen** (Stimmkarten mit der **1** oder **2**	**A** **Ablehnungen überwiegen** (Stimmkarten mit der **3** oder **4**)
E **Enthaltungen überwiegen** (Stimmkarten mit der **0**)	**Z** **Zustimmungen überwiegen** (Stimmkarten mit der **1** oder **2**)	**A** **Ablehnungen überwiegen** (Stimmkarten mit der **3** oder **4**)
E **Enthaltungen überwiegen** (Stimmkarten mit der **0**)	**Z** **Zustimmungen überwiegen** (Stimmkarten mit der **1** oder **2**)	**A** **Ablehnungen überwiegen** (Stimmkarten mit der **3** oder **4**)

Sprechblasenmeinungen

Für wen: Erwachsene, Laufpublikum bei einer Straßenaktion
Ziele: Diskussionsanstoß, Meinungsbildung
Material: Siehe Beschreibung; zusätzlich Stifte (evtl. mit Kordel am Stand befestigen)

Beschreibung:

Zwei Riesenfiguren in menschlicher Größe (evtl. männlich und weiblich) werden auf Styropor oder festen Karton geklebt und an einer Ausstellungswand befestigt. Per Sprechblasen werden diesen Figuren einige Pro- und Contra-Meinungen zu einem bestimmten Thema (z.B. Türkei: Mitglied in der EU, ja oder nein) in den Mund gelegt. Weitere leere Sprechblasenzettel liegen am Stand bereit, die von den Passanten und Besuchern ausgefüllt und dazugeklebt werden können und so Anlass zur Diskussion bieten.

Fishbowl *Diskussionsverfahren*

Für wen: Kinder, Jugendliche, Erwachsene
Ziele: Einen Meinungsbildungsprozess durch Vertreter erzielen; Vorgefasste Bilder kritisch hinterfragen; Empathie entwickeln
Material: Stuhlkreis in der Mitte eines Raumes
Zeit: 45 - 90 Minuten

Beschreibung:

Bei dieser Übung sitzen ausgewählte Teilnehmer im Innenkreis (möglichst nicht mehr als zehn Personen, sonst wird das Diskutieren schwierig) und erörtern stellvertretend für die anderen für eine begrenzte Zeit eine vorgegebene Fragestellung, während der Rest der Gruppe im Außenkreis sitzt und nur zuhört. Die Innenkreisdiskussion darf nicht durch Zurufe oder Einmischungen aus dem Außenkreis gestört werden. Das Diskussionsthema steht ggf. auf einem Flipchart. Die Diskussionsrunde beginnt mit einem kurzen Statement jedes Teilnehmers des Innenkreises.
Im Innenkreis gibt es einen freien Stuhl, auf den sich jeder aus der Zuschauergruppe setzen kann, der zusätzlich einen Diskussionsbeitrag einbringen möchte. Sobald er sein Argument artikuliert hat, verlässt er den Innenkreis wieder und macht den Stuhl frei für einen anderen Diskussionsteilnehmer aus dem Außenkreis.

Anmerkung: Diese Übung setzt ein Vertrauensverhältnis voraus und sollte daher nicht zu Beginn eines Seminars bzw. einer Begegnung eingesetzt werden.
Die Übung hilft, ein Thema, das zur Entscheidung steht, schneller und gezielter zu bearbeiten. Insbesondere dann, wenn es unterschiedliche Positionen in der Gruppe zu einer Frage gibt, z.B. Ziel eines Ausflugs oder Einschätzung eines Konflikts. Hier können die verschiedenen Gruppen jeweils einen oder zwei Sprecher wählen, die in ihrem Auftrag diskutieren.
Denkbar ist aber auch, dass Vertreter von Kleingruppen mit unterschiedlichem Arbeitsauftrag ihre Erfahrungen im Innenkreis diskutieren.

Variante (auch geeignet für eine Jugendbegegnung): Hierbei geht es darum, unterschiedliche Meinungen von Deutschen und Migranten bzw. von Teilnehmern aus einem anderen Land in Erfahrung zu bringen. Die Gruppe wird geteilt, in Migranten und Deutsche oder in Teilnehmer aus Deutschland

und dem Begegnungsland. Zunächst sitzt die erste Gruppe im Innenkreis und diskutiert eine vorgegebene Fragestellung und notiert wichtige Ergebnisse auf einem Flipchart. Nach einer vereinbarten Zeitspanne (z.B. 20 Minuten) wechseln die beiden Gruppen ihre Sitzpositionen, und die Gruppe aus dem Außenkreis diskutiert nun im Innenkreis die gleiche Frage, während die vormalige Innenkreis-Gruppe nun außen sitzt und ihrerseits nur zuhören darf. Nachdem beide Gruppen im Innenkreis diskutiert haben, werden die Erfahrungen in der Gesamtgruppe ausgewertet.
Bei einer Jugendbegegnung ist es auch denkbar die Übung so einzusetzen, dass jeweils eine Gruppe im Innenkreis nur in ihrer Sprache spricht und am Schluss die Frage gestellt wird: Was wurde jeweils verstanden?

Anmerkung zu dieser Variante: Diese Form setzt Offenheit und Bereitschaft zum Dialog voraus. In einer angespannten Situation könnte sich die Gruppe, die beginnt, im Nachteil fühlen, weil sie als erste „ins kalte Wasser springen" muss und die zuhörende Gruppe sich bereits auf die Argumente der andern Gruppe beziehen kann. Um hier als Seminarleier möglichst neutral zu sein, kann man die beginnende Gruppe durch das Los bestimmen. Manchmal ist es aber auch angebracht, die argumentationsstärkere oder die homogener auftretende Gruppe beginnen zu lassen. Denkbar ist auch ein Rotationssystem, bei dem darauf geachtet wird, dass die Gruppen bei jedem Einsatz dieser Methode immer abwechselnd beginnen.

In der Praxis hat sich gezeigt, dass dadurch, dass die innen sitzende Gruppe der anderen den Rücken zuwendet, in gewisser Weise für sie eine intime und vertrauliche Atmosphäre entsteht. Gerade bei Gruppen, die eine scheinbar homogene Meinung vertreten, besteht die Chance, dass sich im Innenkreis differenziertere Positionen herauskristallisieren und dass sich das Bild der homogenen (kulturellen) Gruppe meist relativiert und auf jeden Fall ausdifferenziert.
Die Gruppe im Außenkreis muss zuhören lernen, kann nicht unmittelbar reagieren und muss sich ihre Argumente für einen späteren Zeitpunkt aufbewahren. So hat sie die Chance, sich besser in die andere Gruppe hineinzuversetzen und mit ihr mitzufühlen. Insofern bietet diese Übung die Chance der Entwicklung gegenseitiger Empathie.
Die Methode hat sich auch bei der Bearbeitung von (interkulturellen) Konflikten bewährt.[1]

1 Vgl. Philipp/Rademacher, S. 92, Haumersen u.a., S. 160 ff., sowie Steinweg 1990 und Rademacher 1991, S. 101 ff.

Mögliche Fragestellungen bzw. Diskussionsthemen für die Fishbowl :

- Was sind die Ursachen für Missverständnisse und Konflikte in kulturell gemischten Gruppen bzw. in der Gruppe?
- Was muss getan werden, um das Verhältnis von Deutschen und Migranten zu verbessern?
- Wenn man in ein anderes Land reist, muss man sich den dortigen Gepflogenheiten anpassen – oder wie denkt ihr bzw. wie denken Sie darüber?

Mögliche Diskussionsthemen für ältere Jugendliche bzw. Erwachsene:

- Sollten die Eltern bei einer Heirat Einfluss auf die Wahl des Partners ihres Kindes haben?
- Sollte man das Verhalten anderer Menschen immer akzeptieren oder zumindest tolerieren, um ein möglichst konfliktfreies Zusammenleben zu ermöglichen?
- Moscheen mit Minaretten in allen Städten Deutschlands – was halten Sie davon?
- Wie viele Länder und Kulturen verkraftet die EU?

Diskussionsthemen, die besonders auch für eine Jugendbegegnung geeignet sind:

- Wie seht ihr die Deutschen bzw. die Migranten? (Falls ein großes Vertrauensverhältnis besteht oder wenn es darum geht, verdeckte Positionen offen zu legen, kann die Frage auch lauten: Was ist euere Meinung über die deutschen Teilnehmer bzw. die Teilnehmer aus den anderen Ländern? – jeweils wechselseitig)
- Wie beurteilt ihr den Umgang mit Minderheiten in eurem Land?
- Ist eine gemeinsame Zuwanderungspolitik für Europa sinnvoll und notwendig?

In and out

Für wen: Jugendliche und Erwachsene
Ziele: Sich eigener Konfliktbewältigungsstrategien und -mechanismen bewusst werden; Außenseiter- und Gruppendruck-Rollen bewusst machen; sich eigener Gewaltbereitschaft in Konfliktsituationen bewusst werden
Material: Keines
Zeit: Ca. 30 Minuten mit Auswertung

Beschreibung:

Eine freiwillige Teilnehmerin wird kurz aus dem Raum geschickt, damit sie den Arbeitsauftrag an den Rest der Gruppe nicht mitbekommt: Fünf Personen stehen eng aneinander im Kreis und sollen verhindern, dass die freiwillige Teilnehmerin, die inzwischen wieder hereingerufen wurde, ins Innere ihres Kreises gelangt. Der Auftrag an die Gruppe ist, die Freiwillige zunächst einige Minuten nicht in das Kreisinnere zu lassen, dann aber die Reihen zu lockern und sie in ihren Kreis aufzunehmen. Die Freiwillige hat den Auftrag in das Kreisinnere zu gehen.
Jetzt, in der Kreismitte stehend, erhält die Freiwillige dann den Auftrag, den Kreis auch wieder zu verlassen, was die fünf Spielerinnen jedoch diesmal mit Hartnäckigkeit verhindern sollen . Diese Sequenz dauert etwa fünf Minuten.
Bei größeren Gruppen können mehrere kleine Spielgruppen gleichzeitig nebeneinander agieren.

Auswertung:

- Welche Mittel benutzte die „Außenseiterin“, in den Kreis aufgenommen zu werden?
- Welche Mittel benutzte die Fünfergruppe, wie „gewaltbereit“ war sie dabei?
- Wie groß war der Gruppendruck?
- Veränderte sich das Verhalten der „Außenseiterin“, wurde sie gewaltbereiter, aggressiver, als sie wieder aus dem Kreis nach außen gelangen wollte und jetzt mehr Widerstand spürte?
- Wie fühlte es sich an „Außenseiterin“ zu sein und nicht aufgenommen zu werden?

- Wie fühlte es sich für die Fünfergruppe an, die Mitspielerin nicht in den Kreis bzw. später wieder aus dem Kreis heraus zu lassen?
- Wie lassen sich die Erfahrungen aus der Übung auf den Alltag übertragen?

Parteien kleben *Diskussionsspiel*

Für wen: Jugendliche und Erwachsene; die Parteienlandschaft Deutschlands sollte den Spielern weitgehend bekannt sein

Ziele: Einstieg in die Vermittlung von Parteiprogrammen und deren Inhalte; Parteien auf ihre politische Haltung und ihre fremdenfeindlichen und antisemitischen Programminhalte überprüfen; Ziele extremistischer Parteien kennen lernen; sich der Rolle von Fremdenfeindlichkeit und Antisemitismus bewusst werden

Material: Metaplankarten oder anderes Papier, Kreppklebeband, Plakatstifte, braune und schwarze Klebepunkte, Stifte

Zeit: Ca. 45 Minuten

Beschreibung:

Es werden Gruppen zu fünf bis sechs Teilnehmern gebildet. Zunächst sammelt jede Gruppe so viele Parteiennamen, wie ihr einfällt, und schreibt diese einzeln auf Metaplankarten. In jeder Gruppe wird nun ein Freiwilliger mit diesen Parteienkarten beklebt oder jede Gruppe nutzt dafür eine Figur mit ausgebreiteten Armen, die auf Packpapier gemalt wurde.
Die Spieler diskutieren dabei darüber, ob sie die jeweilige Partei in ihrer politischen Haltung eher rechts, links oder als Partei der Mitte einschätzen würden. Rechte Parteien werden an den rechten, linke an den linken Arm, extreme Parteien an die Extremitäten, z.B. die Faust, geklebt. Durch die Platzierung weiter zum Brustkörper hin oder weg von ihm wird also eine Rangfolge deutlich gemacht.
Danach erhalten alle Parteien, die nach Meinung der Gruppe fremdenfeindliche Positionen vertreten, einen schwarzen Klebepunkt, solche mit antisemitischen Positionen erhalten einen braunen Punkt. Dabei kann jeweils mit der Anzahl der Punkte, die auf das Parteienkärtchen geklebt werden, gewichtet werden.
Nach einem Auswertungsgespräch im Plenum (siehe Auswertungsfragen) sollte der Spielleiter noch auf die politischen Ziele der wichtigsten Parteien eingehen.

Variante: Sind viele Spieler einer weiteren Nationalität in der Gruppe vertreten, können auch die Parteien ihres Herkunftslandes mit in die Zuordnung aufgenommen werden.

Auswertung:

- Sind die Zuordnungen der Parteien in rechts und links in allen Gruppen weitgehend identisch? War sich die Gruppe in den Zuordnungen jeweils einig?
- Haben alle Parteien schwarze und/oder braune Punkte abbekommen? Wo gab es größere Gewichtungen? Warum? Und was sind die Schlussfolgerungen daraus?
- Gibt es überhaupt eine Partei, die gar keinen schwarzen Punkt bekommen hat? Was ist die Begründung dafür?
- Wie sieht es mit der Verteilung der braunen Punkte aus? Haben alle Parteienkärtchen mit braunem Punkt automatisch auch einen schwarzen abbekommen?
- Kam es zu unterschiedlichen Gewichtungen von braunen und schwarzen Punkten?
- Was bedeutet Fremdenfeindlichkeit, was Antisemitismus in diesem Kontext?
- Wie definiert man Extremismus?
- Welche politischen Ziele verfolgen die einzelnen Parteien?

Spielidee nach: www.xenos-nuernberg.de

VII. Selbst- und Fremdwahrnehmung/Vorurteile

Lebenskulturkuchen *Zuordnungsübung*

Für wen: Jugendliche und Erwachsene; eine multikulturelle Zusammensetzung der Gruppe ist von Vorteil

Ziele: Sich mit dem eigenen Leben auseinandersetzen und sich der eigenen Prioritäten bewusst werden; Vergleich der eigenen Lebensprioritäten mit denjenigen anderer Menschen; sich in die Lebenssituation von Kindern aus anderen Kulturen hineindenken

Material: Papier und Stifte

Zeit: 60 - 90 Minuten

Beschreibung:

1. Spielschritt: Die Spielerinnen erhalten den Auftrag, einen „Verteilungskuchen" über ihr Leben anzufertigen. Z.B.: Wie viel Zeit verbringe ich mit Freunden? Welchen Stellenwert hat meine Familie für mich? Wie viel Zeit verwende ich für Hobbys, Sport, die Schule etc. Auf einem Blatt Papier zeichnen sie dazu einen großen Kreis, der dann in Segmente eingeteilt wird und zwar entsprechend der Zeit, die für die jeweiligen Aspekte des Lebens aufgewendet wird. Die Segmente werden entsprechend beschriftet. Das Tafelbild eines beispielhaften Verteilungskuchens könnte zur Veranschaulichung dienen.
Hat jeder seinen eigenen „Lebenskultur-Verteilungskuchen" angefertigt, werden sie zu einer Galerie im Seminarraum aufgehängt, kurz erklärt und verglichen.

2. Spielschritt: Es werden Kleingruppen mit vier bis sechs Teilnehmerinnen gebildet. Die Aufgabe der Gruppe besteht nun darin, sich in die Lebenssituation eines Kindes oder Jugendlichen aus einer fremden Kultur hineinzudenken: „Wie sieht wohl der „Lebenskulturkuchen" eines gleichaltrigen Kindes bzw. Jugendlichen z.B. in einem Asylbewerberwohnheim, im Irak oder in einem Dorf in Afrika aus? Möglich ist es, dass jede Gruppe dabei ein unterschiedliches Thema bearbeitet. Liegt der Fokus des später folgenden Auswertungsgespräches allerdings beim Vergleich, ist es sinnvoll, dass alle Gruppen sich in die Lebenssituation desselben Kindes bzw. Jugendlichen hineinversetzen.

Abschließend wird die „Lebenskulturkuchengalerie“ auch um diese Verteilungskuchen ergänzt und die Ergebnisse werden im Gruppenverband besprochen.

Auswertung:

1. Spielphase:
- Ähneln sich die „Verteilungskuchen“ der Teilnehmerinnen in ihrer Gewichtung?
- Sind unterschiedliche „Kulturkuchen“ bei ausländischen und deutschen Spielerinnen entstanden?
- War jede mit ihrer „Kulturkuchenverteilung“ eigentlich zufrieden?
- Was würden die Einzelnen gerne verändern wollen (Wunschverteilung)?
- Bei Jugendlichen mit Migrationshintergrund stellt sich die Frage: Wäre der „Kulturkuchen“ anders ausgefallen, wenn sie noch in ihrer Heimat leben würden?

2. Spielphase:
- Fällt es den Teilnehmerinnen schwer, sich in die Lebenssituation fremder Jugendlicher hineinzuversetzen?
- Falls alle Gruppen das gleiche Thema hatten: Fallen die Gruppenergebnisse ähnlich oder doch sehr verschieden aus? Warum?
- Wie würde wohl der „Wunschverteilungskuchen“ des Kindes oder Jugendlichen aussehen, dessen „Verteilungskuchen“ die Gruppe gemalt hat?

Die Straße als Bühne *Stegreiftheater*

Für wen: Jugendliche und Erwachsene; bi- oder trinationale Gruppen sind vorteilhaft
Ziele: Die jeweils fremde Kultur „spielen“ und den Mitspielerinnen aus dem anderen Land eine Rückmeldung über ihre Sichtweise der eigenen Kultur bzw. des Kulturkreises geben
Material: Ggf. diverse Kleidungsstücke
Zeit: Zwei Stunden

Beschreibung:

Zur Einstimmung auf diese Übung ist es sinnvoll einige (Theater-)Aufwärmübungen einzusetzen, das lockert die Teilnehmerinnen und weckt die Spielfreude. Dann werden Kleingruppen gebildet, deren Teilnehmerinnen aus dem gleichen oder einem ähnlichen Kulturkreis stammen. Ein ausgewiesener Raum – z.B. der Platz zwischen zwei Schränken – wird als Bühne in Form einer Straße definiert. Die Spielerinnen stellen auf dieser Straßen-Bühne Personen dar, die sich ihrer Meinung nach „typisch“ französisch, deutsch usw. (je nach teilnehmenden Spielerinnen) verhalten. Die Gruppenmitglieder schlüpfen dabei jeweils in die Rolle der anderen, mitspielenden Nationalität. Wichtig ist, dass ständig Bewegung auf der Bühne ist, es dürfen keine „Lücken“ entstehen. Es sollten immer mindestens eine oder mehrere Personen auf der Bühne sein. Am einfachsten ist es für die Teilnehmerinnen, wenn sie sich in einer Richtung auf der Bühne bewegen und beim Ankommen auf der anderen Seite von der nächsten Spielerin abgelöst werden. Die Darstellung sollte vorwiegend pantomimisch sein, wenn dies leichter fällt, darf jedoch auch Sprache eingesetzt werden. In einer sehr spontan spielenden Gruppe werden viele lustige Klischees auftreten, die genügend Diskussionsanlass bieten. Im Anschluss an das Spiel können die Teilnehmerinnen einmal in einer belebten Straße bewusst eine Szene beobachten und später das Spiel noch einmal wiederholen.

Nach einer Idee von Nor'Din Hamadi

Ich und das Fremde

Gesteninterpretation

Für wen: Junge Erwachsene, ab vier Personen, nicht in einer Anfangsphase einsetzbar

Ziel: Das eigene Verhältnis zum Fremden in Form einer Haltung bzw. Geste ausdrücken

Material: Sofortbild- oder Digitalkamera mit sofortiger Bildausdruckmöglichkeit (PC und Drucker) (für jede Person ein Foto), Papier, Stifte, Kleber

Zeit: Je nach Gruppengröße ca. ein halber bis ein ganzer Tag

Beschreibung:

Jeder Teilnehmer überlegt sich zunächst, wie er sein eigenes Verhältnis zum Fremden mit einer Geste oder Haltung ausdrücken kann. Dabei kann es sich sowohl um *das Fremde* als auch *den Fremden* oder *die Fremde* handeln. Eine Festlegung ist sinnvoll bei der Übersetzung in eine andere Sprache. Zur Illustrierung der Haltung bzw. Geste können andere Mitspieler hinzugezogen werden. Von der Haltung wird eine Sofortbildaufnahme gemacht. Das Foto wird auf ein Blatt Papier geklebt. Jede Person hat nun 20 bis 30 Minuten Zeit, all das in Form von Stichworten oder einer Geschichte aufzuschreiben, was ihr zu dem Thema „Ich und das Fremde" einfällt. Nun finden sich nationale Gruppen (bzw. aus einem gemeinsamen Kulturkreis) von vier bis sechs Personen zusammen. Jede Person hat ihr Blatt so gefaltet, dass nur das Foto sichtbar und der Text verdeckt ist. Nun wird ein erstes Foto betrachtet und interpretiert, d.h. wie das Foto auf die Betrachter wirkt, was sie dem Gesichtsausdruck entnehmen, woran sie etwas zum Thema „Fremdes" erkennen etc.. Die „interpretierte" Person schweigt zunächst und äußert sich erst am Ende der Runde zu den Einfällen der Teilnehmer (z.B. ob sie sie für zutreffend hält oder nicht). Sie kann allerdings „stopp" sagen, falls ihr die Interpretation zu persönlich wird. Dann liest sie ihren Text vor, der evtl. Nachfragen oder Diskussionen provoziert. Jetzt ist die nächste Person an der Reihe, bis alle Bilder besprochen sind.

Die Kleingruppe hat dann noch die Aufgabe, eine gemeinsame Haltung zum Thema zu entwerfen, in die die Einzelbilder einfließen können. Diese Gruppen-Standbilder werden im Plenum nacheinander vorgeführt, während des Betrachtens kurz kommentiert und in einer Abschlussrunde interpretiert und von der ausführenden Gruppe erläutert. Ggf. macht sich jede Person zu jedem Gruppen-Standbild kurze Notizen. Falls es sehr viele Kleingruppen gibt, kann man nach den ersten drei oder vier Standbildern bereits eine erste Endauswertungsrunde machen.

Bei der **Auswertung** sind folgende Fragen wichtig:
- Ist es mir leicht gefallen, mein Verhältnis zum Fremden in einer Geste auszudrücken? Was löste das evtl. in mir aus?
- Fand ich die Interpretationen meiner Mitspieler anregend, gaben sie mir Denkanstöße und wenn ja, welche?
- Drückt sich ggf. in den Standbildern ein besonderes Verhältnis zwischen den Nationalitäten bzw. Kulturkreisen aus bzw. sagen sie etwas über die Gruppensituation?
- Gibt es nationalitätenspezifische Unterschiede in der Darstellung des Fremden?

Variante: In einer binationalen Gruppe kann jeder sein Verhältnis zur anderen Nation, also Deutsche könnten unter dem Titel „Ich und die Franzosen“ ihr Verhältnis zu ihnen, mit einer Geste vorstellen.
Diese Übung (d.h. beide Varianten) kann im ersten Teil eines Seminars eingesetzt werden, sollte aber nicht ganz am Anfang stehen, also erst nach einer Kennenlernphase. Wichtig ist, dass für diese Übung *ausreichend Zeit* vorhanden ist, damit eine intensive Auswertung möglich ist.

Deutschland als fremde Kultur *Skulpturarbeit*

Für wen: Junge Erwachsene, gemischtnationale Gruppen, nicht in einer Gruppenanfangsphase einsetzbar
Ziele: Nonverbale und verbale Ausdrucksmöglichkeiten miteinander verbinden; Empathie entwickeln; reflektieren schwieriger Situationen; Konfliktbewältigungsstrategien entwickeln
Material: Keines
Zeit: 45 Minuten und mehr, je nach Intensität der Übung

Beschreibung:

1. Spielphase:
Zunächst macht sich jedes Gruppenmitglied mit Migrationshintergrund kurz Gedanken zu folgenden Fragen:
Wie empfinde ich das Leben in Deutschland? Welche Aspekte dieses Lebens sind für mich positiv, welche eher negativ?
Welche Wirkungen haben bestimmte Erfahrungen in dieser fremden Kultur auf mich (gehabt)?
Wie könnte ich diese Erfahrungen als Skulptur, also als „sprechendes Bild" darstellen?

2. Spielphase:
Die ausländischen Spielerinnen suchen sich je drei bis vier weitere Spielerinnen aus der Großgruppe. Die so entstandenen Kleingruppen erhalten folgende Arbeitsaufträge (ca. 20 Min.):
Tauscht eure Gedanken aus der ersten Spielphase miteinander aus!
Einigt euch auf die Wirkung, die eure Skulptur auf die Betrachter haben soll.
Klärt untereinander, wie eure Skulptur geformt werden muss, damit die von euch beabsichtigte Wirkung erzielt werden kann. Auch die Details, z.B. Stirnrunzeln, können dabei bedeutungsvoll sein.
Eine von euch ist dann „Bildhauerin" und übernimmt das Formen der Figuren. Sie stellt die Figuren in Beziehung zu einander und korrigiert evtl. deren Körperhaltung, Gestik und Mimik, bis das Gesamtbild den Vorstellungen der Gruppe entspricht. Die Bildhauerin hat später außerdem die Aufgabe, dem Plenum die Skulptur zu erklären.

3. Spielphase:
Die einzelnen Arbeitsgruppen stellen ihre Skulpturen vor. Zunächst stellen die Zuschauer Vermutungen über die Skulptur an und deuten sie, bevor die „Bildhauerin“ selbst sie erklärt und auch die Spielerinnen, die zu Skulpturen geformt wurden, ihre eigenen Gefühle wiedergeben.

Auswertung:

- Wie fühlten sich die einzelnen Spielerinnen, die einen Teil der Skulptur bildeten?
- Warst du selbst schon mal in einer ähnlichen Situation wie die hier dargestellten Skulpturen?
- Wie hast du dich da gefühlt und wie reagiert?
- Welche Empfindungen lösen die Aussagen der Skulpturen bei den deutschen Mitspielerinnen aus?
- Was haben die agierenden Spielerinnen und die Zuschauer bei der Übung über sich selbst erfahren?

Fotogeschichten

Für wen: Jugendliche, junge Erwachsene

Ziele: Sich in fremde Personen einfühlen, Empathie und Phantasie entwickeln (Vorurteile bearbeiten)

Material: Aussagekräftige Fotos, Postkarten oder Bilder aus Illustrierten zum Thema: Migration/Zuwanderung oder interkulturelle Begegnung. Gutes Bildmaterial bieten auch Kalender wie z.B. der von Terres des hommes oder Natioanal Geographic sowie die Fotobox „Toleranzbilder" (Toleranzbilder – Fotobox für die politischen Bildung, von Andreas Schröer und Kirsten Nazarkiewicz, Verlag Bertelsmann-Stiftung, Gütersloh 1998)

Zeit: Ein bis drei Stunden

Beschreibung:

Die Fotos, Postkarten oder Bilder aus Illustrierten werden auf einem großen Tisch ausgebreitet. Jeder hat ca. zehn Minuten Zeit, die Fotos zu betrachten. Danach wählt jeder ein oder zwei Fotos aus, die ihn besonders interessieren oder von denen er sich angesprochen fühlt. Falls zwei Personen das gleiche Bild gewählt haben, finden sie sich in einer Kleingruppe zusammen. Bei größeren Gruppen werden Kleingruppen von vier bis sechs Personen gebildet. Jeder in der Kleingruppe erzählt zu seinem Bild eine Geschichte und erläutert, warum er das Foto ausgewählt hat. Zum Schluss kann die Kleingruppe aus allen ihren Bildern *eine* Geschichte erfinden und im Plenum erzählen. Die wichtigsten Themen der Kleingruppe werden im Plenum erläutert.

Variante 1: Der Seminarleiter gibt zu Beginn der Übung ein Thema vor. Jeder sucht ein oder zwei Bilder nach dieser Themenvorgabe aus. Mögliche Themen sind:
- Verhältnis zwischen Einheimischen und Migranten
- Gefühle die ich mit Migranten verbinde
- Die Sicht der Zuwanderer auf unsere Gesellschaft

Bei dieser Variante sind die Bilder eine Hilfe, um über das vorgegebene Thema ins Gespräch zu kommen. Jeder zeigt sein Bild und erklärt, warum er es im Zusammenhang mit dem Thema ausgesucht hat. Die markantesten Äußerungen werden dann später gemeinsam besprochen.

Variante 2: Aus Illustrierten werden Bilder in Postkartengröße ausgeschnitten und auf Karteikarten geklebt. Besonders sollten Personen (Porträts), Situationen, die ein bisschen rätselhaft, unklar oder provokant sind, Landschaften und Objekte, die neugierig machen, ausgewählt werden. Alle Bilder werden auf großen Tischen ausgestellt und zunächst sollen alle Teilnehmer nur einmal schauen, welche ihnen gefallen. In einer nächsten Phase darf sich jeder drei bis fünf Bilder (bei „kleinen" Kleingruppen mehr und bei „großen" Kleingruppen weniger Bilder) aussuchen. In der Kleingruppe werden die Bilder dann in eine „logische" Ordnung gebracht und gemeinsam denkt sich die Gruppe eine Geschichte aus. Die dargestellten Personen bekommen Namen und werden Figuren in einer Handlung. In der Großgruppe wird die Geschichte erzählt oder vielleicht sogar gespielt.

Auswertung:

- Unterscheidet sich die Wahrnehmung der Teilnehmer bei den Bildern sehr, d.h. sehen und interpretieren sie die Bilder sehr unterschiedlich? Woran liegt das?
- Welche Klischees tauchten bei der Interpretation der Bilder auf?
- Spiegeln die Geschichten der Spieler die Interpretation ihrer Bilder?
- Hat jemand seine Wahrnehmung verändert, nachdem er hörte, wie andere das Bild sehen?

Personen erfinden *Rollenspiel*

Für wen: Jugendliche und Erwachsene; mindestens acht Personen

Ziele: Empathie üben; sich in die Lebenssituation von Menschen mit Migrationshintergrund hinein versetzen; sich eigener Klischees bewusst werden

Material: Eine größere Zahl Fotos von Personen aus den Herkunftsländern der Spielteilnehmerinnen, evtl. Verkleidungsmaterialien, Personenbogen (s. Kopiervorlage), evtl. Videokamera

Je nach der zur Verfügung stehenden Zeit und den äußeren Möglichkeiten produziert oder wählt die Gruppe Personenbilder aus:

- Bei genügend Zeit fotografiert jede Kleingruppe für jeweils eine andere Gruppe verschiedene Menschen aus Herkunftsländern der Teilnehmerinnen nach untenstehenden Kriterien und lässt davon entsprechend große Abzüge herstellen. Oder:
- Die Fotos werden aus Zeitungen, Illustrierten, Werbeprospekten usw. ausgewählt. Oder:
- Die Spielleiterin stellt den Gruppen Fotos zur Verfügung. (Gutes Bildmaterial bieten Kalender wie z.B. der von Terres des hommes oder Natioanal Geographic sowie die Fotobox „Toleranzbilder“ (Toleranzbilder – Fotobox für die politischen Bildung, von Andreas Schröer und Kirsten Nazarkiewicz, Verlag Bertelsmann-Stiftung, Gütersloh 1998).

Bei der Auswahl der Bilder ist darauf zu achten, dass sie:

- mindestens Postkartenformat haben (damit sie auf größere Entfernung noch erkennbar sind)
- keine bekannten Personen (Filmstars, Politiker, Sportlerinnen oder Mitspieler) darstellen
- keine reinen Portraitaufnahmen sind, sondern die Person in einer Umgebung (z. B. Büro) oder bei einer Tätigkeit (z. B. Schreiben) zeigen.

Zeit: Vier bis fünf Stunden (Projekttag)

Beschreibung:

Zunächst werden Kleingruppen zu vier bis fünf Spielerinnen gebildet. Entsprechend ihrer Teilnehmerzahl sucht sich die Kleingruppe Fotos aus und schreibt zu jedem Foto gemeinsam eine fiktive Kurzbiographie, die die Persönlichkeit der abgebildeten Person charakterisieren soll. Als Anregung und Hilfestellung dazu dient die Kopiervorlage, die jede Spielerin erhält.
Die entworfenen Kurzbiographien dienen dann als Rollenbeschreibung für ein Rollenspiel. Die Gruppe einigt sich zunächst darauf, wer welche Rolle spielt. Dann gibt die Spielleiterin jeder Gruppe eine Situation vor, in der die darzustellenden Personen sich befinden und in der sie miteinander handeln sollen (z.B. Zwischenfall im Supermarkt, Streit im Jugendhaus, Verkehrsstau wegen einer Demonstration, Zwistigkeiten in einem türkischen Geschäft/ Basar, U-Bahn-Zug steckt im Tunnel fest, im Warteraum eines Flughafens bei 10-stündiger Verspätung des Flugzeugs ...). Nach kurzer Vorbereitungszeit spielen die Gruppen nacheinander ihr Rollenspiel der Gesamtgruppe vor. Verkleidungen können das Spiel noch realistischer machen. Währenddessen sind alle Nicht-Darstellerinnen zuschauende Beobachterinnen. Jedes Spiel sollte nicht länger als 10 - 15 Minuten dauern.
Die Beobachterinnen haben den Auftrag, während des Rollenspiels aufzuschreiben, was sie an Wahrnehmungen, Fakten und Eindrücken von den Rollen der Spielerinnen erhalten und wie die Art der Darstellung auf sie wirkt. Spielt die Gruppe die selbst entwickelten Rollen, können die Zuschauer raten, wer welches Foto spielt; sind die Rollen ausgetauscht worden, ist es vor allem für die Erfinder-Gruppe interessant, was die andere Gruppe aus ihren Rollenvorgaben macht (siehe Variante 3).
Die Kleingruppen können je nach Zielrichtung des Spiels zusammengestellt werden. Es sind zwei Konstellationen denkbar:

1. Aufteilung der Gruppen in deutsche und ausländische Spielerinnen, wenn es darum geht, mögliche nationale bzw. kulturelle Unterschiede herauszuarbeiten.
2. Nationalitätengemischte Gruppen, wenn es vorrangig darum geht, dass Deutsche und Migrantinnen miteinander spielen und es allgemein um die Einfühlung in andere Menschen mit fremdem kulturellen Hintergrund geht.

Zu 1. gibt es verschiedene Varianten, die am Beispiel der Gruppe mit nur deutschen Teilnehmerinnen beschrieben werden. Analoges gilt natürlich ebenso für die Gruppe mit Teilnehmerinnen anderer nationaler Herkunft.

Variante 1: Die aus deutschen Teilnehmerinnen bestehende Kleingruppe arbeitet mit Fotos von deutschen Personen, erstellt dazu jeweils Biographien und präsentiert die Personen in einem Rollenspiel. Diese Aufgabe ist leichter als die, einen Menschen mit fremdem kulturellem Hintergrund zu spielen. Hier steht die Auseinandersetzung mit der eigenen Kultur und Identität im Vordergrund.

Variante 2: Die deutsche Gruppe arbeitet mit Fotos beispielsweise von Menschen aus der Türkei, aus Russland, aus dem Irak (je nach dem, aus welchem Kulturkreis die Mitglieder der anderen Gruppe stammen) und erfindet dazu Biographien. Diese werden dann ebenfalls vorgeführt. Hierbei ist das Hineinversetzen in eine andere Kultur am wichtigsten.

Variante 3: Wie Variante 2 mit der Ausweitung, dass anschließend ein Rollentausch stattfindet, d. h., die Gruppe der ausländischen Spielerinnen spielt die Biographien, die die deutsche Gruppe ausgearbeitet hat und gibt dann der deutschen Gruppe die Rückmeldung, ob sie die Biographien realistisch findet und welche Klischees sich evtl. darin wieder finden. Günstig ist es, wenn die Rollenspiele auf Video aufgezeichnet werden, dann ist ein späterer Vergleich leichter möglich.

Variante 4: Die deutsche und die Migranten-Gruppe erhalten alle die gleichen Bilder, d. h. entweder deutscher oder/und ausländischer Menschen, und schreiben beide dazu Biographien. Diese werden dann gespielt. Interessant ist hier der Vergleich: Wie unterschiedlich oder gleich sehen die Gruppen einzelne Personen? Welche kulturellen Unterschiede drücken sich darin aus?

Variante 5: Wenn die selbstständige Arbeit in Untergruppen möglich ist, dann ist diese Variante denkbar: Bei einer Gruppengröße von max. zwölf Spielerinnen stellt jede Kleingruppe (vier Personen) vor den Rollenspielen ihre Biographien den anderen vor. Die dazugehörigen Fotos sind für alle sichtbar ausgelegt. Die zuhörenden Gruppen müssen raten, welche Biographie zu welchem Foto passt.

Auswertung:

In die Auswertung im Plenum sollte auch die Kleingruppenarbeit einfließen. Eine intensive Bearbeitung und Auswertung von zu Tage getretenen Klischees sollte in gemischtnationalen Kleingruppen bzw. an einem oder zwei ausgewählten Beispiel(en) im Plenum erfolgen. Folgende Fragen sollten behandelt werden:

- Auf welche Weise wurde von der Physiognomie bzw. von der äußeren Erscheinung eines Menschen auf dessen Persönlichkeit, sozialen Hintergrund und kulturelle Herkunft geschlossen?
- Welche Klischees wurden besonders häufig genannt?
- Wie entstehen solche Klischees und warum können sie sich oft so hartnäckig halten?
- Welchen Lerneffekt hatte die Übung für jede einzelne Spielerin?

Nach einer Idee von: Ulrich Baer, in: Hajo Bücken (Hg.), Bilder und was man damit machen kann, Offenbach 1985, S. 55-59

Kopiervorlage „Personen erfinden“:

Typ A:	**Typ B:**
Vorname, Name:	Vorname, Name:
Alter:	Alter:
Schulbildung, Ausbildung:	Beruf:
	Familienstand:
Beruf:	Verhältnis zu den Eltern:
Familienstand:	oder der Familie:
	Was bedeutet für die Person Religion?
Weltanschauung:	Möchte die Person Kinder oder nicht?
	Was bedeutet für die Person Weihnachten oder Şeker Bayramı oder …?
Religion:	Wie verhält sich die Person beim Auffinden einer Geldbörse mit 80,-€?
politische Einstellung:	Wie verhält sich die Person, wenn in der U-Bahn ein Schwarzer beschimpft wird?
Lebensperspektive:	Wie verhält sich die Person, wenn sie auf der Straße an zwei sich prügelnden Jungen vorbeikommt?
Hoffnungen, Wünsche für die Zukunft:	Das nächste wichtige Ziel/Ereignis im Leben der Person?
Drei treffende Eigenschaften:	Wie verhält sie sich gegenüber einer behinderten Bekannten bzw. Kollegin?
	Würde die Person gerne eine Führungsrolle übernehmen?
	Ist sie autoritär?

Nationale Selbstdarstellung *Darstellungsspiel*

Für wen: Jugendliche und Erwachsene, mindestens sechs Teilnehmer
Ziele: Sich selbst mit seiner Nationalität, dem eigenen kulturellen Hintergrund gestisch und pantomimisch darstellen
Material: Sofortbild- oder Digitalkamera (mit der Möglichkeit zum Sofortausdruck), DIN A 4-Papierbögen, Kleber
Zeit: Ein bis zwei Stunden, bei intensiveren Diskussionen länger

Beschreibung:

Die Gruppe wird in nationale oder gemischtnationale Kleingruppen zu drei Personen aufgeteilt. Jeder in der Kleingruppe überlegt sich, wie er sich und *seine Nationalität* mit einer Geste und Haltung unter Zuhilfenahme von Gegenständen, die es im Raum gibt, darstellt. Die beiden anderen Personen der Kleingruppe können in das Bild mit eingebaut werden. Von diesem „Standbild“ wird eine Aufnahme gemacht, die auf einen Papierbogen geklebt wird. Die drei Fotobögen einer Gruppe werden mit denen einer anderen Gruppe ausgetauscht. (Bei einer ungeraden Zahl von Gruppen erfolgt ein Ringtausch.) Zu den Standbildern der anderen Gruppe überlegt sich eine Gruppe je eine Überschrift und weitere Begriffe, die ihr dazu einfallen. Wenn diese Arbeit abgeschlossen ist, setzen sich zwei Kleingruppen zusammen und tauschen ihre Ergebnisse unter folgenden Fragestellungen aus:

- Treffen die Überschriften und Begriffe das Dargestellte?
- Geben die Assoziationen der anderen Anregungen, um über das Verhältnis zur eigenen Nationalität nachzudenken?
- Bei gemischtnationalen Gruppen: Gibt es Unterschiede in der Darstellung der Nationalitäten?

Nach einer intensiven Kleingruppenarbeit gibt es noch eine **Auswertung** im Plenum. Folgende Fragen sind sinnvoll:

- Fiel es schwer, die eigene Nationalität mit einer Haltung darzustellen?
- Gibt es signifikante Unterschiede zwischen den Nationalitäten in ihrer Art, sich darzustellen? Was drückt sich darin ggf. aus? Nationalstolz, Ablehnung oder Verdrängung der eigenen kulturellen oder nationale Identität?
- Welcher Zusammenhang besteht zwischen nationaler Identität und der eigenen Geschichte?

Bei sehr großen Gruppen (über 30) können diese letzten Fragen auch in einem geteilten Plenum diskutiert werden.

Typisch für dich – typisch für mich

Für wen: Jugendliche und Erwachsene in gemischtnationalen Gruppen; im Hinblick auf Ausgewogenheit und Ertrag sind bi- und trinationale Gruppen mit jeweils etwa gleich großer Personenzahl günstiger

Ziele: Über die eigene und die nationale Identität nachdenken und sich mit Personen aus einem anderen Kulturkreis darüber austauschen

Material: Arbeitsbogen (siehe nächste Seite)

Zeit: Eine Stunde und mehr

Beschreibung:

Die Gruppe wird in Kleingruppen von drei bis sechs Personen, möglichst jeweils nach Nationalitäten, aufgeteilt. Wenn das nicht geht, nach Möglichkeit Spielerinnen zusammensetzen, die aus einem relativ ähnlichen Kulturkreis stammen (z. B. Spielerinnen aus nordafrikanischen Staaten).

Jede Teilnehmerin bekommt den Arbeitsbogen und soll sich jeweils drei positive und drei negative Eigenschaften überlegen, die auf sie selber zutreffen und von denen sie meint, dass sie auch als eine „nationale Eigenschaft" gelten (z. B. für Deutsche: „ordnungsliebend"). Wichtig ist dabei, dass diese Eigenschaft auf die eigene Person ebenso zutrifft wie auf die eigene Nation. Haben alle Spielerinnen in der Kleingruppe ihre Bögen ausgefüllt, werden die Begriffe auf einem großen Papierbogen unter den beiden Kategorien „positiv" und „negativ" zusammengefasst.
In der Gesamtgruppe stellen dann die einzelnen Nationalitäten- bzw. Kulturkreisgruppen nacheinander ihre Ergebnisse vor. Können die Spielerinnen der je anderen Nation diese Selbstwahrnehmung bestätigen? Oder sehen sie von außen andere positive und negative Eigenschaften?

Auswertung:

- Übereinstimmung zwischen Selbst- und Fremdbild ist noch lange nicht „die Wahrheit". Auch wenn beide übereinstimmen, kann es sein, dass in unseren Köpfen Klischees existieren, die eine objektive Wahrnehmung behindern. Welche können das sein?
- Wenn Selbst – und Fremdbild sich unterscheiden: Woher stammt das Bild, das sich die anderen gemacht haben?
- Werden manche Eigenschaften sowohl „positiv" als auch „negativ" bewertet, falls ja warum?

Arbeitsbogen

Bitte nenne jeweils drei positive und drei negative nationale Eigenschaften, die du auch an dir selbst wahrnimmst.

Heimat Macht Familie *Assoziationsübung*

Für wen: Jugendliche, Erwachsene
Ziel: Mittels Assoziationen zum Nachdenken über unterschiedliche Werte und Normen in verschiedenen Ländern anregen
Material: DIN A 6-Zettel, Schreibzeug
Zeit: Ca. zwei Stunden

Beschreibung:

Der Spielleiter bittet die Teilnehmer, Assoziationen aufzuschreiben, die ihnen spontan zu den von ihm genannten Begriffen einfallen. Mögliche Begriffe: – Geschichte – Lernen – Familie – Schule – Heimat – Revolution – Kirche – Nation – Macht – Mann – Frau – Terror – Sport – Erziehung – Demokratie – Autorität – Konflikt – Konsens – usw. (Begriffe je nach Zielgruppe und Interessenlage auswählen)
Die Teilnehmer schreiben den genannten Begriff auf ein DIN A 6-Kärtchen und notieren dazu die Assoziationen, die ihnen sofort spontan einfallen. Wenn alle ihre Assoziationen notiert haben, gibt der Spielleiter einen neuen Begriff in die Gruppe. Nachdem etwa sechs bis zehn Begriffe vorgegeben und die Assoziationen dazu notiert sind, werden die Begriffe einzeln besprochen und die Assoziationen bekannt gegeben. Es lassen sich ggf. Vermutungen anstellen, warum die Teilnehmer aus einem Land zu einem Begriff wie etwa „Nation" positive Assoziationen haben, während andere (z.B. Deutsche) den Begriff oft negativ sehen.

Auswertung:

- Haben die Begriffe bei Teilnehmern aus demselben Kulturkreis häufig ähnliche Assoziationen ausgelöst?
- Spiegeln diese die Werte und Normen der Gesellschaft wider?

Wichtig: Bei gemischtsprachigen Gruppen ist es hilfreich, dass vor dem Spiel die exakte Entsprechung der Begriffe in den vertretenen Fremdsprachen geklärt wurde.

A wie Ausländer, D wie Deutscher

Selbst- und Fremdbild

Für wen: Jugendliche und Erwachsene, mindestens acht Teilnehmerinnen, bi- oder trinationale (bzw. ethnische) Gruppe in einem möglichst ausgewogenen Verhältnis ist Voraussetzung[1]

Ziele: Vorurteile benennen, die die eigene und die andere Nation/Ethnie beschreiben; Klischees hinterfragen; Selbst- und Fremdwahrnehmung

Material/Vorbereitung: Große Papierrolle, aus der zwei menschliche Umrisse ausgeschnitten und jeweils in der Mitte senkrecht durchgeschnitten werden. (Bei trinationalen Gruppen so viele Menschenumrisse herstellen, dass jede Gruppe drei Hälften zur Verfügung hat.); Menschenumrisse in den Kleingruppen vorbereiten; Plakatstifte bereit legen

Zeit: Je nach Diskussionsbereitschaft und Gruppengröße eineinhalb bis drei Stunden, bei Seminaren zur interkulturellen Konfliktbearbeitung länger, ggf. sechs Stunden

Beschreibung:

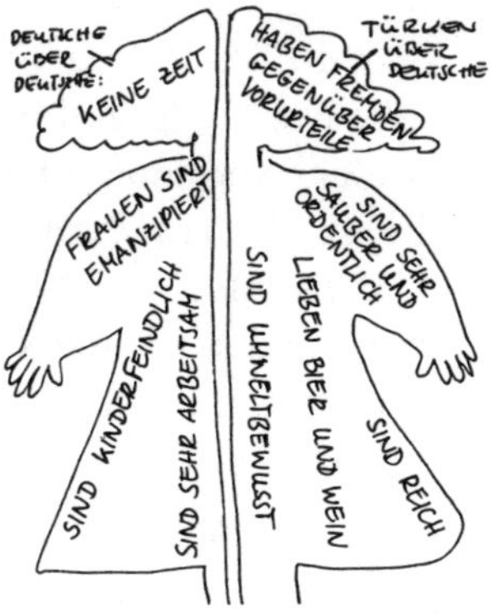

Die Teilnehmerinnen teilen sich in Nationalitäten- bzw. ethnische Gruppen auf, die jeweils durch ein Leitungsteammitglied moderiert werden. Jede Arbeitsgruppe erhält zwei (bei trinationalen Gruppen drei) linke bzw. rechte Hälften der Menschenumrisse bzw. stellt diese zunächst her. Mit Plakatstift schreibt nun jede Gruppe auf die eine Hälfte positive und negative Eigenschaften bzw. Beurteilungen in Bezug auf die *eigene* Nationalität bzw. Ethnie, auf die andere (bzw. dritte) Menschenhälfte Beurteilungen in Bezug auf die mitspielende zweite (bzw. dritte). Es werden alle Zuschreibungen notiert, wobei es um persönliche Ein-

1 Für multinationale Gruppen ist die Übung nicht geeignet, da es 1. mindestens vier bis fünf Personen einer Nationalität bedarf, um ein einigermaßen differenziertes Bild einer Nation/Ethnie zu erhalten und 2. es bei zu vielen Nationalitäten schwierig wird, sich intensiv mit allen auseinander zu setzen. [Beispiel, vgl. Rademacher (1991), S. 88 ff.]

schätzungen geht, nicht was allgemein über die eigene bzw. fremde Nation/ Ethnie gedacht wird. Sind diese Zuschreibungen in der Gruppe umstritten, können sie mit einem (ggf. auch mehreren) Blitzsymbol(en) versehen werden. Es geht ausdrücklich nicht um Zuschreibungen zu einzelnen Teilnehmerinnen der Gruppe. Wenn alles notiert ist, kommen die Gruppen wieder zusammen, und die beiden (bzw. drei) „Menschenhälften" werden wieder zusammengefügt und an die Wand geheftet. Die eine Hälfte zeigt, wie sich die Gruppe selbst sieht, die andere Hälfte wie sie von den anderen wahrgenommen wird. Eine Gruppe beginnt mit der Selbstbeschreibung, dann ergänzt die nächste Gruppe das Bild der ersten Gruppe mit ihrer Fremdbeschreibung, ggf. trägt eine dritte Gruppe ihre Einschätzung vor. Nachfragen sind natürlich erlaubt, aber Diskussionen um den „Wahrheitsgehalt" der Aussagen sollten an dieser Stelle vermieden werden. Dann folgt in gleicher Weise die zweite und ggf. die dritte Gruppe. Zuschreibungen, die besonders umstritten sind und die von den beteiligten Gruppen auch in ihrer Wertigkeit unterschiedlich interpretiert werden, werden von der Seminarleiterin auf einem Flipchart notiert und können später noch einmal genauer, ggf. in Kleingruppen, erläutert und diskutiert werden.

Auswertung:

- Wie groß war die Übereinstimmung zwischen Selbst- und Fremdbild?
- Wie war die Reaktion der Gruppen auf die Fremdbeschreibungen?
- Welche vermeintlichen nationalitätenspezifischen Verhaltensweisen bzw. Eigenschaften wurden bei der Übung deutlich?
- Gab es viele Begriffe, die eine unterschiedliche Wertung erfuhren? Wie wurden diese Unterschiede erklärt?
- Welche Erkenntnisse zogen die Einzelnen bzw. die Gruppen aus dieser Übung?

Hinweis: Sollte es zwischen den nationalen Gruppen bzw. Ethnien Spannungen geben, so ist auf eine sorgfältige Moderation zu achten. Mit dieser Übung können latente Spannungen gut zum Vorschein gebracht und dann bearbeitet werden.[2]

2 Eine Beschreibung der Übung im Kontext von Seminaren zur interethnischen Konfliktbearbeitung findet sich in: Haumersen u.a. (2002), Konfliktbearbeitung in der Zivilgesellschaft, 134ff (s. Literaturliste)

Pro und Kontra *Diskussionsspiel*

Für wen: Jugendliche und junge Erwachsene, nur in Gruppen, in denen mehrere nationale Kleingruppen vertreten sind, spielbar
Ziele: Vorurteile und Klischees diskutieren
Material: Papierbögen, Schreibzeug
Zeit: Zwei Stunden und länger

Beschreibung:

Jede nationale Gruppe überlegt sich drei bis vier provokative (längere) Aussagen, mit der sie die *andere* Gruppe charakterisiert, z.B. „Die Deutschen sind nicht gastfreundlich" oder „Die türkischen Männer sind patriarchalisch". Nun setzt sich die eine Gruppe im Kreis zusammen und diskutiert genau zehn Minuten lang eine der Aussagen, die die andere Gruppe über sie getroffen hat. Die andere Gruppe beobachtet die Diskussion, ohne einzugreifen. Der Seminarleiter achtet auf die Zeit. Nach zehn Minuten stellt die Gruppe, die diskutiert hat, ein optisches Meinungsbild her, indem sich jeder entweder auf einen (zuvor vorbereiteten) Zustimmungs-, Ablehnungs- oder Unentschieden-Platz stellt oder setzt. Damit wird die Meinung der Gruppenmitglieder optisch sichtbar. Falls die Gruppen nicht zweisprachig sind, fasst der Seminarleiter die Diskussion stichwortartig für die Zuschauergruppe in deren Sprache zusammen.
Jetzt beginnt die nächste Diskussionsrunde, maximal drei bis vier Runden. Nach einer Pause erfolgt ein Rollenwechsel, und die bisherige Zuschauergruppe diskutiert die Aussagen, die über sie gemacht wurden. Spannend ist es, wenn in der deutschen Gruppe z.B. auch Migranten, die in Deutschland leben, mitdiskutieren.
Die Aussagen und die Abstimmungsergebnisse werden auf einem Flipchart festgehalten, um auf sie in der zusammenfassenden Abschlussrunde noch einmal Bezug nehmen zu können.

Auswertungsfragen:

- Wie konnten die Gruppen mit den Zuschreibungen der anderen umgehen?
- Ergaben die Diskussionen im Innenkreis eine Differenzierung der Aussagen bzw. wurden Begründungen für die Zuschreibungen deutlich?

- Wie war das Abstimmungsverhalten? Überwogen dabei jeweils die Enthaltungen?
- Was war der Erkenntnisprozess dieser Übung?

Spielerfinder: Beatrice Giraud-Montagne, Serpil Kader, Frank Liebe, Michelle Port, Helmolt Rademacher

Sich als Moslem verkleiden *Rollenspiel*

Für wen: Ältere Kinder und Jugendliche

Ziele: Fremdheitsgefühle und Vorurteile erfahren, sich in die Lebenssituation von Muslimen einfühlen; Meinungen über Migranten in der Öffentlichkeit erfragen

Material: Verkleidungsmaterial, evtl. Schminke, Kassettenrekorder mit Mikrophon

Zeit: Ca. ein Vormittag und 45 - 90 Minuten für die Auswertung

Beschreibung:

Einige deutsche Spieler und Spielerinnen der Gruppe, die sich freiwillig dazu bereit erklären, verkleiden sich als traditionell-religiöse Moslems (Mädchen mit Kopftuch und bedeckten Armen, Jungen in weiten Gewändern und Moslemkappe) und gehen so in die Fußgängerzone und in Kaufhäusern oder anderen Läden einkaufen.

Die übrigen Mitspielerinnen gehen in gemischtnationalen Kleingruppen auf die Straße, um Passanten mit Kassettenrekordern zu ihrer Meinung über Zuwanderer (oder Moslems) in Deutschland zu befragen. Beide Gruppen bewegen sich unabhängig voneinander.

Es ist sinnvoll, bereits vorher gemeinsam mögliche Interviewfragen zu erarbeiten. Im Anschluss an die Interviews in den Einkaufszentren haben die Kleingruppen den Auftrag, ihre Ergebnisse stichpunktartig schriftlich zusammenzufassen, ebenso die Spielerinnen, die sich verkleidet hatten. Dann treffen sich alle wieder und berichten von ihren Erfahrungen. Die Kleingruppen, die Tonaufnahmen gemacht hatten, spielen ausgewählte Interviewpassagen vor und die Spielerinnen, die als Moslems verkleidet waren, berichten von ihren Erlebnissen beim Einkauf.

Auswertung:

- Welche Erfahrungen machten die verkleideten deutschen Jugendlichen in ihrer neuen Rolle?
- Wie fühlten sie sich in dieser Rolle? Wie konnten sie mit der Fremdheit umgehen?
- Beeinflussten ihre Erlebnisse auch ihre Meinung über Menschen mit Migrationshintergrund?
- Welche Erfahrungen machten die Gruppen, die Passanten auf der Straße interviewt haben? Wie beurteilten sie die Antworten?

Vorurteilsmauer

Für wen: Kinder und Jugendliche, bi- oder trinationale Gruppe in gleicher Stärke ist günstig
Ziel: Sich mit Vorurteilen bzw. wechselseitigen Einschätzungen auseinandersetzen
Material: Gleich große Schuhkartons (etwa dreimal so viele wie Teilnehmer)
Zeit: Ein bis zwei Stunden bzw. mehrere Tage

Beschreibung:

Die Gesamtgruppe wird aufgeteilt in Deutsche und Menschen mit Migrationshintergrund (bzw. den beiden anderen vertretenen Ethnien). Die Teilnehmer in beiden Gruppen schreiben auf, was ihnen jeweils zu der(n) anderen Gruppe(n) einfällt (z.B. „Türken sind …“ oder „Deutsche sind …“). Jeder Teilnehmer schreibt drei der ihm am wichtigsten und aussagekräftigsten Statements einzeln auf die Querseite je eines Schuhkartons. In der Gesamtgruppe wird aus diesen Schuhkartons nun eine Mauer errichtet, und zwar so, dass von der einen Seite die Vorurteile der Deutschen z.B. über Türken, von der anderen Seite die der Migranten über Deutasche zu lesen sind. Ähnliche Aussagen können über oder nebeneinander gestellt werden. Auch ist eine Aufteilung nach positiven und negativen Zuschreibungen möglich. Einzelne Aussagen auf der Mauer werden bereits sofort zur Diskussionen herausfordern, andere vielleicht erst später. Für dieses Spiel muss die Möglichkeit gegeben sein, dass die Mauer über einen längeren Zeitraum hinweg (in der Schule z.B. während mehreren Fachstunden, d.h. über mehrere Tage, während einer Klassenreise oder eines Seminars über die ganze Aufenthaltsdauer) stehen bleiben kann. Während dieser Zeit sollten anhand von Vorkommnissen (z.B. unterschiedliche Essgewohnheiten, die Konflikte auslösten) oder durch die ständige gezielte Thematisierung der Statements auf der Mauer, die Aussagen überdacht werden. Durch die Erfahrungen im Zusammenleben können einige Aussagen relativiert oder revidiert werden. Mauerteile, die auf Grund der Erfahrungen oder Diskussionen bearbeitet oder als nicht mehr zutreffend bezeichnet werden, werden abgetragen und auf die Seite gestellt.

Auswertung:

- Wie hoch ist die Mauer geworden? Wiederholen sich viele Aussagen?

- Welche Mauersteine bleiben bis zum Schluss stehen? Was drücken die Aussagen dieser Mauersteine aus, was die der abgetragenen?
- Was symbolisiert diese Restmauer? Wie ist sie einzuschätzen: negativ, positiv oder neutral?

Hinweis: Vor dem Einsatz einer solchen Übung muss die Gruppe bereits motiviert sein, sich auf das Thema Vorurteile einzulassen, die Gruppenmitglieder müssen sich allerdings vorher nicht unbedingt gut kennen. Besonders zum Einsatz geeignet ist das Spiel, wenn zwei Nationalitätengruppen, die erstmals als Gruppe aufeinander treffen, über einen längeren Zeitraum zusammenleben (z.B. Klassenreise, Seminar, regelmäßige Gruppenstunden).

Haben Sie Vorurteile? *Diskussionsspiel*

Für wen: Erwachsene, Kleingruppen bis ca. zwölf Personen
Ziel: Vorurteile bearbeiten
Material/Vorbereitung: Für jede Teilnehmerin eine Liste mit zehn bis fünfzehn Nationalitäten (siehe Kopiervorlage). Die Auswahl der Nationalitäten kann je nach Bekanntheitsgrad (z.B. aus Medien, persönliche Kontakte) bei den Teilnehmerinnen variiert werden. Die Nationalitäten aller in der Gruppe vertretenen Personen sollten mit aufgeführt sein. Vor dem Einsatz der Übung sollte sich die Seminarleiterin selbst mit den verschiedenen Gründen für die Entstehung von Vorurteilen auseinander gesetzt haben.
Zeit: Ein bis zwei Stunden

Beschreibung:

Jede Teilnehmerin erhält eine Kopiervorlage und den Auftrag, die darauf vermerkten Nationalitäten in eine Rangfolge der persönlichen Beliebtheit zu bringen. Die beliebteste Nation erhält die 1, die nächste die 2 usw.. Diese Aufgabe kann zunächst auf Widerstand stoßen. Mögliche Einwände sind: „Nach welchen Kriterien soll ich urteilen?“ „Solch eine Einteilung ist viel zu undifferenziert!“ Die Seminarleiterin bittet die Teilnehmerinnen trotz ihrer Bedenken die Liste auszufüllen. Sie schreibt alle Nationalitäten an die Tafel oder kopiert die Vorlage auf Overheadfolie. Dann sollen die Teilnehmerinnen jeweils die drei beliebtesten und die drei unbeliebtesten Nationalitäten nennen, die Zählung an der Tafel erfolgt in zwei verschiedenen Farben. Dadurch erhält die Gruppe eine Übersicht über die Gruppenmeinung.

Nach einer ersten längeren Diskussionsrunde schließt sich eine zweite Rangeinteilung an zu der Frage: „In welchem Land möchtest du am liebsten leben?“. Dann wird verglichen, ob es signifikante Unterschiede zwischen der ersten und der zweiten Rangliste gibt und wenn ja, warum?

Es geht bei dieser Übung nicht vorrangig darum, tatsächlich eine durchgehende Rangskala zu erarbeiten, sondern im Gespräch soll den Teilnehmerinnen deutlich werden, dass sie bewusste und unbewusste Vorlieben bezüglich anderer Nationalitäten haben, die sonst selten offen geäußert werden.
Die Übung kann nur mit einer intensiven Auswertung eingesetzt werden.

Variante: Statt eine allgemeine Sympathierangfolge erstellen zu lassen, sollen die Teilnehmerinnen auf folgende Frage antworten: „Mit Menschen welcher Nationalitäten kannst du dir am ehesten vorstellen, in einer Wohnung zusammenzuleben oder gemeinsam den Urlaub zu verbringen?“

Auswertung:

- Sperrten sich die Teilnehmerinnen gegen eine solche Rangeinteilung? Mit welchen Begründungen? Wie gehen wir mit solchen Einteilungen um, die dermaßen vereinfachen?
- An welcher Stelle steht für die meisten ausländischen Teilnehmerinnen die deutsche Nationalität? Welche positiven/negativen Erlebnisse haben diese Wahl beeinflusst?
- An welcher Stelle steht die eigene Nationalität?
- Gibt es eindeutige Spitzenreiter oder Schlusslichter bei der Bewertung, falls ja, wie ist dies zu begründen?
- Stehen europäische Nationalitäten deutlich vor anderen Ländern?
- Gibt es signifikante Unterschiede in der Bewertung durch deutsche Spieler und solche mit Migrationshintergrund?
- In welchem Verhältnis steht die Auswahl der Rangliste zur sozialen Zusammensetzung der Gruppe?
- Wie gehen die Teilnehmerinnen mit dem Wissen um eigene Vorurteile um?
- Welche Vorstellungen über die Entstehung von Vorurteilen werden geäußert?

Kopiervorlage: Haben Sie Vorurteile?

SYMPATHIESKALA NATIONALITÄTEN

Bringen Sie die im Folgenden genannten Nationalitäten in eine Sympathierangfolge. 1 für die Ihnen sympathischste Nationalität, 2 für die nächstsympathische usw. Sie sollten sich bei den Vertreterinnen der jeweiligen Nationalität entsprechend Ihrem eigenen Geschlecht Frauen bzw. Männer vorstellen.

US-Amerikaner		Américains (Etats-Unis)		Americans	
Araber		Arabes		Arabians	
Deutsche		Allemands		Germans	
Engländer		Anglais		Englishmen	
Franzosen		Français		Frenchmen	
Griechen		Grecs		Greeks	
Inder		Indien		Indian	
Italiener		Italiens		Italians	
Iraner		Iraniens		Iranians	
Japaner		Japonais		Japanese	
Kurden		Kurdes		Kurdish	
Libyer		Libyens		Libyans	
Nicaraguaner		Nicaraguayens		Nicaraguans	
Nordafrikaner		Maghrébins		North-Africans	
Österreicher		Autrichiens		Austrians	
Polen		Polonais		Polish men	
Russen		Russes		Russians	
Spanier		Espagnols		Spaniards	
Türken		Turcs		Turks	

Reisebüro *Diskussionsspiel*

Für wen: Jugendliche und Erwachsene, Kleingruppen von vier bis sechs Personen
Ziele: Bewusstmachen von Stereotypen, Hintergrundinformationen über fremde Länder vermitteln
Material: Keines
Zeit: 60 bis 90 Minuten

Beschreibung:

Die Großgruppe wird in Kleingruppen von vier bis sechs Personen eingeteilt. Ein Teilnehmer jeder Kleingruppe ist ein Kunde eines Reisebüros, der in ein Land verreisen und sich zunächst über verschiedene Reiseländer erkundigen möchte. Die anderen Spieler der Kleingruppe sind die Angestellten des Reisebüros, von denen jeder ein anderes Land vertritt. Die Spielleitung gibt die Länder vor. (Bei gemischtnationalen Gruppen können evtl. die ausländischen Mitspieler ihr eigenes Land vertreten.) In der ersten Runde hat jeder Vertreter des Reisebüros zwei bis drei Minuten Zeit, das von ihm vertretene Land vorzustellen und zu beschreiben, wobei er die Vorzüge herausstellt, ohne dabei auf die anderen Länder einzugehen. Erst in der zweiten Runde können die Reisebürovertreter auch Gegenargumente zu anderen Ländern (und damit negative Stereotypen) nennen. Nach dieser zweiten Runde soll sich der Kunde für eines der vorgestellten Länder entscheiden und seine Entscheidung auch begründen. Daran schließt ein Auswertungsgespräch im Plenum an, in dem über Stereotype und Vorurteile diskutiert wird. Dabei sollte auch der Stellenwert von Hintergrundwissen über einzelne Länder beim Abbau von Vorurteilen reflektiert werden. Falls vor diesem Spiel die Übung „Haben Sie Vorurteile“ eingesetzt wurde, können die Reisebürovertreter diejenigen Länder anpreisen, die bei der Übung die schlechtesten Ränge erhalten hatten.

Auswertung:

- War es leicht, die einzelnen Länder anzupreisen? Wie wurden sie vor allem angepriesen?
- Gab es eindeutige Spitzenreiter bei der Länderauswahl, falls ja, wie wurde das begründet?

- Welche länderspezifischen Stereotype und Vorurteile tauchten vor allem auf?
- Ist Hintergrundwissen über einzelne Länder dienlich beim Abbau von Vorurteilen?

Vorurteilstribunal *Rollenspiel*

Für wen: Erwachsene, mindestens zehn, max. dreißig Teilnehmerinnen, maximal drei Nationalitäten (dann mind. fünfzehn Personen), die Gruppe sollte sich in zwei Sprachen verständigen können, besser in einer

Ziel: Sich mit Vorurteilen kritisch auseinandersetzen

Material: Papier, Stifte

Zeit: Zwei bis drei Stunden, ggf. länger

Beschreibung:

Die Teilnehmerinnen werden in möglichst homogene Gruppen (nach Nationalität bzw. Ethnie) zu je fünf bis zehn Personen aufgeteilt. Jede Gruppe überlegt sich *eine* provokante These (Vorurteil) über die andere Gruppe. Z.B.: „*Die* Deutschen sind ausländerfeindlich“ oder „*Die* Türken unterdrücken ihre Frauen“. Jede Gruppe bestimmt dann eine Thesen-Verteidigerin, die mit der eigenen Gruppe Argumente sammelt, die diese These stützen. Ferner bestimmen sie ein bis zwei Zeuginnen, die Belege für die Richtigkeit der These anführen können. Außerdem suchen sie ein bis zwei Schöffinnen aus, die mit der Richterin später das Urteil fällen sollen.
Nun tauschen die Gruppen ihre provokanten Standpunkte aus. Jede Gruppe hat nun Zeit, eine Anklage gegen diese These der Gegenseite zu formulieren, diese wird von einer in der Gruppe bestimmten Anklägerin vorgetragen. Außerdem benennt sie Zeugen der Anklage.
Nach dieser Vorbereitungsphase beginnt die Gerichtsverhandlung. Die Richterin (die Spielleiterin oder eine neutrale Person) leitet die Versammlung und ruft zur Verhandlung der ersten These auf. Nacheinander kommen Anklägerin, die dazugehörigen Zeuginnen, Verteidigerin und die Zeuginnen der Verteidigung zu Wort. Dabei ist ein Streitgespräch zwischen Verteidigerin und Anklägerin und wechselseitiges Fragen möglich. Bei Bedarf kann leise simultan übersetzt werden. Nach dieser Runde fällt die Richterin zusammen

mit den Schöffinnen das Urteil. Aber Ziel des Spiels ist es nicht einen objektiven Richterspruch zu finden, entscheidend ist vielmehr die Diskussion und Argumentation während der Verhandlung.
Dann folgt die zweite und ggf. die dritte Verhandlung.

Im Plenum werden dann alle Verhandlungen **ausgewertet**:

- Wie differenziert wurden die Argumente formuliert?
- Waren die Argumente realistisch? Konnten sie überzeugen? Gelang die Auseinandersetzung?
- Kam es zu einem Urteilsspruch der alle überzeugte?
- Konnte durch die Übung das Bild von Menschen aus anderen Nationen etwas differenzierter werden?

Hinweis: Die Spielleiterin darf nicht die Funktion einer Beratung für die einzelnen Gruppen übernehmen, sondern soll lediglich darauf achten, dass die einzelnen Gruppen ihre Rollen verstanden haben. Eine geschickte Verhandlungsführung der „Richterin" ist unabdingbare Voraussetzung für den Einsatz dieses Spiels.

Variante für Jugendliche: Bei Jugendlichen ist dieses Spiel evtl. nur einzusetzen, wenn tatsächlich ein diesbezüglicher Problemfall in der Gruppe existiert. Dieser Fall könnte dann in Form eines solchen Tribunals verhandelt werden und damit könnte der Konflikt in einer kanalisierten Form bearbeitet werden.

VIII. Fremde Kulturen spielen – Handlungsstrategien entwickeln

Angekettet *Stadtspiel*

Für wen: Jugendliche und junge Erwachsene z.B. einer internationalen Begegnung; mind. sechs Personen

Ziele: Fremdheitserfahrung durchleben; sich gemeinsam orientieren

Material: Mehrere Kinder-Handschellen

Zeit: Drei bis vier Stunden

Beschreibung:

Zunächst werden Spielpaare gebildet, die so zusammengesetzt sind, dass sie möglichst keine gemeinsame Sprache haben oder diese zumindest während der Übung nicht verwenden, also z.B. je eine Deutsche und eine nichtdeutsche Spielerin, die beim Spiel dann jeweils ihre Muttersprache verwenden oder gegebenenfalls eine Fremdsprache, die der Spielpartner nicht versteht. Die einzelnen Spielpaare werden dann mit einer Kinder-Handschelle aneinandergekettet, zusammen in einen ihnen fremden Stadtteil gebracht und dort „ausgesetzt“. Jedes Spielpaar wird dabei zu unterschiedlichen Stellen gebracht. Die Spielpartner versuchen nun, innerhalb einer vorher festgesetzten Zeit zurück zur Unterkunft oder zu einem verabredeten Treffpunkt zu finden. Gemeinsam müssen sie entscheiden, welchen Weg sie einschlagen wollen und wie sie am schnellsten zurückkommen. Bei all den Entscheidungen, die das Spielpaar zu treffen hat, darf nicht in einer gemeinsamen Sprache kommuniziert werden!

Variante: Die Gruppe wird gemeinsam an eine ihr fremde Stelle gebracht, der Fahrer, der die Gruppe dorthin bringt, darf nicht sprechen, sondern gibt nur Zeichen. Die Gruppe muss möglichst schnell zur Unterkunft zurückfinden. Auch bei dieser Variante sollen sich die Spielerinnen nur nonverbal verständigen.

Beide Varianten werden nach der Übung im Hinblick auf die Erfahrungen gemeinsam **ausgewertet**. Folgende Fragen sind möglich:

- Wie erfolgte die Verständigung?
- Konnte man sich leicht auf den einzuschlagenden Weg einigen?
- Gab es Konflikte bei der Lösung der Aufgabenstellung?

- Wie reagierte die Umwelt auf das angekettete Paar und wie ging das Spielpaar selbst mit diesen Reaktionen um?
- Welche Gefühle bewirkte es, aneinander gekettet zu sein und sich sprachlich nicht mit dem Partner verständigen zu können?

Spielidee: Kalle Krause, A-und-P-Theater

Drei-Kulturen-Spiel *Simulationsspiel*

Für wen: Jugendliche und junge Erwachsene; mind. zehn Teilnehmer
Ziele: Unterschiedliche Nähe-Distanz-Rituale erleben und reflektieren; erkennen, dass fremde Verhaltensweisen und Gewohnheiten oftmals missverstanden werden
Material/Vorbereitung: Kopiervorlage „Regeln der Kulturen“ (siehe nächste Seite) so oft kopieren, dass jeder Spieler *eine* Kulturangabe bekommt; evtl. Hintergrundmusik
Zeit: 45 - 60 Minuten, mit der Ergänzung zehn Minuten länger

Beschreibung:

Jeder Spieler bekommt ein Anweisungsblatt mit den Begrüßungsregeln seiner neuen, imaginären Kultur. Es sind drei verschiedene Kulturen vertreten. Jeder liest seine Regeln und prägt sie sich ein. Das Blatt mit den Regeln darf anderen nicht gezeigt werden. Während eventuell leise Hintergrundmusik spielt, bewegen sich die Spieler im Raum und verhalten sich entsprechend ihrer vorgegebenen Regeln. Dabei darf auch gesprochen werden. Von Zeit zu Zeit wird als besonderes Zeichen die Musik gestoppt (oder ein anderes Zeichen ertönt) und die Spieler verhalten sich so, wie es für diesen Fall auf ihrem Anweisungsblatt steht. Es werden mehrere Durchgänge gespielt. Beim letzten Musikstopp sollen sich alle, die derselben Kulturgruppe angehören, zusammenfinden, jedoch ohne Zuhilfenahme des Anweisungsblatts.
Jede Gruppe findet zum Abschluss einen passenden „Kultur-Namen“ für sich. Nach zehn bis fünfzehn Minuten Spiel werden die Erfahrungen gemeinsam ausgewertet.

Auswertung:

- War es schwer, die eigene Kulturgruppe zu identifizieren?
- Was habt ihr gefühlt, gedacht, erwartet, als ihr so ungewohnt aufeinander gestoßen seid?
- Fandet ihr die Reaktion der anderen auf euer Verhalten jeweils „passend“?
- Wie seid ihr jeweils mit der erlebten Nähe und Distanz umgegangen?
- Hängt das Nähe-Distanz-Bedürfnis von bestimmten Faktoren ab, wenn ja, von welchen?

- Welche Kulturen würdet ihr eher als „Nähe-Kultur“, welche eher als „Distanz-Kultur“ bezeichnen? Warum?

Erweiterung: In einer ergänzenden Übung könnte das eigene Nähe-Distanz-Bedürfnis ausgetestet werden. Die Spieler stehen sich dabei in zwei Reihen gegenüber und sollen nun so nah aufeinander zugehen, dass sie sich dabei noch wohl fühlen.
Anschließend wird darüber gesprochen:

- Wer kann mit nicht bekannten Personen eher sehr nah umgehen, wer kann zu viel Körpernähe nicht so gut aushalten? Warum?
- Wer schätzt sich selbst eher als „Distanz“-Mensch ein, möchte aber lieber einer sein, der Nähe zeigen und zulassen kann?

Spielidee nach: www.xenos-nuernberg.de

Kopiervorlage „Regeln der Kulturen“

Regeln der Kultur 1: ____________________

- Zur Begrüßung klopfst du anderen freundschaftlich auf die Schulter, aber du siehst sie oder ihn dabei nicht wirklich an.
- Wenn jemand dich anspricht, reagierst du nur mit deiner Körpersprache und mit Gestik, selbst aber sprichst du gerne andere Menschen an.
- Wenn ein besonderes Zeichen kommt, suchst du Blickkontakt zu jemandem und gehst auf diese Person zu.

Regeln der Kultur 2: ____________________

- Auf die Frage: „Wie geht es dir?“, antwortest du, indem du deine Hände vor deine Augen hältst.
- Du sprichst immer sehr ruhig und leise, aber viel und mit jedem Menschen. Aber dabei hältst du Distanz von einem Meter zu der Person, mit der du sprichst.
- Wenn ein besonderes Zeichen kommt, verbeugst du dich tief.

Regeln der Kultur 3: ____________________

- Sobald du jemanden triffst, gehst du ganz nah an sein bzw. ihr Gesicht heran und fragst: „Wie geht es dir?“
- Wenn du mit einer stillen und ruhigen Person redest, wirst du laut, um den Kontakt herzustellen.
- Wenn ein besonderes Zeichen kommt, grüßt du die Sonne, indem du nach oben schaust und lächelst.

Begegnung der 3. Art *Darstellungsspiel*

Für wen: Jugendliche; Kinder (evtl. Hilfestellungen geben), ab 16 Spielerinnen

Ziele: Sich in eine Person einer fremden Kultur hineinfühlen, dazu ungewöhnliche Ideen entwickeln und in den Bereichen Tanz, Musik, Darstellung und Sprache umsetzen

Material: Verkleidungsmaterial aller Art und Abfallprodukte (Styropor, Pappe, Holzwolle etc.)

Zeit: Spielzeit ca. eine Stunde, Auswertung ca. 30 - 45 Minuten

Beschreibung:

Die Gesamtgruppe teilt sich nach Herkunftskulturen getrennt in Kleingruppen (je vier bis fünf Spieler) auf. Jede Kleingruppe bekommt die Aufgabe sich vorzustellen, dass sie in einem ungewöhnlichen Planetensystem lebt und sich mit anderen Lebewesen von anderen Planetensystemen bekannt machen soll. Die Gruppen haben etwa 30 Minuten Zeit, zu folgenden Bereichen Ideen zu entwickeln und diese spielerisch umzusetzen:

- Eine Sprache, die auf ihrem Planeten gesprochen wird
- Eine Begrüßungsform, die auf ihrem Planeten üblich ist
- Ein typisches Lied oder Hymne, einen typischen Tanz oder Kult
- Eine Staatsform, die auf dem Planeten praktiziert wird.

Weitere kulturelle Merkmale können - je nach Zeit – ergänzt werden.
Nach der Entwicklungsphase stellen die einzelnen Gruppen nacheinander spielerisch das Leben ihres „Planeten“ im Plenum vor.

Auswertung:

- Welche unterschiedlichen und ähnlichen kulturellen Merkmale entwickelten die einzelnen Gruppen für ihren jeweiligen Planeten? Ließen sich daraus gemeinsame Merkmale des Planetensystems ableiten?
- Spiegelten die gespielten Rollen die eigene Kultur wider oder wurden eher phantastische Ideen entwickelt?
- Welche Formen waren dominierend: schon bekannte oder sehr fremde?
- Wurden die fremden Planeten eher friedlich und ideal oder aggressiv und bedrohlich dargestellt? Warum?
- Wurden die kulturellen Merkmale von den Mitspielerinnen eines anderen „Planetensystems“ verstanden?

Variante für Gruppen, die sich aus etwa gleich großer Zahl von Teilnehmerinnen verschiedener Herkunftskulturen zusammensetzen (z.B. je zehn Teilnehmerinnen aus drei Kulturen):
Das Spiel wird so durchgeführt wie beschrieben, jedoch mit dem Unterschied, dass die jeweiligen Kleingruppen versuchen, sich jeweils in die reale Herkunftskultur einer anderen teilnehmenden Gruppe zu versetzen und dabei probieren:

- in der Sprache der anderen zu sprechen
- eine Begrüßungsform aus der jeweils anderen Herkunftskultur vorzustellen
- einen typischen Tanz aus dem anderen Land vorzuführen
- eine Staatsform zu spielen, die in dem anderen Land praktiziert wird usw.

Anmerkung: Falls es für die Gruppe zu schwierig ist, die jeweils andere *Herkunftskultur* zu spielen, könnten in einem ersten Abschnitt des Seminars (oder bei mehreren Seminaren mit der gleichen Gruppe beim ersten Seminar) die einzelnen Gruppen zunächst ihr eigenes Land vorstellen und zu einem späteren Zeitpunkt wird die oben beschriebene Variante gespielt.

Spielidee: aus Praxismappe: Spiele für Kinder, Jugendliche und Erwachsene, hrsg. vom Jugendwerk der AWO, 1982, S. 194., ergänzt durch die Autoren

Das Drei-Planeten-Spiel *Simulationsspiel*

Für wen: Jugendliche und junge Erwachsene, mindestens neun Teilnehmerinnen

Ziele: Fiktive Kulturen und Gesellschaftsformen in Bezug auf den Umgang mit Fremden spielen; Auseinandersetzung mit Vorurteilen und entsprechende Lösungsstrategien dazu entwickeln

Material/Vorbereitung: Eine Ecke des Raumes wie ein Raumschiff ausgestalten (durch entsprechende Lichter, Blinkleuchten, Bordinstrumente usw.). Zusätzlich drei Orte kennzeichnen, an denen sich die jeweiligen Planetengruppen treffen; entsprechende Hintergrundmusik (z.B. aus „Raumschiff Enterprise") besorgen.

Zeit: Ein bis zwei Stunden

Beschreibung:

Den Spielteilnehmern wird mitgeteilt, dass sie sich an Bord eines Raumschiffs befinden, das nacheinander drei unbekannte Planeten anfliegt, auf denen sich die Insassen des Raumschiffs niederlassen können. Dabei sollten sich auf jedem Planeten in etwa gleich viele Menschen niederlassen. Zunächst weiß keiner der Reisenden etwas über das Leben auf den einzelnen Planeten. Erst zu einem bestimmten Zeitpunkt (s. Beschreibung der drei Planeten) erhält die gesamte Gruppe Informationen über den ersten Planeten (wie das Leben auf den anderen Planeten aussieht, weiß man zu diesem Zeitpunkt noch nicht), und eine Gruppe *muss* sich entscheiden auszusteigen. Auf der Weiterreise werden die restlichen Insassen des Raumschiffs über den zweiten Planeten informiert und wieder muss eine Gruppe aussteigen. Die restlichen Spieler, die sich bislang noch nicht zum Aussteigen entscheiden konnten, landen auf dem letzten Planeten.

Jede Gruppe hält sich nun ca. 20 - 30 Minuten auf ihrem Planeten auf und übt die dort üblichen Verhaltensweisen (analog der Beschreibung ihres Planeten) ein.
Aufgrund einer Sonnenexplosion müssen später alle drei Planeten evakuiert werden. Jeder Planet bildet einen Planetenrat. Dieser wählt von den positiven Errungenschaften seines Planeten jeweils drei aus und zwar zunächst per Diskussion und dann mit einer Abstimmung. Nun schickt jeder Planet jeweils drei Vertreter in einen Universumsrat. Dieser muss aus den neun Errungenschaften fünf aussuchen, die auf dem neuen Planeten „TOGETHER" realisiert werden sollen.

Beschreibung der drei Planeten:

EASY
Auf EASY hat jeder Kulturkreis seinen eigenen Lebensraum. Fremde Kulturen werden nicht beachtet, es bestehen aber auch keine Vorurteile gegenüber Fremden. Bei Begegnungen verschiedener Kulturen behandelt man sich gegenseitig höflich und zurückhaltend. Easyaner sprechen nur ihre eigene Sprache. Es bestehen auf EASY keine wirtschaftlichen Abhängigkeiten. Jeder muss für seinen Lebensunterhalt täglich fünf Stunden arbeiten. Die politischen Entscheidungen fallen durch eine demokratische Organisation des öffentlichen Lebens.

OTHER
Auf OTHER leben verschiedene Kulturen, die sich basisdemokratisch organisiert haben und sich untereinander solidarisch verhalten. Sie sind wohlhabend aufgrund der Ausbeutung außerplanetarischer Existenzen. Lebensmittel und Konsumgüter stehen für alle ausreichend zur Verfügung. Kein Otherianer arbeitet, sie müssen aber alle täglich zwei Stunden an Arbeitsgruppen teilnehmen, die die Abschaffung der Ausbeutung zum Inhalt haben. Die Diskussionen werden interplanetar geführt. Es steht jedem Otherianer frei, so viele oder wenige unterschiedliche Sprachen zu lernen, wie er möchte.

CHANCE
Auf CHANCE gibt es verschiedene Kulturkreise, in denen starke Vorurteile gegenüber den jeweils anderen bestehen. Um die Vorurteile abzubauen, muss jeder Bewohnerin zwischen 16 und 40 Jahren an fünf dreiwöchigen interplanetaren Workcamps teilnehmen. Jeder Teilnehmer muss drei Sprachen beherrschen. Die Camps werden zu je 50 % aus armen und reichen Kulturen beschickt. Es sollen dort auch gemeinsames Arbeiten und Zusammenleben

praktiziert und Erfahrungen und Kenntnisse über die Fremden gesammelt werden. Dabei kann es zum Abbau oder zur Verfestigung der Vorurteile kommen.

Auswertung:

- Wie gelang es, sich in die Lebensgewohnheiten, die auf den einzelnen Planeten herrschten, einzufühlen und sie im Spiel umzusetzen?
- Welche drei positiven Errungenschaften wurden auf jedem Planeten ausgewählt? Wie erfolgte der Diskussionsprozess?
- Konnten sich die eigenen Vertreter auf dem Universumsrat durchsetzen?
- Mit welchen Argumenten wurde entschieden, welche Errungenschaften der einzelnen Planeten nun auf dem zukünftigen gemeinsamen Planeten realisiert werden sollen? Wie wurde die Entscheidung herbeigeführt?
- Welche Planeten-Vertreter konnten sich auf dem Universumsrat durchsetzen?
- Gibt es Parallelen dieser fiktiven Gesellschaft mit unserer realen? Welche? Was bedeutet das ggf. für den Umgang mit Vorurteilen?
- Welche Strategien im Umgang mit Vorurteilen sind hilfreich?

Nach einer Beschreibung von: Bernward Nüttgens

Insel-Spiel *Simulationsspiel*

Für wen: Jugendliche und junge Erwachsene; bi- oder trinationale Gruppen; bei kulturhomogenen oder multikulturell zusammengesetzten Gruppen veränderte Aufgabenstellung; mind. zehn, max. dreißig Teilnehmerinnen

Ziele: Sich des eigenen kulturellen Hintergrunds bewusst werden, in einer Extremsituation sich die eigenen Normen verdeutlichen und mit fremden Normen vergleichen; sich mit fremden Normen auseinandersetzen

Material/Vorbereitung: Bei Jugendlichen eine offene und angstfreie Atmosphäre schaffen, die die Bereitschaft zur Reflexion und Konzentration auf das Thema zulässt. Nach Möglichkeit eine Videokamera besorgen und die Rollenspiele aufzeichnen.

Zeit: Drei bis vier Stunden inklusive Auswertung

Beschreibung:

Als Einstimmung auf das Inselspiel ist eine Traumreise geeignet. Bei geschlossenen Augen sollen sich die Teilnehmerinnen beispielsweise vorstellen am Strand zu liegen, von den Wellen allmählich auf das Wasser gehoben zu werden und sanft am Strand einer Insel zu landen.
Zunächst erfolgt dann die Gruppenaufteilung möglichst nach zwei oder drei Herkunftskulturen, wobei die Kleingruppen nicht mehr als zehn Personen umfassen sollten. Bei binationalen Begegnungen ggf. vier kulturhomogene Kleingruppen bilden. Dadurch können unterschiedliche Lösungsansätze innerhalb der Kulturgruppen sichtbar werden. Bei multikulturellen Gruppen ist eine Aufteilung in Deutsche und Migranten möglich, max. drei Kleingruppen.

1. Spieletappe (ca. 1 - 1 ½ Stunden):

Den Spielteilnehmerinnen wird mitgeteilt, dass sie mit ihrer Gruppe nun als Schiffbrüchige auf einer fremden Insel landen. (Jede Gruppe landet auf einer anderen Insel – d.h. es sollte auch ein eigener Gruppenraum für jede Gruppe zur Verfügung stehen). Nun beratschlagen die Gruppenmitglieder, wie sie ihr Leben auf der Insel gestalten wollen, wie die Ernährung sichergestellt werden kann, mit welchem Ziel sie dort leben, wie das Verhältnis von Männern und Frauen sich gestaltet, wie sich Macht- und Leitungsansprüche durchset-

zen lassen, in welcher Form das Alltagsleben geregelt werden soll etc. Außerdem denken sie sich ein Zeichen- und Begrüßungssystem aus, mit dem sie sich verständigen können. Zumeist ergeben sich aus der Gruppe heraus genügend Problempunkte und Überlebensfragen.
Nach max. sechzig Minuten Spielzeit werden die so gefundenen Regeln für das Alltagsleben in komprimierter Form mit Video aufgezeichnet.

2. Spieletappe (ca. 1 – 1 ½ Stunden):

Den Spielteilnehmerinnen wird mitgeteilt, dass eine (bzw. ggf. auch die dritte und vierte) der gestrandeten Gruppen ein Boot gefunden hat und damit auf die zweite Insel zusteuert, die sie versehentlich für das Festland hält. (Auch diese Spielphase kann mit Video aufgezeichnet werden). Hier auf dieser Insel treffen die beiden (bzw. die drei oder vier) Gruppen nun zusammen. Jede Gruppe verhält sich dabei gemäß ihrer vorher erarbeiteten und eintrainierten Verhaltensregeln, sodass sich die Gruppen, die hier aufeinander treffen, nicht verstehen, weder sprachlich noch vom Verhalten. Nun stellen sich neue Aufgaben: Wie erfolgt die Verständigung? Wie regelt sich nun das Zusammenleben? Welche Konflikte tauchen auf? Welche Machtstrukturen gibt es? Werden sie bewusst und bearbeitet?
Die Videoaufzeichnungen werden anschließend angesehen. Danach erfolgt zunächst eine Auswertung in den Kleingruppen, später ein Gespräch im Plenum.

Einfache Variante: Die Situationen werden nicht in Gruppen gespielt, sondern jede stellt sich vor, sie würde auf einer

- unbewohnten oder
- bewohnten Insel landen.

Wie würde sie ihr Leben gestalten? Wovor hätte sie Angst? Jede Mitspielerin äußert sich der Reihe nach. Um die Aussagen der einzelnen zu verstärken, können die Mitspielerinnen der Betreffenden sagen, wie sie sie verstanden haben.

Auswertung:

- War es schwer, ein neues Verhaltensmuster einzutrainieren? Wie unterschieden sie sich in den jeweiligen Gruppen? Bei den kulturhomogenen Gruppen: Setzten sich Normen durch, die in der Ursprungskultur auch gelten oder spielte das keine Rolle?

- Beim Aufeinandertreffen der beiden Schiffbrüchigengruppen auf einer Insel: Welche Konflikte tauchten jetzt auf? Wer setzte sich mit seinen Verhaltensregeln durch oder wurden neue Verhaltensregeln erstellt? Welche Lösungen gab es? Spiegelten sich in diesem Auseinandersetzungsprozess die Ursprungskulturen der Spielerinnen wider? (Die letzte Frage bezieht sich auf bi- oder trinationale Begegnungen.)
- Lassen sich diese Erfahrungen auf das reale Zusammenleben mit anderen Kulturen übertragen? Ggf. mit welchen Konsequenzen?

nach: Sonja Eltzschig, Sabine Kirsch, in: Akademie für gesellschaftspolitische Bildung „Haus am Pfefferberg“, „Ich hab nichts gegen Ausländer, aber …“, 1985, S. 72

Bei den Derdianen *Simulationsspiel*

Für wen: Jugendliche, Erwachsene, mind. zwölf Teilnehmer
Ziele: Sich in eine fremde Kultur einfinden; Normen einer fremden Kultur entschlüsseln, die Wirkungen der Begegnung mit einer fremden Kultur analysieren
Material: Papier, Klebstoff, Schere, Lineal, Bleistift, Spielanleitung (siehe nächste Seiten)
Zeit: Zwei Stunden

Beschreibung:

Aus der Gruppe melden sich je nach Gesamtgröße vier bis acht Personen, die eine Gruppe deutscher Ingenieure bilden, die die Derdianen im Bau von Brücken unterrichten soll. Sie erhalten die Spielanleitung für das „Team der internationalen Experten". Bei einer großen Gruppe werden noch drei bis vier Beobachter gesucht, die beide Gruppen beobachten. In kleinen Gruppen ist der Seminarleiter der Beobachter. Der Rest der Gruppe spielt die Derdianen. Sie erhalten die Spielanleitung für „Derdianen". Auf die Einhaltung der Zeitvorgaben ist genau zu achten! In einem Plenum werden die Gefühle und Erfahrungen **ausgewertet:**

- Wie gestaltete sich das Einfinden und Ausfüllen der jeweiligen Rolle?
- Welche Gefühle lösten die einzelnen Rollen aus?
- Wie ging die Ingenieurgruppe mit dem Zeitdruck um?
- Wie gelang es den Ingenieuren, die andere Kultur zu entschlüsseln?
- Lassen sich diese Erfahrungen auf das reale Zusammenleben mit anderen Kulturen übertragen? Ggf. mit welchen Konsequenzen?

Spielanleitung für das „Team der internationalen Experten“

Absicht der Simulation: Dieses Spiel erlaubt Ihnen, einige der Gefühle zu erleben, die auftreten können, wenn man unter Zeitdruck eine Aufgabe mit Angehörigen einer völlig fremden Kultur ausführen muss. Dazu sollen Sie eine reale Aufgabe zusammen mit den Angehörigen der anderen Spielgruppe durchführen. Achten Sie dabei auf Ihre Gefühle!

Situation: Ihre Kleingruppe stellt das Team von internationalen Experten, das in einem Entwicklungsland eine Brücke bauen soll. Die Brücke wird im Spiel durch eine Papierbrücke symbolisiert. Die Brücke ist für beide Seiten wichtig: sie erleichtert das Leben der Derdianen beträchtlich, die bisher weite Umwege laufen mussten.
Sie selbst stehen unter dem Druck Ihres Arbeitgebers, der von Ihnen erwartet und Ihre Weiterbeschäftigung davon abhängig macht, dass Sie die Aufgabe in der vorgesehenen Zeit lösen können. Da es im Gebiet von Derdia noch weitere wilde Flüsse zu überbrücken gilt, erwartet man von Ihnen nicht, dass Sie den Derdianen die Brücke hinstellen, sondern dass die Derdianen an diesem ersten Brückenbau das Prinzip *erlernen*. Mit der nationalen Regierung wurde vereinbart, dass die Derdianen während der Bauzeit an der Brücke verköstigt werden. Die letzte Ernte im Gebiet war sehr dürftig ausgefallen.

Spielablauf: Sie haben zunächst *20 Minuten* Zeit, um die Instruktionen zu lesen und sich grundsätzliche Überlegungen über Ihr Vorgehen zu machen. Nach 20 Minuten sollen zwei Mitglieder Ihrer Gruppe *zwei Minuten* lang das Verhalten der Derdianen beobachten bzw. Kontakt mit ihnen aufnehmen. Danach haben Sie weitere *8 Minuten*, um die Erfahrung der beiden Beobachter in der Expertengruppe auszuwerten. Nach 30 Minuten beginnt die *Bauphase:* sie dauert selbst ebenfalls *30 Minuten*. Danach soll jedes Mitglied Ihrer Gruppe kurz in Stichworten festhalten, wie es seinen Einsatz erlebt hat, welche Gefühle, Gedanken es an sich wahrgenommen und wie es die Derdianen, besonders in Bezug auf Motivation, Leistungsfähigkeit und Sozialgefüge, erlebt hat.

Konstruktionsanleitung: Bei der Konstruktion darf nur das Material verwendet werden, das Ihnen zur Verfügung gestellt wurde, nämlich: Papier, Klebstoff, eine Schere, ein Lineal, ein Bleistift.
Die Brücke soll eine möglichst große *Spannweite* mit möglichst großer *Stabilität* verbinden. Am Ende des Spiels wird die Spannweite durch den Zwischenraum zwischen zwei Tischen, der sich durch die Brücke überbrücken lässt, gemessen. Dabei muss die Brücke mindestens das Gewicht des Lineals tragen können. Die Brücke darf ausschließlich aus Papierstreifen beste-

hen, deren Breite 4 cm betragen muss. Diese Papierstreifen dürfen in jeder beliebigen Art zugeschnitten, gebogen, geklebt, zusammengefügt usw. werden. Jeder Papierstreifen muss jedoch jeweils mit Lineal und Bleistift vorgezeichnet und danach ausgeschnitten werden. Die Bauphase in Derdia beträgt 30 Minuten, in diesem Zeitraum muss die Brücke fertig gestellt sein.

Viel Spaß bei der Aufgabe!

Spielanleitung für die „Derdianen“

Spielregel: Die Kultur der Einheimischen und die der ausländischen Experten ist unterschiedlich. Damit Sie ansatzweise die Gefühle erleben können, die aus einer solchen Situation entstehen können, wird an einer realen Aufgabe gearbeitet. Außerdem muss Ihre Gruppe kulturelle Verhaltensweisen erlernen, die für die ausländischen Experten fremd sind. Bei allem Spaß, den Ihnen das Spiel hoffentlich machen wird, bitten wir Sie, sowohl die „Kultur“ als auch die Aufgabe dennoch ernst zu nehmen. Sie haben zunächst *15 Minuten* Zeit, um die Instruktionen zu lesen und einzelne Elemente des Verhaltens auszuprobieren. In den nächsten *15 Minuten* sollten Sie das gesamte Verhalten der Derdianen üben. Es ist gar nicht so leicht, die verschiedenen Verhaltensvorschriften selbstverständlich anzuwenden. Versuchen Sie dennoch, möglichst echt zu wirken. 20 Minuten nach Beginn werden Sie zwei Minuten lang von zwei Mitgliedern der Expertengruppe besucht. Praktizieren Sie während dieser Zeit Ihr Verhalten, ohne über die Verhaltensregeln zu sprechen. Nach diesen insgesamt *30 Vorbereitungsminuten* beginnt die Bauphase, in der die Expertengruppe bei Ihnen zu Gast ist. Die *Bauphase* dauert *30 Minuten*. Anschließend sollte jedes Mitglied Ihrer Gruppe sich kurz notieren, was seine wichtigsten Erfahrungen und Erlebnisse während der Bauphase waren und welche Eindrücke es vom Expertenteam gewonnen hat.

Situation: Sie alle sind Bewohner des Dorfes Derdia. Die Ankunft eines Teams von ausländischen Experten steht bevor. Diese werden Ihnen beibringen, wie man eine Brücke über einen reißenden Fluss baut. Dieser Brückenbau ist ein Anliegen Ihres Dorfes: die Brücke erlaubt es Ihnen, sehr viel schneller zum nächsten Marktort zu gelangen. Im Spiel wird diese Brücke durch eine Papierbrücke symbolisiert. Ihnen selbst ist der Gebrauch der notwendigen Werkzeuge (im Spiel: Schere, Papier, Lineal, Klebstoff usw.) vertraut. Unbekannt ist Ihnen jedoch die Konstruktionstechnik. Außerdem fehlt es in Ihrem Dorf an Material, das Sie von den ausländischen Experten erhalten. Sie sind sehr am Bau der Brücke interessiert. Auch werden Sie während der Bauzeit verköstigt. Dies ist für Sie jedoch eher nebensächlich. Wichtig ist für Sie in erster Linie der Bau der Brücke.

Regeln für das Sozialverhalten der Derdianen: Derdianen pflegen sich zu berühren. Wenn sie miteinander sprechen, berühren sie sich immer. Selbst wenn sie aneinander vorbeigehen, berühren sie sich kurz, wobei ein leichter Klaps meistens die Berührung beendet. Sich nicht zu berühren bedeutet: Ich mag dich nicht.

Begrüßung: Der traditionelle Gruß ist ein Kuss auf die Schulter. Derjenige, der mit der Begrüßungszeremonie beginnt, küsst den anderen z.B. auf dessen rechte Schulter, worauf er auf seine linke Schulter geküsst wird, die Küsse müssen also nacheinander stattfinden. Jede andere Form von Kussaustausch wird als Beleidigung gewertet. Auf diese Beleidigung reagieren Derdianen mit einer Flut von Beschimpfungen und Beleidigungen, die ausdrücken, dass es keinen Grund gab, einen in dieser Art und Weise zu erniedrigen. Einem Derdianen die Hand entgegenzustrecken, gilt ebenfalls als Zeichen der Erniedrigung.

Ja/Nein: Ein Derdiane benutzt nie das Wort „nein". Er sagt immer „ja", selbst wenn er „nein" meint. Wenn Derdianen „ja" sagen und dabei nachdrücklich mit dem Kopf nicken (was auf Mitglieder der deutschen Kultur als Verstärkung des „ja" wirken kann) meinen sie „nein". (Vorsicht: Üben sie diesen Verhaltensaspekt besonders gründlich ein, da es nicht einfach ist, in einem Gespräch spontan mit diesem „bizarren" Verhalten zu reagieren!)

Arbeitsverhalten: Während der Arbeit berühren sich die Derdianen genauso wie in Kommunikationssituationen, wobei sie sich bemühen, dadurch die Arbeit des anderen nicht zu stören. Alle Derdianen, Männer und Frauen, wissen, wie man Papier, Bleistift, Schere und Klebstoff benutzt. Scheren werden jedoch als männliches Werkzeug angesehen, während Bleistifte und Lineale als weibliche Werkzeuge gelten. Der Klebstoff ist in diesem Sinn nicht zugeordnet. Das Konzept, dass Material entweder weiblich oder männlich ist, hat etwas mit einem Tabu zu tun; jedenfalls werden Männer in Gegenwart von Frauen niemals ein weibliches Werkzeug benutzen, genauso wenig wie Frauen in der Gegenwart von Männern ein männliches Werkzeug benutzen werden.

Umgang mit Fremden: Derdianen sind immer freundlich zu Fremden. Die Derdianen sind jedoch stolz auf sich und ihre Kultur. Sie wissen, dass sie ohne die Hilfe der Fremden die gewünschte Brücke nicht bauen können. Sie betrachten jedoch die Kultur der Fremden nicht als überlegen. Sie erwarten von den Fremden, dass diese sich an den Verhaltenskodex der Derdianen halten. Da ihnen ihr eigenes Verhalten selbstverständlich ist, *können sie es Fremden nicht erklären* (das ist eine wichtige Spielregel!). Ein Mann aus Derdia wird niemals mit einem fremden Mann Kontakt aufnehmen, bevor ihm dieser fremde Mann von einer Frau vorgestellt wurde. Diese Frau kann eine Derdianin oder eine Fremde sein.

Viel Spaß bei der Aufgabe!

Atlantika

Planspiel

Für wen: Für 12 bis 24 Spielerinnen ab 14 Jahren und junge Erwachsene

Ziele: Sich in einer fiktiven Situation mit Vorurteilen auseinandersetzen; sich in vorurteilsbeladene Situationen einfühlen; Vorgänge beurteilen und Handlungsstrategien entwickeln; Interessen argumentativ vertreten und durchsetzen

Material/Vorbereitung: Rollenkarten (siehe nächste Seiten), Papier, Stifte, Klebefilm, Kleber, Scheren, Kassettenrekorder mit Mikrofon, PC und Drucker, Fotokopierer, Stabhölzer, Tapetenrollen oder Makulaturpapier

Zeit: Drei bis vier Stunden

Beschreibung:

Ausgangssituation

Atlantika ist ein politisch selbstständiger Inselstaat. Die Bevölkerung lebt vorwiegend von industrieller Produktion, nur ein kleiner Teil der Insel wird landwirtschaftlich genutzt. Ein großer Teil der Insel liegt brach, auch das Gebiet um den erloschenen Vulkan im Süden wird nicht genutzt.

Es gibt keine privaten Fahrräder, Autos, Mopeds und Kinderwagen. Sic stehcn allen gemeinsam zur Verfügung. Dafür muss jedes Mitglied der Inselgemeinschaft samstags Arbeiten für die Gemeinschaft verrichten, wie Krankenpflege, Gartenarbeiten, Wartung und Reparatur von Maschinen. Wichtige politische Entscheidungen werden in unmittelbarer Volksabstimmung entschieden.

Der Genuss von Alkohol ist den Einheimischen verboten. Die Frau ist bei ihnen Haushaltsvorstand. Feste Paarbeziehungen bestehen kaum, die Initiative für Liebesbeziehungen geht meist von den Frauen aus - was vor allem in Freizeiteinrichtungen für Jugendliche schon zu Auseinandersetzungen führte, weil die Einheimischen das Verhalten der deutschen Jugendlichen als aufdringlich empfinden.

Auf der Insel lebt seit Jahren eine deutsche Minderheit, die als Ingenieure und Techniker von den Einheimischen hoch geschätzt wurde. Die Insel wird jetzt zum Einwanderungsziel einer großen Zahl weiterer Deutscher, die vor einer Atomkatastrophe in Europa fliehen.

Anfangs waren die Deutschen willkommen: Ihre Kenntnisse, die sie aus der Heimat mitbrachten, bewirkten eine Steigerung der industriellen Produktion

von hochwertigen Gütern. Diese konnten Devisen bringend im Ausland verkauft und dadurch landwirtschaftliche Produkte eingeführt werden. Die Wirtschaft blühte. Jetzt aber droht die Devisenquelle wegen der Atomkatastrophe zu versiegen, der erreichte Lebensstandard von Atlantika ist in Gefahr, die Versorgung mit Lebensmitteln nicht mehr gesichert.
Die Deutschen haben ihre eigene Kultur auf der Insel bewahrt: Sie spielen und hören ihre Musik, haben eigene Kirchen, feiern Feste mit viel Bier, spielen Skat und Fußball. Sie sprechen überwiegend ihre Muttersprache.
Die Einheimischen können an den Sitten und Gebräuchen der Deutschen keinen Gefallen finden. Doch, halt: Die deutsche Hausmannskost hat ihren Platz auf der Insel erobern können. Ansonsten sind die Unterschiede doch sehr groß. Die Einheimischen kennen keine Schulen, ihre Kinder werden im großen Familienverband erzogen und ausgebildet.
Die Deutschen betrachten das alles mit Sorge. Sie befürchten, dass sie ihre eigenständigen deutschen Sitten und Gebräuche (wie Kleidung, Essgewohnheiten, Religion, usw.) aufgeben sollen.

Spielverlauf:
Im Planspiel gibt es sechs Gruppen, die in der Frage des Umgangs mit der deutschen Minderheit unterschiedliche Standpunkte einnehmen:
Gruppe 1) Präsident und Staatssekretär (vermittelnde Position);
Gruppe 2) „Solidarität mit den Deutschen" (nur Deutsche);
Gruppe 3) „Deutsche raus";
Gruppe 4) Gesellschaft für Völkerverständigung (Ziel: beide Gruppen sollen friedlich nebeneinander leben);
Gruppe 5) Zeitungsredaktion (steht dem Fremdenhass kritisch gegenüber und soll die Meinungen der vier ersten Gruppen öffentlich machen);
Gruppe 6) Radio Atlantika (macht Interviews mit den verschiedenen Gruppen).
Jede Gruppe entwickelt mit Hilfe von Vorgaben (siehe Rollenkarten) Standpunkte, die sie zunächst in der Zeitung und im Radio und später auf einer Bürgerversammlung vortragen. Bei dem Spiel ist es möglich, dass die ausländischen Spielerinnen die Bewohner Atlantikas spielen und die deutschen die Deutschen.

Spielphase 1 (ca. eine Stunde):
Zunächst beschreibt die Spielleiterin der ganzen Gruppe das Spielthema und die Aufgaben der einzelnen Gruppen; den Aufgaben ordnen sich die Spiele-

rinnen dann je nach Vorlieben zu, wobei die Gruppen jeweils arbeitsfähig sein sollten (d.h. nicht zu groß und nicht zu klein).
Zur Einstimmung wird die „Rede des Landwirtschaftsministers" vorgelesen und anschließend erhalten die einzelnen Spielgruppen ihre Rollenkarten, verteilen sich möglichst auf verschiedene Räume und bearbeiten die Vorschläge auf den Rollenkarten. (Zeit: ca. 45 Minuten)

Spielphase 2 (ca. 30 - 45 Minuten):
Nun treffen sich alle Gruppen wieder im Seminarraum und stellen ihre Aktionen und Produkte vor.

Spielphase 3 (ca. 30 - 45 Minuten):
Im nächsten Spielschritt bietet die Zeitungsredaktion den Gruppen 1 bis 4 eine halbe Seite ihrer Zeitung für Argumente und Vorschläge an. Gruppen 1 bis 4 erarbeiten in ihren Räumen Stellungnahmen für die Zeitung. Die Zeitungsredaktion erarbeitet einen Kommentar zum politischen Geschehen und versucht dabei Vorurteile gegen die Deutschen zu widerlegen. Und auch der Rundfunksender „Radio Atlantika" arbeitet an seiner Sendung.

Spielphase 4 (ca. 15 - 20 Minuten):
Jetzt wird die 2. Nummer der Zeitung an alle verteilt und gelesen und die Sendung von „Radio Atlantika" gehört. Die Gruppen 1 bis 4 wählen nun je einen Vertreter für die Podiumsdiskussion auf der Bürgerversammlung. Danach lösen sich die Gruppen wieder auf.

Spielphase 5 (ca. 15 - 20 Minuten):
Bürgerversammlung: Einleitung durch die Rede des Präsidenten, Diskussion der Argumente und Vorschläge durch die Gruppenvertreter auf dem Podium und abschließende Abstimmung der Bürgerversammlung über die erarbeiteten Vorschläge.

Auswertung:

- Wie habt ihr euch in eueren Rollen gefühlt, insbesondere diejenigen von euch, die die „Deutschen" spielten?
- Seid ihr mit dem Ergebnis des Diskussionsverlaufs und der Abstimmung bei der Bürgerversammlung zufrieden?
- Welche Parallelen seht ihr zwischen dem fiktiven Inselstaat Atlantika und Deutschland?
- Welche Schlussfolgerunen könnt ihr auf Grund des Planspiels über das Zusammenleben von Deutschen und Migranten in Deutschland ziehen?

Spielerfinder: Arbeitsgruppe „Soziales Lernen“ der Fachgruppe Gewerbeschulen der GEW Hamburg

Kopiervorlagen:

Rede des Landwirtschaftsministers

Liebe Mitbewohnerinnen und Mitbewohner der Insel Atlantika
Schwerwiegende politische Entscheidungen stehen an. Seit Jahrhunderten gab es auf der Insel keinen Hunger mehr. Auf Grund der hoben Bevölkerungszahlen und verloren gegangener Absatzmärkte ist dieser Zustand nun aufs höchste gefährdet. Unser Lebensstandard ist schon gesunken. Wenn wir so weitermachen, geht unsere geliebte Insel kaputt. Es gibt im Kabinett unterschiedliche Meinungen darüber, was man tun soll:

- Soll man die Deutschen ausbürgern?
- Soll man keine weiteren Deutschen auf die Insel lassen?
- Sollen sich nur die Deutschen in ihrem Lebensstandard beschränken, z.B. indem sie von dem leben, was wir übriglassen?
- Oder sollen wir auf jeden Fall unser Schicksal gemeinsam teilen und gemeinsam Verzicht üben?
- Sollen sich beide Gruppen zusammensetzen und gemeinsam eine Lösung für unsere Probleme suchen?

Die Nahrungsmittelproduktion reicht nicht mehr für alle. Eure Regierung kann sich nicht einigen, was zu tun ist. Sie strebt deshalb an, dass das Volk darüber entscheidet.

Präsident und Staatssekretär *Gruppe 1*

Aufgaben und Rollenbeschreibung:
Präsident und Staatssekretär bilden eine gemeinsame Gruppe,

Präsident: Der Präsident ist von der Bevölkerung direkt, d.h. persönlich gewählt worden. Er ist gewählt worden, weil er über große Erfahrung und Weisheit verfügt. Er fühlt sich für alle Bürger und ihr Wohlergehen verantwortlich. Zwar toleriert er es, wenn einige Hitzköpfe etwas sehr temperamentvoll auftreten, aber er sieht es als seine Aufgabe an, Diskussionen zu versachlichen.
Staatssekretär: Der Staatssekretär ist die rechte Hand des Präsidenten. Er berät ihn nicht nur, sondern er hilft ihm auch bei der Umsetzung seines politischen Willens. Insbesondere geht er dem Präsidenten beim Umgang mit den neuen Medien, an die dieser sich nicht recht gewöhnen kann, zur Hand.

Aufgabenbeschreibung:
Aufgabe des Präsidenten ist es, zu Beginn der Bürgerversammlung eine Rede zu halten und anschließend eine Podiumsdiskussion mit Vertretern der Bürgerinitiativen und der Zeitung zu leiten. Schließlich soll er eine Abstimmung über Vorschläge zur Lösung der Probleme Atlantikas durchführen. Der Staatssekretär soll ihm insbesondere bei der Formulierung seiner Rede und der anschließenden Probe mit dem Kassettenrekorder helfen.

Als Unterlagen stehen dem Präsidenten Argumente seines Beraterstabes zur Verfügung:

1. Ohne die deutschen Spezialisten würde unsere Wirtschaft zusammenbrechen.
2. Die neuen Ideen, die die Deutschen aus ihrer Heimat mitbringen, helfen uns bei der Fortentwicklung unserer Wirtschaft.
3. Die Arbeitsplätze der Deutschen sind größtenteils nicht mit Einheimischen zu besetzen, weil diese nicht die erforderlichen Qualifikationen besitzen.
4. Die Zusammenarbeit beider Bevölkerungsgruppen war bisher für beide Seiten von Vorteil und hat sich bei der Bewältigung mancher Probleme bewährt.
5. Die Deutschen sollen jetzt als Sündenbock für die Probleme Atlantikas herhalten, obwohl sie diese nicht verschuldet haben.
6. Was würden wir Atlantikaner wohl sagen, wenn eine Naturkatastrophe uns nach Deutschland verschlagen würde und die Deutschen uns aus ihrem Lande vertrieben!
7. Das gesellschaftliche Leben in Atlantika ist seit jeher aufgebaut auf Prinzipien wie gegenseitige Hilfe, Vorrang des Gemeinnutzes vor dem Eigennutz usw. Wenn wir die Deutschen ausgrenzen und aus unserer Gemeinschaft ausschließen, würden wir mit unseren Werten brechen. Wenn das passiert, könnte es schlimme Folgen für die Zukunft Atlantikas haben, vielleicht sogar zum Zusammenbruch unseres bewährten Gesellschaftssystems führen.
8. Als die ersten Deutschen kamen, waren wir dankbar. Müssen wir uns nicht schämen, wenn wir sie jetzt, wo es schwierig wird, mit einem Tritt wieder loswerden wollen?

Solidarität mit den Deutschen *Gruppe 2*

Gruppenbeschreibung/Rollenanweisung:
Alle Gruppenmitglieder gehören zur deutschen Minderheit auf der Insel Atlantika Sie fühlen sich von den Einheimischen ungerechtfertigterweise durch ihr „Deutschsein“ abgelehnt. Wenn sie ehrlich zu sich sind, haben sie auch vor der zukünftigen Entwicklung auf Atlantika Angst.

Deutscher Gastwirt: Er befürchtet seine Ausweisung. Darüber ist er sauer, weil die Atlantikaner sein Essen doch immer noch mögen.
Deutsche Eltern (Mutter und Vater): Sie finden die Atlantikaner undankbar. Außerdem lehnen sie die einheimischen Sitten ab, weil sie die Verwahrlosung ihrer Kinder befürchten.
Deutscher Jugendlicher: Er ärgert sich über die ihm auferlegten Gemeinschaftspflichten.

Argumente der deutschen Minderheit auf Atlantika:
- Männer sind nun mal tonangebende Menschen (gegenüber den Frauen); das war immer so!
- Ist die Schamlosigkeit der Einwohner Atlantikas wirklich so empfehlenswert?
- Deutsche würden jederzeit vertriebene Einwohner Atlantikas in Deutschland aufnehmen, wenn sie das gleiche Schicksal hätten wie jetzt die Deutschen!
- Deutsche haben durch ihr industrielles Expertenwissen, das sie aus Deutschland mitgebracht haben, zu einer Steigerung des Lebensstandards auf Atlantika beigetragen.
- Die Einwohner Atlantikas sind gegenüber den Deutschen herzlos, denn obwohl die Deutschen gern in ihre Heimat zurück wollen, können sie es nicht, weil Deutschland unbewohnbar geworden ist.
- Die Einwohner Atlantikas sind unverschämt, wenn sie von den Deutschen Anpassung an die Sitten und Gebräuche Atlantikas verlangen. Deutsche verlangen das ja auch nicht von den Einwohnern Atlantikas.
- Die Einwohner Atlantikas sollten sich über die neuen deutschen Kulturleistungen (Alkohol, Skat, Fußball, Doppelkopf) freuen; sie bereichern doch!

Aufgabenbeschreibung:
Sie wollen sich für ihre Interessen auf Atlantika einsetzen. Sie haben gewichtige Gründe und Argumente, die dafür sprechen, dass Atlantika ohne die deutsche Minderheit gar nicht auskommt. Sie wollen einen Beitrag zur besseren Verständigung zwischen Atlantikanern und Deutschen leisten.
a) Einigt euch untereinander, wer von euch welche Rolle übernehmen möchte.
b) Benutzt die „Argumente der deutschen Minderheit auf Atlantika“ und bildet daraus Sprechparolen, z.B. für eine Demonstration!
c) Erstellt z.B. für diese Demonstration „Sandwiches“, Transparente, Schilder oder ähnliches.
d) Richtet euch darauf ein, euer Arbeitsergebnis der Gesamtgruppe vorzustellen!

Arbeitsmaterialien:
Filzstifte (verschiedenfarbig), Karton (z.B. DIN A 3 Zeichenkarton), dünne Leisten, Kleber, Klebefilm und Tesakrepp, Band, Scheren.

Deutsche raus

Gruppe 3

Gruppenbeschreibung/Rollenanweisung

Die Bürgerinitiative DEUTSCHE RAUS wurde gegründet, weil ihre Mitglieder ihren Hass, ihren Ärger und ihre Wut gegenüber den eingewanderten Deutschen gemeinsam und lautstark vertreten wollen. Sie sind davon überzeugt, dass – wenn die Deutschen erstmal wieder von Atlautika verschwunden sind – genügend Nahrungsmittel für alle Atlantikaner zur Verfügung stehen werden. Ihr Ziel ist es, alle Deutschen aus Atlantika zu verweisen. Die Gruppe besteht aus vier Mitgliedern, die unten näher beschrieben sind. Einigt euch in der Gruppe, wer welche Rolle übernehmen will, und diskutiert eure Rollen in der Gruppe. Welches sind eure Gründe, auf die Deutschen sauer zu sein?

Ihr habt ca. 30 bis 45 Minuten Zeit, in der Gruppe zu arbeiten. Anschließend sollt ihr eure Ergebnisse ins Spiel einbringen.

Atlantikanischer Bauer:

Er ist sauer auf die Deutschen, da durch sie die Landwirtschaft vernachlässigt wurde. Landwirtschaltliche Produkte werden hauptsächlich aus dem Ausland importiert, die eigene Landwirtschaft liegt brach.

Arbeitsloser:

Er gibt den Deutschen die Schuld daran, dass er keinen Arbeitsplatz findet und nun auf der Straße sitzt.

Im- und Exportkaufmann:

Für ihn besteht die Gefahr, arbeitslos zu werden, da auf Grund der Atomkatastrophe für atlantikanische Computer im Ausland keine Absatzmöglichkeiten mehr bestehen.

Jugendlicher:

Er findet es bescheuert, wie die deutschen Jungen sich an die atlantikanischen Mädchen ranmachen und wie sie mit ihnen umgehen.

Aufgabenbeschreibung:

Sucht euch aus den untenstehenden Aussagen über die Deutschen einige heraus, die ihr für besonders zutreffend haltet. Ergänzt sie eventuell um eigene Aussagen. Ihr könnt natürlich die Formulierungen der Sprüche auch verändern.

Überlegt euch, wie ihr eure Meinung gegenüber der übrigen Bevölkerung Atlantikas besonders wirkungsvoll vertreten könnt.

Versucht, aus der Aufgabe mit den euch zur Verfügung stehenden Hilfsmitteln ein Produkt zu erstellen, um den anderen euer Thema spielerisch wirkungsvoll nahe zu bringen, z. B. indem ihr die Aussagen auf Papierbögen schreibt und den ganzen Seminarraum mit diesen Spruchbändern aushängt.

Aussagen über die Deutschen:

- In den Häusern der Deutschen stinkt es immer nach Kohl.
- Die Deutschen sind sexuell verklemmt.
- Die Deutschen nehmen uns die Arbeitsplätze weg.
- Die Deutschen sperren sich gegen soziale Dienste.
- Die Deutschen betrachten Frauen als ihr Eigentum.
- Die Deutschen sind nicht anpassungsbereit.
- Die Deutschen haben die Schuld, wenn unsere Kinder hungern.
- Die Deutschen machen unser Gemeinschaftseigentum kaputt.
- Die Deutschen betrinken sich dauernd und sind aggressiv.

Arbeitsmaterial:

Filzstifte, Papierbögen bzw. Tapetenrollen, Schere, Tesakrepp.

Gesellschaft für Völkerverständigung (GVV) *Gruppe 4*

Gruppenbeschreibung/Rollenanweisung

Die GESELLSCHAFT FÜR VÖLKERVERSTÄNDIGUNG (GVV) tritt dafür ein, dass beide Volksgruppen (die Einwohner Atlantikas und die Deutschen) auf Atlantika harmonisch zusammen leben. Die GVV hat bisher auf Atlantika Vorträge und Konzerte veranstaltet, um die Kulturen beider Völker einander näher zu bringen. Durch Spendenaufrufe in aller Welt konnte die GVV im vergangenen Jahr zahlreichen armen Familien beider Völker finanzielle Hilfen zukommen lassen. Ehrenmitglied der GVV ist der Präsident der UNO.

Deutscher Ingenieur:
Fühlt sich auf der Insel zu Hause; hat Ideen, wie die Landwirtschaft zu größeren Erträgen kommen kann.

GVV Vorstand:
Einheimischer, ist sozial engagiert, denkt für alle Bewohner Atlantikas.

Bauer (Atlantika):
Will mit deutschen Experten zusammen die Landwirtschaft entwickeln.

Junges Liebespaar:
Er ist Deutscher, sie Atlantikanerin; sie leidet unter dem Deutschenhass, überlegt sich Lösungen im Jugendzentrum.

Aufgabenbeschreibung:

Entscheidet euch für einen der folgenden Lösungsvorschläge oder findet selbst einen:

a) Große Landflächen Atlantikas liegen immer noch brach. In einer dreimonatigen gemeinsamen Aktion aller Deutschen und Atlantikaner wird dieses Brachland kultiviert, um die Lebensmittelproduktion zu steigern.

b) Die Norddeutschen haben das Know-how für Eindeichungen. Wenn sie dem Meer durch Eindeichungen Land abgewinnen, kann das Neuland für alle Bewohner landwirtschaftlich genutzt werden. Freiwillige Atlantikaner können den Deutschen bei den Eindeichungen helfen und sich dadurch das Know-how der Deutschen aneignen.

c) Atlantika wird vegetarisch! Die landwirtschaftliche Produktion der Insel reicht vor allem nicht, weil Atlantikaner bisher ausgesprochene Fleischesser sind. Fleischproduktion ist aber sehr energieaufwändig. Würde man auf Atlantika vegetarisch leben, würde die Nahrung für alle – auch die Deutschen – reichen.

d) Atlantika wird entindustrialisiert, die in Agrarland umgewandelten Industrieflächen reichen, um alle satt zu machen, oder Atlantikas Landwirtschaft wird durch das Know-how der Deutschen industrialisiert (Traktoren, Mähdrescher); die Ertragssteigerung würde alle Bewohner Atlantikas satt machen.

Diskutiert und entscheidet in eurer Gruppe, wie ihr den von euch gewählten Lösungsvorschlag am besten „verkaufen" könnt, d.h. überlegt durch welche öffentliche Aktion ihr die Bewohner Atlantikas am besten für euren Lösungsvorschlag gewinnen könnt.
Beispiel: Ihr entscheidet euch für Lösung c), dann könnte das Liebespaar in einen Hungerstreik für vegetarische Kost treten oder eure Gruppe schreibt einen Wochenspeiseplan für eine Kantine, auf dem nur vegetarische Mahlzeiten stehen.
Erstellt in eurer Gruppe ein Produkt (Plakat, Flugblatt, Brief), das für euren Lösungsvorschlag wirbt. Bereitet euch darauf vor, euer Produkt den anderen möglichst wirkunsvoll vorzustellen.

Zeitungsredaktion *Gruppe 5*

Gruppenbeschreibung/Rollenanweisung

Ihr seid jetzt die Gruppe „Neues Atlantika" (Zeitungsredaktion).

Ihr sollt in zwei Sondernummern eurer Zeitung über die Rede des Landwirtschaftsministers und die Aktivitäten der anderen Gruppen berichten. Außerdem sollt ihr euch in Zeitungsartikeln mit den auf Atlantika bestehenden Vorurteilen gegenüber den Deutschen beschäftigen.

Die Zeitungsredaktion besteht aus drei oder vier Mitgliedern, die alle dem zunehmenden Deutschenhass auf der Insel kritisch gegenüber eingestellt sind.

Aufgabenbeschreibung:

a) Für die erste Nummer fasst ihr die Rede des Ministers in einem kurzen Bericht zusammen. Wenn ihr Lust habt, zeichnet ihr noch eine Karikatur dazu. Dann könnt ihr die erste Sondernummer von „Neues Atlantika" drucken lassen.

b) Für die zweite Nummer stellt ihr den anderen Gruppen Platz zur Verfügung, damit sie über ihre Einstellung zum Deutschenproblem und evt. über ihre Aktivitäten berichten können. Erinnert die anderen daran, dass sie euch ihre Berichte rechtzeitig geben!

c) Widerlegt in einem oder mehreren kleinen Artikeln euch maßgeblich erscheinende Vorurteile gegenüber den Deutschen.

d) Wenn ihr fertig seid, verteilt eure Zeitungen an alle anderen Personen, denn ihr sollt jetzt zusammen mit ihnen über die Artikel diskutieren.

Arbeitsmaterialien:

Karton (z. B. DIN A 3-Zeichenkarton), PC und Drucker, Kopierer, Schreibpapier, Stifte.

Radio Atlantika *Gruppe 6*

Gruppenbeschreibung/Rollenanweisung

Alle Gruppenmitglieder gehören zur Redaktion des Rundfunksenders „Radio Atlantika". Dieser Sender bemüht sich, die Bevölkerung über alle wichtigen Ereignisse ausgewogen zu informieren.

Chefredakteur:
Er (Sie) leitet die Diskussion über die Inhalte der einzelnen Sendungen.
1. Redakteur:
Er (Sie) ist verantwortlich für Straßen-Interviews.
2. Redakteur:
Er (Sie) ist verantwortlich für Interviews mit prominenten Persönlichkeiten.
Nachrichtensprecher:
Er (Sie) trägt die von der Rundfunk-Gesamtkonferenz erarbeiteten Inhalte vor.

Aufgabenbeschreibung:

a) Einigt euch untereinander, wer von euch welche Rolle übernehmen möchte.
b) Der Chefredakteur überlegt wie die Sendung aufgebaut sein soll und vergibt Aufträge.
c) Der 1. Redakteur stellt Fragen an die unterschiedlichen Gruppen zusammen („Gesellschaft für Völkerverständigung" und „Bürgerinitiative Deutsche raus") und interviewt mit dem Rekorder die Teilnehmerinnen.
d) Der 2. Redakteur erarbeitet Fragen für ein Gespräch mit dem Präsidenten und führt das Interview durch.
e) Die Redakteure treffen sich mit ihren Ergebnissen und besprechen mit dem Chefredakteur die Reihenfolge der Sendung. (Der Nachrichtensprecher nimmt ebenfalls daran teil.)
f) Der Nachrichtensprecher gibt das Gruppenergebnis entweder im freien Vortrag bekannt oder spricht seinen Text vorher auf Kassette.

Arbeitsmaterialien:

Kassettenrekorder, Leerkassette, Mikrofon.

Literaturliste:

ALIX, CHRISTIAN/KODRON, CHRISTOPH, Zusammen arbeiten – Gemeinsam lernen – Einander begegnen (über dt.-frz. Schulkooperationen), DFJW-Arbeitsmaterialien, Frankfurt 2004

ALIX, CHRISTIAN/RADEMACHER, HELMOLT, Zeit zum Lernen – Zeit zum Verstehen, Über ein Seminar zur interkulturellen Kommunikation und Wahrnehmung, in: Zielsprache Französisch, Nr.: 1/1991

BAER, ULRICH, Remscheider Diskussionsspiele, Remscheid 1979

BAER, ULRICH (Hg.), Arbeitsblätter zur Spielpädagogik, Band 1, Köln 1985

Bausteine zur nichtrassistischen Bildungsarbeit, DGB, Erfurt 2004

BEAUFTRAGTE DER BUNDESREGIERUNG FÜR AUSLÄNDERFRAGEN (Hrsg.), Integration in Städten und Gemeinden; Berlin, Bonn 2000

BRASS, EWALD, Von der „Ausbildung“ zum „aufmerksamen Umgang mit Nicht-Wissen“, in: Arbeitstexte – Sonderheft des DFJW, Oktober 1984, S. 277 ff.

BÜCKEN, HAJO (Hg.), Bilder und was man damit machen kann, Offenbach 1985, S. 55-59

BUSZINSKI, MANFRED (Hg.), Aktionshandbuch Ausländer, Bornheim-Merten 1983

DFJW, Arbeitstexte Nr. 7, Interkulturelles Lernen – Überlegungen zur Ausbildung von Verantwortlichen für deutsch-französische Begegnungen, Bad Honnef Dezember 1987

ELTZSCHIG, SONJA/KIRSCH, SABINE, „Ich hab nichts gegen Ausländer, aber ...“, in: Akademie für gesellschaftspolitische Bildung, „Haus am Pfefferberg“ (bei Hamburg), 1985

FALLER, KURT/KERNTKE, WILFRIED/WACKMANN, MARIA, Konflikte selber lösen, Mühlheim/Ruhr 1996

FRANGER, GABY/KNEIPP, HUBERT (Hg.), Miteinander leben und feiern, Frankfurt 1984

FRÖHLICH, ILEA/MÄRTESHEIMER, PETER, Ausländerbuch für Inländer, Frankfurt 1980

HAUMERSEN, PETRA/LIEBE, FRANK, Eine schwierige Utopie, der Prozess interkulturellen Lernens in deutsch-französischen Begegnungen, Berlin 1990

HAUMERSEN, PETRA/LIEBE, FRANK, Multikulti, Konflikte konstruktiv. Trainingshandbuch. Mediation in der interkulturellen Arbeit, Mühlheim 1999

HAUMERSEN, PETRA/RADEMACHER, HELMOLT/ROPERS, NORBERT, Konfliktbearbeitung in der Zivilgesellschaft, Hamburg/Münster 2002

JEHLE, BERNHARD/KAMMERER, BERND/UNBEHAUN, HORST, Migration – Integration – Interkulturelle Arbeit, Nürnberg 2004

JUGENDWERK DER AWO, Spiele für Kinder, Jugendliche und Erwachsene, Bonn 1982

KALETSCH, CHRISTA, Konstruktive Konfliktkultur in Klasse 5 und 6, Weinheim 2003

KHANIDE, MARINA/GIEBELER, KARL: Ohne Angst verschieden sein, Gütersloh 2003

MEMMI, ALBERT, Rassismus, Hamburg 1992

MÜLLER, WERNER/ KOSMALE, JENS (Hg.), Materialbox international, Bausteine zum interkulturellen Lernen bei Freizeiten und Begegnungen, Kleine Schriften Nr. 4 der BEJ (Stalburgstr. 38, 60318 Frankfurt), 1991

PHILIPP, ELMAR/RADEMACHER, HELMOLT, Konfliktmanagement im Kollegium, Weinheim 2002

RADEMACHER, HELMOLT, Spielend interkulturell lernen? Wirkungsanalyse von Spielen zum interkulturellen Lernen bei internationalen Jugendbegegnungen, Berlin 1991

RADEMACHER, HELMOLT/WILHELM, MARIA: Interkulturelle Spiele für die Klassen 5 bis 10, Berlin 2005

ROMMELSBACHER, BIRGIT: Anerkennung und Ausgrenzung. Deutschland als multikulturelle Gesellschaft, Frankfurt/M. 2002

ROPERS, NORBERT, Vom anderen her denken. Empathie als paradigmatischer Beitrag zur Völkerverständigung, in: Friedensanalysen Nr. 24, Frankfurt 1990, S. 114ff.

SCHOLZ, LOTHAR, Spielerisch Politik lernen, Methoden des Kompetenzerwerbs im Politik- und Sozialkundeunterricht, Schwalbach 2004

SCHRÖER, ANDREAS/NAZARKIEWICZ, KIRSTEN, Toleranzbilder, Fotobox für die politische Bildung, Gütersloh 1998

STEINWEG, REINER, Der Fishpool, in: Dialog, Beiträge zur Friedensforschung Band 19, Heft 3-4, 1990

Terre des hommes, Zeitschrift des Verbands 9/81

Verlag 2001, CD-Welthören

Werder, Lutz von, Lehrbuch des kreativen Schreibens, Berlin 2001

Wikipedia, die freie Enzyklopädie im Internet: http://de.wikipedia.org/wiki/Religion

Xenos Nürnberg, Netzwerk für interkulturelle Kommunikation und berufliche Integration; www.xenos-nuernberg.de

Alphabetische Reihenfolge der Spiele (mit Seitenangaben)